나라 사랑
부처님 사랑

在圓
金德洙 지음

동쪽나라

불이선원不二禪院

불이선원不二禪院 뒷산에서

불이선원不二禪院 대법당

불교계 최초로 군종감을 역임한 김덕수 법사가
55년간 이룬 헌신의 발자취

나라 사랑
부처님 사랑

在圓 金德洙 지음

우리는 감사함 속에서 살아가고 있습니다.

부처님이 닦아주신 지혜의 도량이 우리들을 감싸 안아, 큰 아픔이 작은 아픔이 되게 하고, 작은 즐거움이 큰 즐거움이 되게 하여주시기 때문입니다.

오천 년을 이어 온 겨레의 힘찬 물줄기는, 오늘날 한반도를 세계에서 손꼽히는 행복의 도량으로 북돋아 주었습니다.

그리하여 우리는 사랑합니다.

가족과 이웃과 겨레를 하나의 숲처럼 사랑합니다.

부처님 가르침과 불교가 이룬 문화와 그 도량이 이룩한 밝은 지혜의 삶을 사랑합니다.

그동안, 지난 60여 년간 나를 일깨워주신 은사님과 선지식 모든 이들에게 감사를 드립니다. 군법당과 사회의 포교도량에서 힘을 내라며 채찍질해 주신 선후배 여러분과 모든 불자님께 깊은 사랑의 말씀을 올립니다.

여기에 담는 몇 가지 글은, 그동안 제가 배우고 가르친 삶의 지혜는 과연 무엇이었는가를 보여드리기 위한 것입니다. 여러 가지 어려운 상황 속에서 군포교의 험난한 길을 걸었고, 불교생활화에 큰길을 닦았습니다. 부끄러운 부분도 많이 있지만, 이 글이 군부대포교와 생활불교의 토대구축에 힘이 되어주기를 기대합니다.

그것은 새로운 군포교의 터전 강화와 불교 생활화라는 향방 개선이 우리의 중요한 목표이기 때문입니다. 향후, 보다 훌륭하신 분들이 두루 동참하여 이러한 도량 구축이 원만히 성취될 수 있도록 두 손 모아 기원합니다.

그 소망을 담아 이 글을 바치며, 독자 여러분께 감사의 인사를 드립니다.

2022년 1월 1일

김덕수 올림

3 나는 내 운명의 주인공

4 마음과 운명

5 깨침과 자비의 가르침

1

나는 이렇게 들었습니다

경전을 여는 게송과 진언

우리가 경전을 독송할 때는 먼저 '경을 여는 게송'이란 뜻의 '개경게
(開經偈)'를 외우고 이어서 '법장을 여는 진언'이란 뜻의 '개법장진언(開
法藏眞言)'을 외웁니다. 그리고 해당 경전의 제목과 본문을 독송하는
식으로 진행됩니다.

먼저 개경게에 대해 살펴봅니다.

무상심심미묘법(無上甚深微妙法)

위없이 높고 극히 심오하며 미묘한 법

백천만겁난조우(百千萬劫難遭遇)

백천만겁 지나더라도 만나기 어렵네

아금견문득수지(我今見聞得受持)

내 이제 보고 듣고 받아 지니게 되니

원해여래진실의(願解如來眞實義)

원하옵건대 부처님의 뜻 알아지이다.

'위없이 높고 극히 심오하며 미묘한 법, 백천만겁 지나온들 어이 만나리.'

이 대목은 부처님 가르침은 신묘하고 오묘한 대자연의 섭리와 같아

백천만겁이라는 헤아릴 수 없는 세월의 인연이 닿아야 겨우 만날 수 있다는 말씀입니다.

부처님 가르침은 금구언설(金口言說)로 비유되는 대장경을 가리킵니다. 대장경은 경율론(經律論) 삼장으로 이뤄집니다. 부처님은 왕위를 버리고 출가하신 뒤 6년간의 고행 끝에 마구니들을 물리치고 깨달음을 얻으셨는데, 이후 열반하실 때까지 법을 펼치셨으니 그와 같은 부처님 일생은 그야말로 희유한 것입니다. 또한 연기법(緣起法), 사성제(四聖諦), 팔정도(八正道), 육바라밀(六波羅蜜) 등으로 이뤄진 불교의 교리 또한 깊고 미묘하며 희유합니다.

위의 개경게에서 '백천만겁'이라는 표현이 있는데 여기서 겁(劫)이란 범어 칼파(kalpa)를 한자로 음역한 것입니다. 칼파를 뜻대로 옮기면 대시(大時)라고 합니다. 1겁은 약 43억 2천만 년에 해당하는데 여기에선 백만 겁, 천만 겁을 이야기하고 있으니 그 시간적인 길이는 인간의 상상력으론 헤아릴 수가 없습니다.

아미타불이 계시는 극락정토까지는 무려 10만 억 천체를 지나야 한다고 합니다. 약 10조에 해당하는 우주 천체를 지나야 극락정토에 이르게 된다는 것입니다. 이와 같이 부처님 법은 백겁, 천겁, 만겁의 세월 속에서도 만나기 어렵다고 합니다. 그렇기에 이토록 소중한 부처님 가르침을 만나는 것은 천재일우의 기회라 할 수 있습니다.

불교에서는 사람이 죽은 뒤 다시 인간의 몸을 받아 태어날 확률을 '맹구우목(盲龜遇木)'에 비유합니다. '맹구우목'이란 눈먼 거북이 바다 밑을 헤엄치다가 100년에 한 번씩 물 위로 올라오는데 우연히 그곳을 떠다니던 구멍 뚫린 나무판자에 목이 낄 확률을 말합니다. 그만큼 사람으로 태어나기 어렵고 그 중에서도 부처님 법을 만나는 것은 더욱 어렵다는 뜻입니다.

‘내 이제 보고 듣고 받아 지니게 되오니 부처님 가르침을 바로 알기를
원하옵니다.’

『법화경』「여래수량품」에는 부처님이 어떤 상황이나 역할에 따라
갖가지 방편과 모습으로 나투어 구원하신다는 말씀이 있습니다. 이를
‘육혹법문(六或法門)’이라고 합니다.
  여기서 육혹의 내용과 그 의미는 다음과 같습니다.

  1) 혹설기신(或說己身) : 혹은 자기 몸으로 설한다.
  2) 혹설타신(或說他身) : 혹은 다른 사람의 몸을 설한다.
  3) 혹시기신(或示己身) : 혹은 자기 몸을 보이신다.
  4) 혹시타신(或示他身) : 혹은 다른 사람의 몸을 보이신다.
  5) 혹시기사(或示己事) : 혹은 자기의 일을 보이신다.
  6) 혹시타사(或示他事) : 혹은 다른 사람이 활동하는 일을 보이신다.

  이 육혹법문은 부처님이 우주 법계에 갖가지 모습으로 충만해 계시
다는 것을 상징하고 있습니다. 따라서 ‘아금문견득수지 원해여래진실
의’란 대목은 삼세(三世)의 여래가 모두 같은 분이며 한 몸이시니 헤아
릴 수 없는 부처님 법과 헤아릴 수 없는 원력(願力)으로 여래를 받들어
모시겠다고 다짐하는 뜻이 담겼습니다.

  이와 같은 개경게를 외운 뒤에는 법장을 여는 진언인 “옴 아라남

아라다"를 세 번 독송하게 되는데 이 개법장진언은 "깊고 깊은 신묘한 진리를 반드시 통달하겠습니다."라는 뜻입니다. 이와 같은 진언은 어떤 소망이나 깊은 진리를 통달하였음을 확신한다는 의미로 해석할 수 있습니다.

부처님께서는 누구든 원하고 구하는 바를 이루게 해주십니다. 이처럼 부처님은 일체중생을 구호하시며 위없는 큰 사랑을 베푸시므로 대자(大慈)라 하고, 일체중생을 가엾게 여기셔서 모든 괴로움에서 벗어나게 하시므로 대비(大悲)라 합니다.

부처님의 대자대비는 중생에 의해서 일어나고 믿음과 서원으로 일관하게 합니다. 그것이 사홍서원(四弘誓願)이요, 사섭법(四攝法)입니다.

사홍서원은 불자들의 네 가지 큰 서원을 일컬으며 그 내용은 다음과 같습니다.

1) 중생무변서원도(衆生無邊誓願度)　중생을 모두 제도하겠습니다.
2) 번뇌무진서원단(煩惱無盡誓願斷)　번뇌를 모두 끊어 없애겠습니다.
3) 법문무량서원학(法門無量誓願學)　법문을 모두 배워 익히겠습니다.
4) 불도무상서원성(佛道無上誓願成)　위 없는 깨달음을 이루겠습니다.

사섭법이란 보살이 중생을 제도하고 섭수하기 위하여 행하는 네 가지 기본적인 행위를 가리킵니다.

1) 보시섭(布施攝) : 원하는 것을 보시하여 중생들 각자에게 친애하는 마음이 생기게 하여 깨달음을 얻게 함.
2) 애어섭(愛語攝) : 보살이 중생에게 부드럽고 온화한 말을 하여 중생들

이 보살을 친근하게 여겨 믿고 따르게 함으로써 불도에 이끌어 들임.

3) 이행섭(利行攝) : 보살이 몸과 입과 뜻으로 업행(業行)을 닦아서 모든 중생을 이익케 하며 깨달음의 길로 이끔.

4) 동사섭(同事攝) : 중생의 가장 좋은 도우미가 되어 괴로움과 즐거움을 나누며 이끔.

부처님은 이 사홍서원과 사섭법을 실천하시기 위해 평생 법을 설하셨습니다. 따라서 부처님 법문을 금구어(金口語)라고 일컫습니다.

부처님 말씀을 주제별로 묶어놓은 경전은 법신사리(法身舍利)이며 불신(佛身)이요, 금구언설(金口言說)입니다. 이 같은 부처님 말씀을 통해서 일체중생이 구원받을 수 있고 깨달음을 얻을 수 있는 것입니다.

우리나라에서는 고려 때에 국가적인 위기가 닥치자 부처님 말씀으로 국난을 극복하려는 뜻에서 당시 모든 백성과 관리, 임금이 한마음으로 '고려대장경(高麗大藏經)'을 조성했습니다. 고려대장경은 국보이자 유네스코 세계문화유산으로 등재되어 우리나라뿐만 아니라 세계에 자랑할 만한 문화유산으로 손꼽히고 있습니다.

고려 때, 이 대장경을 통해 나라의 위기를 극복하고 세계적인 문화국가로 발돋움한 것과 같이 불교 종단과 동국대학교에서 37년 동안 한글로 번역한 '한글대장경'을, 각 사찰과 기관은 물론 집집마다 모시고 봉독하면 세계가 존경하는 일등 국가가 될 것입니다. 우리 국민의 3분의 1만 부처님 경전을 읽는다면 당장 통일국가가 되어 세계의 으뜸 국가가 되리라 확신합니다.

한 권의 불교 경전은 만 장의 부적보다 낫고, 만 권의 장서보다 낫다고 했습니다. 경전을 통해 중생은 온갖 괴로움이 없어지고 온갖 즐거움만 받게 될 것이라는 '무유중고(無有衆苦) 단수제락(但受諸樂)'이라는 말씀도 있습니다. 또 모두가 염불(念佛), 염법(念法), 염승(念僧)하면 온갖 장애가 없어진다는 말씀도 있습니다.

사람들이 불교를 몰라서 못 믿고 수지(受持)하지 못하는 것은, 그만큼 전생 악업이 무겁고 복덕이 없기 때문입니다. 불교는 아는 만큼, 믿는 만큼, 복덕이 따르는 것입니다. 불교는 복을 비는 게 아니라 복을 짓는 것이며, 구원을 받는 게 아니라 구원하는 것입니다. 즉, 피조물이 아니라 창조주가 되는 가르침이 불교이니, 모두 자각각타(自覺覺他)하고 깨달음을 얻는 방법이 경전 속에 있습니다.

『불설아미타경(佛說阿彌陀經)』에 이런 말씀이 있습니다.

석가모니불(釋迦牟尼佛) 능위심난희유지사(能爲甚難希有之事)
석가모니부처님께서 참으로 어렵고 드문 일을 하시나니

능어사바국토오탁악세(能於娑婆國土五濁惡世)
다섯 가지의 흐린 사바세계 즉,

겁탁(劫濁) 견탁(見濁) 번뇌탁(煩惱濁) 중생탁(衆生濁) 명탁중(命濁中)
시대가 흐리고, 견해가 흐리며, 번뇌가 흐리고, 중생이 흐리고, 수명이 흐린 중에도

득아뇩다라삼먁삼보리(得阿耨多羅三藐三菩提)
위없이 높고 바른 깨달음을 얻어

위제중생(爲諸衆生) 설시일체세간난신지법(說是一切世間難信之法)

모든 중생을 위해 세상의 모든 사람들이 믿기 어려운 법을 설하신다.

사리불(舍利佛) 당지(當知)
사리불아, 마땅히 알아야 한다.

아어오탁악세(我於五濁惡世) 행차난사(行此難事)
내가 다섯 가지로 흐린 나쁜 세상에서 이 어려운 일을 행하는 것이니

득아뇩다라삼먁삼보리(得阿耨多羅三藐三菩提) 위일체세간(爲一切世間)
위없이 높고 바른 깨달음을 얻었고 온갖 중생들을 위해서

설차난신지법(說此難信之法) 시위심난(是爲甚難)
이처럼 믿기 어려운 법을 설하는 것이니 이것은 매우 어려운 일이라
한다는 것을.

이 말씀처럼 부처님께서는 우리 중생들을 위해 믿기 어려운 법을
말씀하셨으니 그것이 바로 경전입니다. 따라서 부처님이 일깨워주신
법인 경전을 늘 수지독송하는 것은 불자들의 도리이자 의무입니다.

경전을 꾸준히 독송하면
인생이 행복해진다

부처님은 우리의 지옥 같은 마음, 박복한 마음, 어둡고 컴컴한 번뇌를 멸하게 하시며 밝은 마음과 지혜를 일깨워 성불하게 하십니다.

그렇기에 『금강경』, 『화엄경』과 같은 대승경전을 읽으면 재앙을 멸하여 없애게 됩니다. 새벽에 경전을 읽으면 낮 동안의 재앙을 소멸하게 되며, 잠자리에 들기 전에 경전을 읽으면 자는 동안의 재앙이 소멸합니다.

사람의 몸과 뇌 속에 있는 악업이란 벌레가 끊임없이 병이나 잡벌레를 일으키는 것처럼 건강한 세포, 건강한 마음을 지키려면 대승경전을 꾸준히 독송해야 합니다.

『화엄경』「보현행원품」에는 다음과 같은 말씀이 있습니다.

혹부유인이심신심(或復有人以深信心)
또 어떤 사람이 깊은 신심으로

어차대원수지독송(於此大願受持讀誦)
이 열 가지 큰 서원을 수지하거나 독송하거나

내지서사일사구게(乃至書寫一四句偈)
한 게송만이라도 베껴 쓴다면

속능제멸오무간업(速能除減五無間業)
다섯 가지 무간지옥에 떨어질 업도 속히 소멸될 것이고

소유세간신심등병(所有世間身心等病)
이 세간에서 받을 몸의 병이나 마음의 고통이나

종종고뇌(種種苦惱) 내지불찰극미진수일체악업(乃至佛刹極微塵數一切惡業)
여러 가지 고뇌 내지 부처님 세계의 티끌 수와 같은 모든 악업이

개득소제(皆得銷除)
모두 소멸될 것이며

일체마군(一切魔軍) 야차(夜叉) 나찰(羅刹) 약구반다(若鳩槃茶) 약비사사(若毘舍闍) 약부다등(若部多等)
온갖 마구니나 야차, 나찰, 구반다, 비사사, 부다 등

음혈담육제악귀신(飮血噉肉諸惡鬼神) 개실리원(皆悉遠離)
피를 마시고 살을 먹는 나쁜 귀신들이 모두 멀리 떠날 것이며

혹시발심친근수호(或時發心親近守護)
혹은 좋은 마음을 내어 가까이서 수호할 것이다.

시고약인송차원자(是故若人誦此願者)
그러므로 이 서원을 외우는 사람은

행어세간무유장애(行於世間無有障礙)
어떤 세간에 다니더라도 장애가 없어

여공중월출어운예(如空中月出於雲翳)
허공의 달이 구름에서 벗어나듯 할 것이며

제불보살지소칭찬(諸佛菩薩之所稱讚)
모든 부처님과 보살들이 칭찬하고

일체인천개능예경(一切人天皆應禮敬)
모든 인간과 하늘이 모두 예경하고

일체중생실응공양(一切衆生悉應供養)
모든 중생들이 모두 공양할 것이다.

경전을 수지독송하는 공덕은 이처럼 무한한 것입니다.

삼조 승찬대사와 『신심명』

어느 날 중국 선종의 이조(二祖)이신 혜가(慧可) 스님에게 40세가 넘어 보이는 거사가 찾아와서 성명도 밝히지 않고 불쑥 절하고 물었습니다.

"제가 나병(癩病)이 대단하오니 화상께서 저의 죄를 참회하게 하여 주십시오."

혜가 스님이 말씀하셨습니다.

"그 죄를 가져오너라!"

"죄를 찾을 수 없습니다."

"그대의 죄는 다 참회되었다. 앞으로 마땅히 불법승(佛法僧)에 의지하여 머물라."

"화상(和尙)을 뵙고 승(僧)은 알았으나 어떤 것을 불과 법이라 합니까?"

"이 마음이 부처요, 이 마음이 법이다. 법과 불이 둘이 아니니 승보(僧寶) 또한 그러하다."

"제가 오늘에서야 비로소 죄(罪)의 성품은 안에도 있지 않고, 밖에도 있지 않았음을 알았습니다."

죄무자성종심기(罪無自性從心起)
죄의 자성 본래 없고, 마음 따라 일어나니

심약멸시죄역망(心若滅是罪亦忘)

만약 마음이 없어지면 죄업 또한 스러지네.

죄망심멸양구공(罪忘心滅兩俱空)

모든 죄업과 마음이 사라져 온갖 것이 텅 비면

시즉명위진참회(是則名爲眞懺悔)

이것을 일컬어 참된 참회라고 한다네.

이에 혜가 스님이 다시 말하였습니다.

"너는 나의 보배이다. 네 이름을 승찬(僧璨)이라 하라."

이렇게 혜가 스님에 이어 중국 선종의 삼조(三祖)가 된 승찬 스님은 606년 어느 날 법회를 마친 뒤 나무 아래 서서 열반했다고 합니다.

승찬 스님의 대표적인 저술은 『신심명(信心銘)』입니다.

『신심명』은 모두 146구(句) 584자로 되어 있는데 선의 요체를 잘 드러내고 있어 중국에 불법(佛法)이 전래된 이래 지어진 경문(經文) 가운데 '최고의 문자'라는 평가를 받고 있습니다. 『신심명』은 훗날 선종의 6대 조사인 혜능(惠能)이 남긴 『육조단경(六祖壇經)』과 더불어 중요한 보전(寶典)으로 여겨지고 있습니다.

승찬 스님이 『신심명』을 저술할 때는 중국 불교가 크게 탄압을 받고 난 직후였습니다. 전국의 불탑과 불상이 파괴되고 불교가 대대적인 억압을 받게 되자 혜가 스님은 승찬 스님에게 당분간 깊은 산속으로 들어가 몸을 숨길 것을 명했습니다. 이에 따라 승찬 스님은 10여 년 동안 서주(舒州)의 환공산(皖公山)에 은거하였습니다.

그 뒤 남북조(南北朝)를 통일한 수나라 문제(文帝)가 불교를 장려하자, 승찬 스님은 지금의 천주산(天柱山) 삼조사(三祖寺)에 머물며 선의 요체를 대중들에게 쉽게 풀어 이해시키려는 뜻에서 『신심명』을 쓰게 된 것입니다.

『신심명』이란 제목은 말 그대로 '믿는 마음에 대해 명심(銘心)해야 할 글'이란 뜻입니다.

지도무난(至道無難)　지극한 도는 어렵지 않고
유혐간택(唯嫌揀擇)　오직 가리고 선택함을 꺼릴 뿐이니
단막증애(但莫憎愛)　다만 미워하고 사랑하지 않으면
통연명백(洞然明白)　확 트여 명백하리라

이렇게 시작되는 『신심명』은 전체가 584자밖에 안 되지만 불교의 요체와 1,700공안의 본질을 모두 담고 있는 것으로 평가되고 있습니다.

훗날 임제종의 낭야각(瑯揶覺) 선사에게 한 재상이 『신심명』에 대한 주해(註解)를 써달라고 부탁한 적이 있습니다.

이때 낭야각 선사는 위에 소개한 16글자만 크게 적고 나머지 게송은 작은 글씨로 옮겨 적어 모두 주해처럼 처리했다고 합니다. 『신심명』의 근본 골수는 크게 쓴 구절 속에 다 있으므로 이 구절의 뜻만 바로 알면 나머지 구절들은 모두 이 구절의 주해일 뿐, 같은 뜻이라는 말입니다.

이런 주해를 보게 된 재상은 "이것이야말로 『신심명』의 골수로 고고(古古)의 명주해로다."라고 찬탄했다고 합니다.

원만한 깨달음을 위한 『원각경』

『원각경(圓覺經)』에서 '원각'이란 원만한 깨달음을 뜻합니다. 따라서 『원각경』은 원만한 깨달음을 위한 부처님 말씀이라 볼 수 있습니다. 『원각경』은 허깨비라는 뜻의 환(幻) 법문으로 유명한 경전입니다. 이 허깨비를 알아버리면 허깨비가 사라져 바로 깨달은 이의 자리가 드러난다는 돈오(頓悟)의 이치를 설하신 것이 『원각경』입니다.

『원각경』의 본래 이름은 『대방광원각수다라요의경(大方廣圓覺修多羅了義經)』이며 줄여서 『원각수다라요의경』, 『원각요의경』, 『원각경』 등으로 부릅니다.

『원각경』은 1권 12장으로 이루어져 있으며 크게 서분(序分), 정종분(正宗分), 유통분(流通分)으로 나눌 수 있습니다.

서분에서는 이 경을 설하게 된 취지를 설하고, 정종분에서는 문수보살을 비롯해 열두 보살들이 차례대로 부처님께 설법을 청하고 부처님께서 대답하시는 형식으로 이뤄졌습니다. 그리고 유통분은 경전을 널리 전하며 수지독송하는 공덕을 설하는 내용입니다.

『원각경』에 등장하는 열두 보살은 문수·보현·보안·금강장·미륵·청정혜·위덕자재·변음·정제업장·보각·원각·현선수보살입니다.

여기에선 제3장 「보안보살장」의 말씀을 소개하려고 하는데 보안(普眼)이란 햇빛이 두루 비추어 밝히지 않음이 없는 것과 같아 중생을 구제하는 자비와 도를 깨닫고자 하는 지혜를 두루 밝힌다는 뜻입니다. 따라서 보안보살은 이 세상을 두루 보고 알아 이 세상 모든 경계가 무상하다는 이치를 알고 있는 보살입니다.

보안보살은 문수보살이나 보현보살의 질문이 중생들에게 수준이 너무 높다고 여겨 중생들을 대신해 깨닫는 방법에 대해 질문을 드리고 있습니다. 몸과 마음이 환이라 의보(依報)[1]와 정보(正報)[2]의 관이 멸하면 청정하고도 뚜렷이 밝은 부처님의 경계가 드러난다는 것을 「보안보살장」에서 다루고 있습니다.

선남자(善男子) 육진청정고(六塵淸淨故) 지대청정(地大淸淨)
선남자야, 육진이 청정한 까닭에 지대가 청정하며,

지청정고(地淸淨故) 수대청정(水大淸淨) 화대풍대(火大風大) 역부여시(亦復如是)
지대가 청정한 까닭에 수대가 청정하며, 화대풍대도 또한 이와 같으니라.

선남자(善男子) 사대청정고(四大淸淨故)
선남자야, 사대가 청정한 까닭에

십이처(十二處) 십팔계(十八界) 이십오유청정(二十五 有淸淨)
십이처와 십팔계, 이십오유가 청정하니라.

----

1 의보(依報) : 환경이나 처지.
2 정보(正報) : 그 사람의 몸과 마음.

여기서 육진(六塵)은 육진경계(六塵境界)와 같은 말이며 줄여서 육경(六境)이라고도 합니다. 육경은 안(眼)·이(耳)·비(鼻)·설(舌)·신(身)·의근(意根)의 육근(六根)이 취하는 인식 및 작용대상이자, 안(眼)·이(耳)·비(鼻)·설(舌)·신(身)·의식(意識)으로 이뤄진 육식(六識)의 인식대상이자, 경계(境界)인 색(色)·성(聲)·향(香)·미(味)·촉(觸)·법경(法境)을 가리킵니다.

또한 사대(四大)라는 말 중에서 사(四)는 불교에서 주장하는 물질의 구성요소를 일컫는데 지(地), 수(水), 화(火), 풍(風)의 네 가지를 가리키며 '대(大)'란 범어 mahā를 의역(意譯)한 말입니다. 따라서 사대란 지대(地大), 수대(水大), 화대(火大), 풍대(風大)를 통틀어 일컫는 말입니다.

한편 십이처는 육근(六根)과 육경(六境)을 합쳐 부르는 말이며 십팔계는 인간과 그 밖의 모든 존재 속의 인식작용을 18가지 범주로 나눈 것으로 육근, 육경, 육식(六識)을 합쳐 부르는 말입니다.

또 이십오유(二十五有)에서 유(有)는 '존재'를 뜻하는데, 생사윤회(生死輪廻)의 미혹의 세계나 유정의 미혹된 상태를 25가지로 구분한 것을 말합니다.

선남자(善男子)
선남자여,

일체실상성청정고(一切實相性淸淨故) 일신청정(一身淸淨)
일체법의 실상의 본성이 청정하므로 한 몸이 청정하다.

일신청정고(一身淸淨故) 다신청정(多身淸淨)

한 몸이 청정하므로 많은 몸들이 청정하다.

다신청정고(多身淸淨故) 여시내지(如是乃至)
많은 몸들이 청정하므로 이와 같이 더 나아가서는

시방중생(十方衆生) 원각청정圓覺淸淨)
시방세계 중생들의 원각이 청정하느니라.

여기서는 한 사람이 청정하면 많은 중생도 따라서 청정해진다는 걸
일깨워줍니다.

선남자(善男子)
선남자여,

일세계청정고(一世界淸淨故) 다세계청정(多世界淸淨)
한 세계가 청정하므로 많은 세계가 청정하다.

다세계청정고(多世界淸淨故)
많은 세계가 청정하므로,

여시내지진어허공(如是乃至盡於虛空)
이와 같이 더 나아가서는 허공을 다하고

원애삼세(圓裹三世)
과거·현재·미래 삼세를 두루 포괄하여

일체평등(一切平等) 청정부동(淸淨不動)

일체가 평등하고 청정하면서 움직이지 않느니라.

앞에서 인용한 순서대로 살펴보면 마음이 청정함으로부터 시작하여 6근, 6식, 6진이 청정해지고, 4대가 청정해지며 십이처, 십팔계, 이십오유…… 이런 식으로 계속 청정해져서, 삼세가 청정해지고 모두 다 공하다는 것입니다.

『천수경』은 어떤 경전인가

불자님들이 절에서 가장 많이 독송하는 경전 중 하나인 『천수경(千手經)』은 처음 서인도 출신의 가범달마 스님이 한역했습니다. 부처님이 말법 시대 중생들의 이익과 성불을 위해 설법하신 『천수경』은 본래의 경명(經名)인 『천수천안관자재보살광대원만무애대비심대다라니경(千手千眼觀自在菩薩廣大圓滿無碍大悲心大陀羅尼經)』을 줄여서 부르는 이름으로 이 밖에도 비슷한 이름이 15~16가지나 된다고 합니다.

『천수경』은 서인도 출신의 가범달마(迦梵達磨) 스님이 한자로 번역하면서 지은 제목으로 단어별로 뜻을 자세히 분석하면 다음과 같습니다.

- 천수(千手) : 천 개의 손, 중생을 구제할 수 있는 무한대의 자비 손길을 뜻하는 말입니다.
- 천안(天眼) : 안목의 지혜와 슬기를 천안이라고 부릅니다. 과거, 현재, 미래의 삼세인과를 보고 알며 일체 중생의 업보와 마음을 관해 보시고 알아서 구원하시는 지혜를 뜻합니다.
- 관(觀) : 사실 그대로 직관(直觀) 조견하며 안팎을 동시에 관조(觀照)하신다는 뜻입니다. 바로 보아야 바로 알고 바로 살 수 있습니다.
- 세(世) : 인간 세상, 선악과 대립의 중생계를 가리키는 말입니다.

- 음(音) : 소리 또는 음성을 가리키는데 희노애락, 선악시비, 진리의 소리, 대자연의 소리, 마음의 소리 등을 뜻하는 말입니다.

- 보살(菩薩) : 범어 보디사트바(bodhisattva)를 음역한 말로, 뜻으로 번역하면 대사(大士)라고 합니다. 보살이 자기와 남을 이롭게 하려는 자비행과 지혜행을 펼치는 것을 통틀어 보살행(菩薩行)이라고 부릅니다.

- 광대(廣大) : 넓고 크다는 뜻인데 이 밖에도 한없이, 눈부시게 빛나다(큰마음), 아름답다, 거룩하다, 조용하다, 편안하다 등 여러 가지 뜻이 있습니다.

- 원만(圓滿) : 충만하고 구족한 구원실상을 말합니다. 충족, 완성 등을 뜻하기도 합니다.

- 무애(無碍) : 그 어디에도 구속되거나 얽매이지 않는 것을 뜻합니다. 다시 말해 장애 없는, 막힘없는, 걸림 없는 자유자재를 말합니다.

- 대비심(大悲心) : 중생을 가엾게 여기는 마음, 연민의 정, 동정심, 측은지심, 무한자비의 구원심 등을 뜻합니다.

- 대다라니경(大陀羅尼經) : 다라니란 부처님의 말씀을 외워서 모든 법(法)을 가진다는 뜻으로 한자로는 총지(摠持)로 부릅니다. 부처님 말씀을 총지한다, 창고, 무진장하다 등의 뜻을 가지고 있습니다. 즉, 정도(正道)와 불도(佛道)의 총지를 가리킵니다.

『천수경』은 종단과 종파를 뛰어넘어 가장 많이 독송되는 경입니다. 설법의 형식에 따라 부처님 가르침을 넷으로 나눈 화의사교(化儀四教)[3]와 그 내용에 따라 넷으로 나눈 화법사교(化法四教)[4]를 모두 포함하고 있습니다.

『천수경』은 이와 같은 일체의 모든 경전의 사상이 모두 응집하고 녹아있는 경전입니다. 그런 까닭에 "삼세제불(三世諸佛)의 말 없는 말씀, 몸 없는 몸"이라고 하며 "형상 없는 법신"이라고 일컬어집니다.

『천수경』이 가진 구원실상의 대비력은 이루 헤아릴 수 없이 넓고 크고 깊어 모든 중생의 원을 성취하게 합니다. 99억 항하사 불심과 시방법계의 호법선신 영적과 시방삼세의 선각보살들의 신통이『천수경』에 들어있으니 이 경 하나로 일체를 성취할 수 있어 해탈의 첩경이라는 것을 의심하지 말아야 합니다.

따라서 각행원만(覺行圓滿)의 대도에서 누락되지 않으려면 반드시 이 경을 읽고 외우고 쓰고 전해야 합니다. 참고로 사주팔자나 운명이 좋지 않은 이들도 이 경을 수지독송하면 운이 트이게 됩니다.

---

3 화의사교(化儀四教) : 돈교(頓教), 점교(漸教), 비밀교(秘密教), 부정교(不定教).
4 화법사교(化法四教) : 장교(藏教), 통교(通教), 별교(別教), 원교(圓教).

『천수경』의 일곱 가지 공덕

『천수경』은 관자재보살(관세음보살)의 무량무변한 대비심과 위신력을 펼쳐 보이시는 가운데 부처님 세계의 거룩하고 장엄함을 함께 공부하고 깨달을 수 있는 경입니다. 관세음보살은 이 세상 사람들의 마음속에 담긴 고통을 제거하며 열반의 세계로 이끌어 주시는 분입니다.

『천수경』에 이르기를 천수다라니를 수지독송하는 사람은 광명장(光明藏), 자비장(慈悲藏)이며 또한 해탈장(解脫藏), 약왕장(藥王藏), 신통장(神通藏)이라고 했습니다. 다시 말해 이 다라니를 수지하는 사람은 일체 부처님께서 지혜광명으로 감싸 비추시니 그 사람은 백천삼매가 항상 현전하여 일체 장애가 미치지 못하고, 일체중생을 구호할 대비 위신력을 다 갖춘다고 하셨습니다. 그것은 이 다라니가 평등심(平等心)이며 무위심(無爲心)이며 무염착심(無染着心)이며 공관심(空觀心)이며 무상보리심(無上菩提心)이기 때문입니다.

『천수경』은 일반적인 경전들과 같은 형식으로 구성된 원본 『천수경』이 있고, 우리가 늘 수지독송하는 독송용 『천수경』이 있습니다. 원본 『천수경』에는 '대비심 다라니주'를 설하면서 부처님과 관세음보살의 문답이 소개되고 있습니다.

"세존이시여, 저에게 '대비심 다라니주'가 있어 지금 선설(宣說)하고자 합니다.

모든 중생들을 안락케 하고자 하는 연고며,

일체 모든 병을 없애기 위함이며,

수명을 얻게 하기 위함이며,

부요(富饒)를 얻게 하기 위함이며,

일체 나쁜 업과 큰 죄를 멸해주기 위함이며,

모든 장애와 어려움을 여의기 위함이며,

일체 백법(白法)과 모든 공덕을 기르기 위함이며,

일체 모든 착한 일을 성취하기 위함이며,

일체 모든 두려움을 멀리 여의기 위함이며,

속히 일체 바라는 원을 만족하게 되기 위함인 연고로

선설코자 하오니, 오직 원하옵건대 세존께서는 큰 자비로써

중생을 불쌍히 여기사 선설함을 허락하여 주옵소서."

이때 세존께서 관세음보살이 간청함을 들으시고 말씀하시되,

"선남자야, 너의 큰 자비심으로 중생을 안락케 하기 위하여

신주를 설하고자 하니 지금이 바로 그때라 속히 선설할지니라.

여래께서 너의 선설함을 기뻐하니

모든 부처님도 또한 그러할 것이니라."

관세음보살께서 거듭 부처님께 여쭙기를,

"세존이시여, 제가 생각해 보니 과거 헤아릴 수 없는

아승지 억겁 전에 부처님께서 세상에 나오셨으니

명호는 천광왕정주(天光王靜住) 여래시라.

이 부처님께서 저를 어여삐 생각하시며 다시 일체중생을 위하여

이 광대원만무애대비심다라니(廣大圓滿無碍大悲心陀羅尼)를 설하시고

금색 손으로써 저의 이마를 만지시며 "선남자야, 너는 마땅히
이 '대비심주문'을 가지고 널리 미래 나쁜 세상에 일체중생을 위하여
큰 이익을 지어주라."고 말씀하셨습니다.
제가 그때 초지(初地)에 머물러 있다가 한 번 이 주문을 듣고는
제팔지(第八地)에 올랐습니다.
제가 그때 마음으로 환희하며 곧 서원하기를
'내가 만일 당래 세상에 능히 일체중생을 이익되고 안락하게 한다면
바로 내 몸에 천 개의 손과 천 개의 눈이 구족되어지이다'하였습니다.
이런 서원을 세우고 나니 바로 몸에
천 개의 손과 천 개의 눈이 다 구족되었으며
시방에 대지는 여섯 가지로 진동하며 시방에 계시는 모든 부처님이
내 몸과 시방에 끝이 없는 많은 세계에
동시에 광명을 놓아 비추어 주셨습니다.
이로부터 다시 헤아릴 수 없이 많은 부처님 계시는 곳과 무량한 법회
가운데서도 거듭 이 다라니를 얻어듣고 받아가지고 다시
크게 환희하였더니 문득 무수 억겁토록 나고 죽으며
지은 업을 소멸하였습니다.
이로부터 저는 항상 이 주문을 지송(持誦)하되
조금도 폐하거나 잊어버리지 않았으며 이 주문을 가진 힘으로써
나는 곳마다 항상 부처님 곁에서 연꽃에 화생(化生)하고
태보(胎報)의 몸을 받지 않았습니다.
만일 비구·비구니·우바새·우바이·동남·동녀가 이 주문을
독송하려면 모든 중생에게 자비심을 일으키고 마땅히
저(관세음보살)를 향해 먼저 이러한 원을 발해야 하나이다……."

이런 관세음보살님의 서원으로 이뤄진 원본『천수경』과 '신묘장구대다라니'를 수지독송하는 공덕은 매우 많으며 그 중 몇 가지만 열거하면 다음과 같습니다.

1) 불국정토에 태어난다.
2) 삼악도에 떨어지지 않는다.
3) 삼매(三昧), 정각을 이룬다.
4) 남자의 몸으로 태어난다.
5) 다생의 모든 업장(10악 5역죄)을 소멸한다.
6) 15가지 선생(善生)을 한다.
7) 15가지 악사(惡死)를 면한다.

독송용『천수경』은 다음 열 가지 단계로 구성되어 있는데 이것을 '천수십문(千手十門)'이라 부릅니다.

1) 개경(開經) : 정구업진언 ~ 개법장진언
2) 계청(啓請) : 경제(經題) ~ 소원종심실원만
3) 별제(別題) : 10원 6향. 나무대비관세음 ~ 자득대지혜
4) 별귀의(別歸依) 혹은 소청 : 나무관세음보살마하살 ~ 나무본사아미타불
5) 다라니 : 신묘장구대다라니
6) 찬탄 : 사방찬, 도량찬
7) 참회 : 참회게 ~ 참회진언
8) 준제주 : 준제공덕취 ~ 원공중생성불도
9) 총원(總願) : 여래십대발원문 ~ 사홍서원

10) 총귀의(總歸依) : 나무상주시방불 ~ 나무상주시방승

이처럼 천수십문에는 기도, 발원, 귀의, 송주, 찬탄, 참회가 두루 포함되어 있습니다. 또한 반야바라밀을 체(體)로 삼고 보현행원을 용(用)으로 삼는 일관된 사상체계를 가지고 있습니다.

원문 『천수경』에는 관세음보살님이 대범천왕(大梵天王)에게 신묘장구대다라니의 구심(九心)을 설하는 대목이 있습니다.

대범천왕이 여쭙길,
"일찍이 저는 이와 같은 광대원만무애대비심다라니,
신묘장구를 설하시는 것을 듣지 못하였습니다.
오직 원하옵건대 대사(관세음보살)께서는 저를 위하여
널리 이 다라니의 모양을 설해주소서.
저와 모든 대중은 즐겨듣기를 원하나이다."
관세음보살께서 대범천왕에게 말씀하셨다.
"너는 일체중생을 이익케 하기 위하여 방편으로 나에게
이와 같이 묻는구나. 너는 잘 들어라.
내가 너희들 대중을 위하여 간략하게 말하리라.
대자비심이 다라니의 모양이며,
평등심(平等心)이 이것이며,
무위심(無爲心)이 이것이며,
무염착심(無染着心)이 이것이며,
공관심(空觀心)이 이것이며,

공경심(恭敬心)이 이것이며,

무잡난심(無雜亂心)이 이것이며,

무뇌해심(無惱害心)이 이것이며,

무견취심(無見取心)이 이것이며,

무상보리심(無上菩提心) 등 이와 같은 마음이

곧 다라니의 모양이니 너희들은

마땅히 이것을 의지하여 수행할 것이다."

해동화엄(海東華嚴)의 초조(初祖)로 추앙받는 의상(義相)대사는 「백화도량발원문(白花道場發願文)」을 통해 『천수경』을 수지독송하며 관세음보살님을 스승으로 모시겠다는 서원을 밝히고 있습니다.

바라오니 이 제자는 세세생생 관세음보살님을

가장 높은 스승과 성인으로 모시겠습니다.

관세음보살님이 지극한 정성으로 아미타부처님을 이마 위에

이고 받들 듯이 저도 또한 관세음보살님을

높이 모시고 받드옵니다.

관세음보살님께서 과거에 수행하실 때 세운,

열 가지 큰 서원과 여섯 가지 진리의 회향과 천 개의 손,

천 개의 눈으로 모든 중생을 보살피는 대자대비심을 갖추어서,

이 세상과 저 세상에서 몸을 버리거나

몸을 받는 곳마다 항상 보살님의 설법을 듣고,

중생을 위한 참된 교화를 위해 함께 따라

돕고 거들겠습니다.

널리 모든 세상 온갖 중생이 다 함께 보살의 이름을 생각하게 하고,
신비한 대비주(大悲呪)를 외워서 다 같이 원통삼매(圓通三昧)의
성품 바다에 들어가기를 원하옵니다.

관음행(觀音行)은 자비행(慈悲行)이며 보현행(普賢行)입니다.
불교 사상의 세계는 한없이 넓고 깊습니다.

얽매임이 없는 삶을 일깨워주는 『금강경』

『금강경(金剛經)』은 『반야심경』, 『천수경』 등과 함께 불자님들이 가장 많이 독송하는 경전으로 손꼽히고 있습니다. 『금강경』은 처음 한자로 번역할 때는 『능단금강반야바라밀경(能斷金剛般若波羅蜜多經)』이라 했으며 이를 줄여 『금강반야바라밀경』, 『금강반야경』, 『금강경』 등으로 부릅니다.

『금강경』에서는 윤리적 실천의 공사상(空思想)을 설명하고 있지만 경전의 본문에는 공(空, Śūnya)이란 말을 볼 수 없습니다. 이를 통해 『금강경』이 공이란 단어가 확립되기 이전에 성립된 경전임을 추측하게 됩니다.

『금강경』에는 대승(大乘), 소승(小乘)이란 용어에 대한 개념도 명확하지 않습니다. 그렇기에 『금강경』은 인도에서부터 국제성을 띤 경전이면서도 대승불교 특유의 술어도 거의 없습니다.

『금강경』의 경전 형식은 지극히 간결하고 고형(古形)의 모습을 보여주고 있으며 모든 선행(善行)이 공사상에 근거하고 있음을 설하는 게 특성입니다.

다른 경들도 최고임을 설명하고 있지만 『금강경』이야말로 제불(諸佛)의 아뇩다라삼먁삼보리법이 모두 이 경전에서 나왔음을 설명하고 있습니다. 부처님은 『금강경』 이전에 아함부 경전, 방등경을 설하셨으며 『금강경』에 이어 『법화경』, 『열반경』, 반야부 경전 등을 설하셨습니다.

만약에 병이 없다면 이 『금강경』이란 명약을 굳이 복용하지 않아도 되지만 조금이라도 부족한 점이 있다면 꼭 『금강경』이란 명약을 복용하십시오. 가장 잘 살 수 있고 가장 건강할 수 있으며 영원히 살 수 있는 명약이 『금강경』입니다.

『금강경』은 한자로 번역된 후 양(梁)나라 무제(武帝)의 아들 소명(昭明) 태자가 '법회인유분(法會因由分) ~ 응화비진분(應化非眞分)'까지 32가지로 분절(分節)했습니다. 다만 『금강경』을 독송할 때는 분절한 제목은 읽지 않습니다.

『금강경』은 공사상을 윤리적 실천의 바탕으로 삼을 것을 강조하고 있습니다. 타아(他我)의 대립감을 공(空)으로 해야 한다는 것입니다. 다시 말해 아상(我相), 인상(人相), 중생상(衆生相), 수자상(壽者相)의 대립감을 없애라는 것입니다. 또 법(法)에 취해서도 안 되고 법 아닌 것에 취해서도 안 된다고 하며 깨달음은 곧 깨달음이 아니라는 것, 진실도 허망도 없다, 즉 얽매임이 없는 삶을 강조하고 있습니다.

『금강경』은 모두 일곱 가지의 번역본이 있는데 그 중 가장 많이 독송되는 번역본은 요진(姚秦)의 구마라집(鳩摩羅什) 번역본입니다. 구마라집은 중인도 출신의 아버지와 구자국왕의 누이동생인 어머니 사이에서 태어났습니다. 구마라집이 태어난 구자국(쿠차)은 현재 중국 감숙성 서쪽, 신강성 남쪽, 쿠차 부근으로 북쪽은 천산(天山), 남쪽은 타림 강 사이의 타클라마칸 사막 인접 지역으로 당시에는 불교가 크게 융성했던 불교국가였습니다.

구마라집은 일곱 살 때 어머니를 따라 출가하여 처음엔 케빈에서 소승불교를 배웠고 소륵국에서 대승불교를 배웠는데 성장할수록 이름을 떨치게 되어 주변 국가들에서도 그를 모르는 사람이 없을 정도였습니다. 결국 구마라집이 마흔 살 되던 해 중국 진나라가 구마라집을 강제로 초빙하기 위해 구자국을 침략했습니다. 그 일로 구마라집은 납치당해 타지에서 갇혀 지내다가 서기 401년에는 장안(長安)에 국빈으로 모셔졌습니다. 그때부터 구마라집은 380여 권의 불전을 번역하였는데 당시 승조(僧肇), 도생(道生)을 비롯한 3천여 명의 제자를 양성하다가 69세인 413년에 입적했습니다.

앞에서 말한 것처럼 『금강경』은 구마라집이 처음 번역한 뒤에도 보리유지, 달마급다, 현장삼장법사 등 여러 학승들이 번역했지만 구마라집의 번역본이 가장 간결하고 한자 운율을 잘 살려낸 미려한 문장으로 평가되며 지금까지 가장 널리 독송되고 있습니다.

이제 경전의 제목을 좀 더 자세히 살펴보겠습니다.

- 금강(金剛) : 다이아몬드를 뜻하며 세상에서 가장 맑고 빛나고 가장 단단한 보석입니다. 연마하면 찬란한 광채를 내는 값진 보석으로 부처님은 모든 사람을 다이아몬드, 원석에 비유하고 계십니다.
- 반야(般若) : 지혜, 슬기. 가장 완전한 불지혜(佛智慧)로 일체개공(一切皆空) 경지의 불성광명을 뜻합니다.
- 바라밀(婆羅密) : 실천수행, 보리행, 보살행, 불지행(佛智行). 피안에 도달한다는 말로 고해를 건너 열반의 부처님 땅에 도달케 하는 실천행위의 뜻입니다. 탐진치(貪瞋癡) 삼독을 제거하고 계정혜(戒定慧) 삼학으로 육바라밀 성취행을 말합니다.
- 경(經) : 길〔도(道)〕이란 뜻입니다. 차안(此岸)에서 피안(彼岸)으로 건

너가는 방법을 가르친 말씀을 담는다는 의미입니다. 부처님 말씀의 귀하고 소중함을 기록한 것을 경전이라고 합니다.

『금강경』은 고대부터 인도어, 아리언, 산스크리트어, 코란어, 티벳어, 소구어, 몽고어, 만주어, 중국어, 영어, 불어, 일어, 한글 등 세계 각국의 언어로 번역되었습니다.

『금강경』은 처음에 경계(境界)의 공(空)을 설하고 다음에는 혜(慧)의 공함을 설한 뒤 보살(菩薩)의 공을 밝히고 있습니다. 즉, 공혜(空慧)로 체(體)를 삼고 일체법의 무아(無我)의 이치를 요지로 삼고 있습니다.

『금강경』 내용은 약 300송 가량이라 '삼백송(三百頌) 반야(般若)'라고 부르기도 합니다.

『금강경』 32분 요약

지불책우(智不責愚)라는 말씀이 있습니다. 즉, 지혜로운 사람은 어리석음을 꾸짖지 않는다는 뜻입니다.

중국 남송 때의 야보(冶父) 스님은 『금강반야바라밀경』의 제목을 이해하려면 먼저 원상(圓相)의 의미를 깨달아야 그 참뜻을 알 수 있다고 했습니다. 원상은 일원(一圓)의 이치, 즉 우주를 상징하고 만물이 총섭된 뜻을 담고 있습니다. 이를 언어도단(言語道斷) 심행처멸(心行處滅)된 원적의 뜻이라고 합니다.

법불고기(法不孤起)　법은 홀로 일어나지 않으니
수위안명(誰爲安名)　누가 이름을 붙일 것인가?

유심(有心), 무심(無心)으로 헤아릴 수 없는 자리가 곧 원상(圓相)입니다. 부처님과 중생은 이 원상에서 나온 것입니다. 금강(金剛)이란 우리의 본래 청정한 일원을 뜻하는 것이며, 일원의 소식은 저마다 원만구족하게 갖춰져 있습니다.

• 여시아문(如是我聞) : 이와 같이 내가 들었다.
여기에서 아(我)는 부처님을 가장 가까이 시봉하며 가장 오랫동안 법문을 들었고 기억력이 매우 뛰어난 아난(阿難) 존자를 뜻합니다.

야보 스님은 유무불이(有無不二)를 여(如)라 하고, 여는 유무가 아니므로 시(是)가 된다고 하였습니다.

여여(如如)
여(如)라는 여여

정야장천(靜夜長天)
고요한 밤, 높은 하늘

일월고(一月孤)
달빛이 외롭네.

물과 파도는 본래 둘이 아닙니다. 여(如)는 본래 원만구족한 둥근 달빛과 같이 청정하고 적요합니다.

시시(是是)
시(是)란 시여

수불리파파시수(水不離波波是水)
물이 파도를 떠나지 않으니 파도가 물이네

경수진풍부도시(鏡水塵風不到時)
거울처럼 맑은 물, 티끌 바람 이르지 않으매

응현무하조천지(應現無瑕照天地)
드러내는 모습 티 없고 천지를 환히 비추네

48

간간(看看)

보고 보아라.

두두물물(頭頭物物) 속에 비로자나 부처님 계시고 삼라만상은 티 없이 맑습니다.

• 아(我) : '천상천하(天上天下) 유아독존(唯我獨尊)'이라는 탄생게(誕生偈)
  를 헤아려야 합니다.

아(我)란 아(我)여.

인식하면 둘이고

털끝만큼도 움직이지 않을 때 본연에 합(合)하고

소리를 아는 사람, 솔바람에 화답(和答)하네.

능소(能所)의 구별을 짓지 않는 절대의 아(我)를 말합니다.

문(聞)

문이여,

절기수타거(切忌隨他去)

간절하오니 타(他)를 따르는 것 꺼려하누나.

육신의 귀를 가지고는 부처님의 무진설법을 들을 수 없으며, 저마다의 심안(心眼)을 열고 마음의 귀를 열고 들어야 합니다.

문(聞)이란 문(聞)이여.
들리지 않는 소리까지를 들어야 합니다.

이제 『금강경』 제1분 ~ 제32분까지 각 분의 개요를 살펴보겠습니다.

1) 법회인유분(法會因由分)

높고 높아 당당함이여. 만법 가운데 왕이라네. 32상에 백천 가지의 빛이네. 성인, 범부 우러러보고 외도가 돌아와 항복하네. 자비스런 얼굴 보기가 어렵다 하지 말라. 기원(祇園)의 큰 도량에 언제나 계신다네.

2) 선현기청분(善現起請分)

〈수보리가 일어나 주수항복(住修降伏)에 대하여 설법을 청하다.〉

여래는 한 말씀도 하지 않으셨는데 수보리가 문득 찬탄(讚歎)을 일으키니 안목을 갖춘 수승한 무리는 시험 삼아 눈을 떠 보라.

3) 대승정종분(大乘正宗分)

〈대승의 바른 근본을 가지고 부처님께서 수보리 존자의 물음에 답하시다.〉

정천입지(頂天立地)　하늘을 이고 땅에 섰나니
비직안횡(鼻直眼橫)　코는 바르고 눈은 가로놓였네.

당당한 큰 도여, 밝고 밝아 분녕하네
사람, 사람마다 본래 구족하여
저마다 둥글게 이뤄졌네

다만 일념(一念)의 어긋남으로 인하여
만 가지 모습을 드러낸다네.

일진법계(一眞法界) 구류중생(九類衆生)이 동거함에 아무런 불편함이
없습니다.

＊ 잘 호념(護念)한다 : 악이 침범하지 못하게 하는 것을 호(護)라 하
고 선(善)을 내게 하는 것을 념(念)이라 합니다.

담 넘어 뿔을 보면 소가 있음을 알고
산 넘어 연기를 보고 불이 났음을 안다네
홀로 앉은 높은 모습이여, 하늘보다 땅보다 높음이여,
남북동서에 거북 등을 뜯고 기왓장을 부수다. 돌!

＊ 여래(如來)는 여래10호(如來十號)의 하나로, 중생제도를 위해 이
세상에 여실히 왕래하셨다는 뜻입니다.

당당한 큰 도여
밝고 밝아 분명하네
사람 사람마다 본래 구족하여
저마다 둥글게 이루어졌네
다만 일념(一念)의 어긋남으로 인해
일만 가지 모습을 드러낸다네.

4) 묘행무주분(妙行無住分)

〈주(住)함이 없이 보시를 하는 것이 묘행이다.〉

부처님은 수보리에게 무주(無住)[5]의 설법을 하시고 수보리는 부처님께 무진법문(無盡法門)을 듣습니다.

허공의 경계를 어찌 헤아리겠는가
큰 도는 맑고 깊어 이치 또한 깊다네
오호(五湖)[6]에 바람과 달이 있는 줄 알면
봄이 오면 옛날과 같이
온갖 꽃이 향기롭다네.

5) 여리실견분(如理實見分)

〈이치와 같이 실다운 견해를 밝히다.〉

수보리(須菩提) 어의운하(於意云何) 가이신상(可以身相) 견여래부(見如來不)
"수보리야, 어떻게 생각하느냐? 신상(몸의 특징)으로 여래를 볼 수 있는가?"

불야세존(不也世尊) 불가이신상(不可以身相) 득견여래(得見如來)
"아닙니다, 세존이시여. 신상으로 여래를 볼 수 없습니다.

---

5 무주 : 무주의 대도(大道) 속에 원만 구족한 만덕을 베푸는 것이 수보리와 부처님 사이의 문답이 되는 것이다.
6 오호(五湖) : 중국의 다섯 개의 큰 호수로 격호, 조호, 사호, 귀호, 태호를 가리킴.

하이고(何以故) 여래소설신상(如來所說身相) 즉비신상(卽非身相)

여래께서 신상이라고 말씀하시는 것은 사실 신상이 아니기 때문입니다."

행주좌와(行住坐臥)하는 색신(色身) 속에 상주법신(常住法身)이 있습니다. 색신을 여의고 법신을 찾는 것은 분별망상입니다. 신상(身相)은 법상(法相)에 의지한 그림자이기 때문입니다.

불고수보리(佛告須菩提)

부처님이 수보리에게 말씀하셨다.

범소유상(凡所有相)   무릇 상이 있는 것은

개시허망(皆是虛妄)   모두 허망한 것이니

약견제상비상(若見諸相非相)   만약 모든 상이 상이 아님을 볼 수 있으면

즉견여래(卽見如來)   바로 여래를 볼 수 있다.

몸이 바다에 있어 물 찾지 말고

날마다 산고개 오르며 산 찾지 말지니

앵무새 노래, 제비 소리 다 비슷한 것을

전삼(前三)과 후삼(後三)을 묻지 말게나.

산시산(山是山)   산은 산이요,

수시수(水是水)   물은 물이네

불재심마처(佛在甚麻處)   부처님 계신 곳은 어디인가.

차별 짓고 있을 뿐입니다.

산은 산이되 장애를 받지 않고, 물은 물임에 장애를 받지 않는 일미 (一味)가 솟아납니다. 법신은 영원히 변치 않는 만류의 본체이며, 색신 은 법신에 의지한 그림자 무성체(無性體)를 말합니다. 고로 색신은 실 체가 없는 유한 존재임을 가르치고 있습니다.

6) 정신희유분(正信希有分)

〈올바르고 깊은 믿음을 지니는 것이 드물다.〉

불고(佛告) 수보리(須菩提)
부처님이 수보리에게 말씀하셨다.

막작시설(莫作是說)
그런 말 하지 말 것이니

여래멸후(如來滅後) 후오백세(後五百歲)
여래가 죽은 후 오백 년이 지나도

유지계수복자(有持戒修福者)
계를 지키고 복을 닦는 자가 있어

어차장구(於此章句) 능생신심(能生信心)
이 글귀에 능히 믿는 마음을 가질 것이니

이차위실(以此爲實)
이로써 진실히디 할 것이다.

당지(當知)
마땅히 알 것이니

54

시인(是人) 불어일불이불삼사오불(不於一佛二佛三四五佛) 이종선근(而種善根)

이런 사람은 한두 부처님이나 셋 넷 다섯 부처님께만 선근을 심은 것이 아니라

이어무량천만불소(已於無量千萬佛所) 종제선근(種諸善根)

이미 한량없는 천만 부처님 처소에 온갖 선근을 심었으므로

문시장구(聞是章句) 내지일념생정신자(乃至一念生淨信者)

이 글귀를 듣고서 바로 한 생각에 청정한 믿음을 내는 것임을.

금불상은 용광로를 지날 수 없고, 목불상은 불을 지나지 못하며, 토불상은 물을 지나지 못합니다. 부처님을 삼불(三佛)[7] 삼신(三身)에 비유하기도 합니다.

삼신불까지도 무일물(無一物)입니다. 범소유상(凡所有相) 개시허망(皆是虛妄)이라 했습니다.

수보리(須菩提) 여래실지실견(如來悉知悉見)

수보리야, 여래는 다 알고 다 보나니

시제중생(是諸衆生) 득여시무량복덕(得如是無量福德)

이 모든 중생은 이처럼 한량없는 복덕을 얻느니라.

---

7 삼불(三佛) : ① 법신불(法身佛) : 불변의 진리를 상징. 금불(金佛) ② 보신불(報身佛)
: 인(因)에 따른 모습. 철불(鐵佛) ③ 화신불(化身佛) : 응화(應化)에 따른 모습. 목불(木佛).

오이씨를 심어 오이를 얻고 과일 나무 심어 과일을 얻는 것입니다. 사람 몸을 받은 것 자체가 무루공덕(無漏功德)을 심어온 것입니다. 부처님이 내 안에 함께 함을 알아야 합니다. 평상심(平常心)이 도(道)라고 하였습니다.

7) 무득무설분(無得無說分)

〈부처님 말씀은 본래가 공(空)한 것이기에 얻을 것도 없고 설할 것도 없다.〉

언설(言說)을 떠난 법(法)을 전하십니다. 부처님은 언제나 근기에 따라 물 흐르듯이 대기설법(對機說法)을 하셨습니다.

하이고(何以故) 여래소설법(如來所說法)
왜냐하면 여래가 설한 법은

개불가취(皆不可取) 불가설(不可說) 비법(非法) 비비법(非非法)
모두 취할 수 없고 말할 수 없으며, 법이 아니고 법 아님도 아니기 때문이다.

시심마(是甚摩), 이 무엇인가?
툭 터진 넓은 하늘 새가 날아 자취가 없네.

일체 현성이 무위법(無爲法)으로써 차별이 없습니다.

정인설사법(正人說邪法) 올바른 사람이 삿된 법을 설하면
사법역수정(邪法亦隨正) 그 삿된 법은 올바른 것이 되며

사인설정법(邪人說正法) 삿된 사람이 바른 법을 설하면

정법역수사(正法亦隨邪) 그 바른 법이 삿된 것이 된다

강북성지강남귤(江北成枳江南橘) 강북의 탱자도 강남에서는 귤이라네

춘래도방일반화(春來都放一般華) 화사한 봄이 오면 모두가 한 가지 꽃.

― 〈조주선사(趙州禪師)〉의 선시 중에서

8) 의법출생분(依法出生分)

〈부처님께서 깨달으신 법은 금강반야바라밀법에 의지하여 나온 것이다.〉

약부유인(若復有人) 어차경중수지내지사구게등(於此經中受持乃至四句偈等)

만약 어떤 사람이 이 경 가운데 사구게 만이라도 받아 지니고

위타인설(爲他人說) 기복승피(其福勝彼)

다른 사람을 위하여 설한다면 그 복덕은 칠보(七寶)보다 뛰어나다 할
수 있느니라.

보배를 삼천대천세계에 가득 채워 베푼다 해도 그 복연은 마땅히
인천(人天)을 떠날 수 없습니다. 복덕이 원래 성품이 없는 줄 알면 풍
광(風光)을 사는데 돈을 쓰지 않을 것입니다.

　바르고 평등하며 밝은 깨달음의 법이 『금강경』으로부터 나온 것
이라고 합니다. 사람마다 구족한 심경(心經)을 뜻합니다. 일진심성(一
眞心性).

9) 일상무상분(一相無相分)

〈사과(四果)에 수행하면 만족한 상(相)이 없고 일상(一相)이 있다.〉

수다원[8], 사다함[9], 아나함[10]의 삼위(三位) 성문이 육진경계를 벗어났지만 왕래(往來)에 정(靜)을 구하니 소친(疏親)이 남아 있습니다. 분명한 것은 원래 사과(四果)가 없으니 부질없는 빈 몸이 곧 법신입니다.

10) 장엄정토분(莊嚴淨土分)

〈무주(無住)의 마음이 정토를 장엄한다.〉

고지금지(古之今之)
옛날이 지금이라네.

일수천지(一手天指) 한 손은 하늘
일수지지(一手地指) 한 손은 땅을 가리키니
남북동서(南北東西) 남북동서에
추호불시(秋毫不視) 털끝만큼도 보이지 않네
생래심담대여천(生來心膽大如天) 나면서 심장간담이 하늘처럼 크고
무한군마도적번(無限群魔到赤幡) 한없는 마군의 붉은 깃대 꺾었네.

---

8 수다원 : 역류의 뜻. 즉 생사의 흐름에 따르지 않고 육진경계(六塵境界)에 물들지 않으므로 성류(聖流)라고도 하며 성인의 입류(入流)가 됨.

9 사다함 : 일래(一來)라고도 함. 한번 천상에 갔다가 한번 인간에 와서 과위(果位)를 증득하는 것이므로 일왕래(一往來)라고도 함.

10 아나함 : 불래(不來) 또는 불환(不還)이라고 함. 불래(不來)의 과위를 얻었다고 함.

부처님은 태어나면서 한 손은 하늘을 가리키고, 한 손은 땅을 가리키시며 천상천하(天上天下) 유아독존(唯我獨尊)이라고 하셨습니다.

응무소주(應無所住)
마땅히 머무는 바 없이

이생기심(而生其心)
그 마음을 내어라.

후퇴후퇴(後退後退) 뒤로 물러서고 뒤로 물러서서
간간(看看) 보고 보아라
완석동야(頑石動也) 완석이 움직이네.

몸 아님〔비신(非身)〕을 이름하여 큰 몸〔대신(大身)〕이라 합니다.

11) 무위복승분(無爲福勝分)

〈물질적인 보시보다 마음을 깨우쳐 주는 법보시가 수승하다.〉

전삼삼(前三三) 앞도 삼삼
후삼삼(後三三) 뒤도 삼삼이라네.

사람이 가지고 있는 생각으로 도저히 헤아릴 수 없는 항하의 수와 그 숫자 속의 모래알을 어떻게 헤아릴 수 있겠습니까. 이것은 앞뒤가 같은 뜻이므로 야보 스님은 삼삼(三三)이라 했습니다.

천지(天地), 일월(日月) 만상(萬象)과 삼라(森羅), 성(性), 상(相), 공

(空), 유(有), 명(明), 암(暗), 살(殺), 활(活), 범(凡), 성(聖), 인(因), 과(果), 명수(名數)가 모두 차별 없이 일체성임을 나툰 것입니다.

모든 법이 무변하지만 끝없는 법 속에 무량한 이법(異法)이 있음을 알아야 합니다.

보시(布施)에는 재시(財施), 법시(法施), 무외시(無畏施)의 세 가지가 있습니다.

12) 존중정교분(尊重正敎分)

〈바른 가르침을 잘 존중해야 한다.〉

『금강경』의 가르침을 받아 읽고 외우는 공덕이 쌓이게 되면 희유한 법을 깨닫게 되고 이 가르침이 있는 곳에 삼보(三寶)가 늘 함께합니다.

깊은 바다와 같고 산의 견고함과 같네
좌로 돌고 우로 굴러도
가지도 않고 머무르지도 않네
굴속에서 나온 금털 사자 새끼여
온전한 위엄으로 소리 지르니
모든 여우가 놀라네
깊이 생각하나니 방패 창 쓰지 않는 곳
바로 마군 외도를 포섭해 돌아오네.

부처님 말씀은 무애자재(無碍自在)하시어 모든 천마, 외도의 항복을 받아 귀의케 하십니다.

13) 여법수지분(如法受持分)

〈법(法)다움이란 명상(名相)에 집착하지 않는 것이니 이를 받아 지녀야 한다.〉

이시(爾時) 수보리백불언(須菩提白佛言)
이때 수보리가 부처님께 여쭈었다.

세존(世尊) 당하명차경(當何名此經) 아등운하봉지(我等云何奉持)
"세존이시여, 이 경을 무엇이라 이름해야 하며 우리가 어떻게 받들어
지녀야 합니까?"

불고수보리(佛告須菩提)
부처님이 수보리에게 말씀하셨다.

시경명위(是經名爲) 금강반야바라밀(金剛般若波羅蜜)
"이 경의 이름은 금강반야바라밀경이니

이시명자(以是名字) 여당봉지(汝當奉持)
이 이름으로 너희는 마땅히 받들어야 한다."

금일소출대우(今日小出大遇)   오늘 작은 일로 나갔다가 큰 일을 만났네.

불로 능히 태우지 못하고
물에 능히 빠뜨리지 못하네
바람이 능히 날리지 못하고
칼이 능히 쪼개지 못하네
부드럽기는 도라면(兜羅綿) 같고
굳기로는 철벽과 같네

하늘 위나 인간 세상
고금에 알지 못하네. 이!

부처님은 중생을 위해 49년간 무진설법을 하셨지만 입멸하실 때
한마디도 하신 일이 없다고 하셨습니다. 32상으로 여래를 볼 수 없습
니다.

산속 꽃은 웃음 짓고
새들은 노래하네
이를 때 뜻 얻으면
곳마다 사바하 하네.

14) 이상적멸분(離相寂滅分)
〈모든 상(相)을 여읠 때 적멸에 들 수 있다.〉

웃는 것이 좋은데
얼굴 마주하고 우는 모습이여
부처님 설법은 중생의 고통
울음을 그치게 하시려는 방편이라네.

변화무쌍한 시간 속에서 영원한 진리의 광명이 공간에 가득할 뿐입
니다. 반복되는 생활 속에 영원히 소멸되지 않는 이치와 도리를 깨달
아야 합니다.

눈앞에 법이 없으니

버들가지 푸르고 꽃들은 붉구나

귀가에 들을 것 없으니

앵무새 소리, 제비의 지저귐에 일임하네.

사대(四大)는 본래 아(我)가 없고

오온이 모두 공했네

넓고 훤히 비어있는 이치여

하늘 땅, 만고에 같구나.

여래가 설한 일체 상(相)은 상이 아니고 여래가 설한 일체중생은 곧 중생이 아닙니다.

15) 지경공덕분(持經功德分)

〈이 경을 지니는 공덕에 대해 자세히 밝히다.〉

인자견지위지인(仁者見之謂之仁)

어진 사람을 보면 어질다 말하고

지자견지위지지(智者見之謂之智)

지혜로운 사람을 보면 지혜롭다 말하네.

16) 능정업장분(能淨業障分)

〈이 경을 지니게 되면 능히 업장을 깨끗이 할 수 있다.〉

불인일사(不因一事)   한 가지 일을 인하지 않고는

부장일지(不長一智) 한 지혜를 기를 수 없네.

『금강경』을 읽고 외워서 공덕을 쌓으면 반드시 깨달음의 경지가 나타납니다. 부처님 설법은 모두가 병을 다스리는 양약입니다. 생사문제를 깨닫게 하십니다.

17) 구경무아분(究竟無我分)
〈구경은 아가 없는데 있다.〉

머무는 바 없이 마음을 낼 수 있는 곳이 진주처(眞住處)입니다. 아상, 인상, 중생상, 수자상이 있으면 보살이 아니기 때문입니다.

위는 하늘이고 아래는 땅이라네
사내는 남자이고 계집은 여자라네
목동이 소 먹이는 아이를 붙들고 있으니
대중이 한 가지로 라라리를 부르네
이것이 무슨 곡인가?
만년의 기쁨이라네.

깨친 사람만이 알 수 있는 소리입니다.

시고(是故) 여래설일체법(如來說一切法) 개시불법(皆是佛法)
그러므로 여래는 일체법 모두가 부처님 법이라고 설한다.

18) 일체동관분(一切同觀分)

〈중생과 부처님이 본래 한 몸으로 본다.〉

여래는 육안(肉眼), 천안(天眼), 혜안(慧眼), 법안(法眼), 불안(佛眼)의 오안(五眼)이 있으나 중생은 없습니다.

19) 법계통화분(法界通化分)

〈법계는 넓게 통하여 중생을 교화한다.〉

탁한 물질적 부를 누리기보다는 가난함을 탓하지 않고 청빈의 정신이 빛임을 알아야 합니다.

20) 이색이상분(離色離相分)

〈일체의 색(色)과 상(相)을 떠나야 한다.〉

진여본체는 허공과 같아서 그 자취를 볼 수 없습니다. 두두물물(頭頭物物)이 다 여래의 묘봉정상으로 여래성(如來性)을 만나지 않음이 없습니다.

21) 비설소설분(非說所說分)

〈법(法)을 설한 바가 설한 것이 아니다.〉

옳기는 곧 옳으나 대장경과 소승 경전이 어느 곳으로부터 왔는가.

여래가 법을 설한 것이 있다고 하고, 여래가 법을 설한 것이 없다고 하는 것은 이변(二邊)에 치우친 생각이므로 결코 옳지 못합니다. 무념(無念), 무설(無說), 설시(說示), 메아리와 같고 무심(無心)처럼 태양이 훤히 비치는 것과 같습니다.

22) 무법가득분(無法可得分)
〈법은 가히 얻을 것이 없다.〉

사람들에게 구하는 것이 자기에게 구하는 것만 못합니다. 자연은 무심합니다. 무심의 경계이지만 온갖 빛을 그대로 간직한 채 변화하고 있습니다.

23) 정심행선분(淨心行善分)
〈마음을 깨끗이 하여 선법을 실천에 옮겨야 한다.〉

산은 높고 바다는 깊어라
해가 솟으면 달은 지네.

24) 복지무비분(福智無比分)
〈복과 지혜는 비교할 수 없다.〉

『금강경』을 읽고 외워서 남에게 해설해 주는 공덕은 헤아릴 수 없습니다.

25) 화무소화분(化無所化分)

〈다 교화하여도 교화한 바가 없다.〉

춘란추국(春蘭秋菊)   봄의 난초와 가을 국화는
각자성향(各自聲香)   각각 스스로 향기를 낸다네.

태어나서 동서로 일곱 발걸음 걸으시니
사람 사람 코는 곧고 두 눈썹을 가로 섰네
대화하며 울고 웃는 것이 모두 비슷하네
그때에 누가 다시 존당에게 질문할 것인가
도리어 기억하겠는가.

천상천하(天上天下)   하늘 위 하늘 아래
유아독존(唯我獨尊)   나홀로 존귀하네.

앞생각은 중생 뒷생각은 부처라네
부처와 중생이 무슨 물건인가?
거짓된 생각 일으켜 분별하므로
유아(有我)와 무아(無我)가 나누어지는 것이다.
본래 부처와 중생이 둘이 아니라고 할진대
무슨 물건이라 이름 붙일 것인가.

26) 법신비상분(法身非相分)

〈법신은 상이 아니다.〉

색신(色身)을 부처라 할 수 없고 음성(音聲)으로도 부처를 보고 들을 수 없습니다. 오직 반야의 눈으로 여래를 볼 수 있으므로 32상은 여래의 참모습이 아닙니다.

여래는 색신 속에 있으나 색신에 물들지 않고 장애 받지 않는 청정신을 말하는 것입니다. 다만 불상, 탱화가 여래가 아니라 불상, 탱화를 통해서 진여래를 발견해야 합니다. 색성(色聲)을 여의고 여래를 볼 수 없는 것이 중생입니다.

상이 있는 몸 가운데 상이 없는 몸이여
금빛 향로불 아래 철 같은 곤륜산이라네
저마다의 모습이 내 집 물건인데
하필이면 영산 세존에게 물을 것인가
왕이 칼을 잡은 것과 같네.

이시(爾時) 세존(世尊) 이설게언(而說偈言)
그때 세존께서 게송으로 말씀하셨다.

약이색견아(若以色見我)
만약 색신으로 나를 보거나

이음성구아(以音聲求我)
음성으로써 나를 구하면

시인행사도(是人行邪道)
이 사람은 삿된 도를 닦는 것이라

불능견여래(不能見如來)

능히 여래를 보지 못하리라.

27) 무단무멸분(無斷無滅分)

〈법에는 끊을 것도 없고 멸(滅)할 것도 없다.〉

공부를 지어 가는 곳에 반드시 단멸해야 할 번뇌가 있습니다. 그러나 번뇌를 끊는다는 생각이 있으면 단멸상에 빠집니다. 법에는 단멸상이 없으므로 부처님께서 수보리에게 이러한 생각을 하지 말라고 말씀하신 것입니다.

번뇌는 본래부터 실체가 없습니다. 구족상을 갖추었으나 구족한 마음을 일으키지 않으므로 '아뇩다라삼먁삼보리'를 발할 수 있는 것입니다.

28) 불수불탐분(不受不貪分)

〈받는 생각도 하지 않고 탐하는 생각도 하지 않는다.〉

귀로 듣는 것은 귀머거리 같고
입으로 말하는 것은 벙어리와 같네.

무심(無心)의 경계입니다.

물과 같고 구름 같은 한 꿈속 몸이여,
알 수 없네.

이밖에 다시 어떤 것이 친한가?

그 속에 타물(他物)이 용납하는 것 허락되지 않나니

황매로 상사람에게 분부해야 할까?

생활 속에 움직이는 몸과 마음이 둘이 아닌 뜻을 알 수 있으면 따로 해탈을 구하지 않아도 될 것입니다.

29) 위의적정분(威儀寂靜分)

〈여래의 위의는 한적하고 고요하다.〉

여래는 쫓아온 바가 없으며 또한 가는 바도 없으므로 이름하여 여래라고 할 뿐입니다. 여래는 산사(山寺)를 찾아 예불하고 향 올리는 마음이 곧 여래라고 하였습니다. 즉, 여래는 온 바도 없고 간 바도 없다고 하였으니 수행자의 마음은 어떠합니까?

한산과 습득이 만나면 웃음 짓는 것은 오고 가는 거래의 무심(無心)을 알기 때문입니다.

30) 일합이상분(一合理相分)

〈일합(一合)이 진리의 상이다.〉

한 티끌이 일어나 장애하여 허공을 갈고

삼천을 부수어 수가 다함이 없네.

야노(野老)는 능히 거두어 수습하지 못하니

하여금 비를 따르고 바람 따르는데 맡긴다네.

31) 지견불생분(知見不生分)

〈지견(知見)을 내지 않아야 한다.〉

밥이 오면 입을 열고
잠이 오면 눈을 감네.

32) 응화비진분(應化非眞分)

〈응신(應身)과 화신(化身)은 진신(眞身)이 아니다.〉

일상 속에서 행주좌와(行住坐臥)하고
시비하고 성낼 줄 알고 기뻐하는 이것이
누구의 사력(思力)에 의해 있는 것인가.

불취어상(不取於相)
상을 취하지 않고

여여부동(如如不動)
여여하여 동하지 않는다.

옛날이나 지금이나 범부와 성인, 지옥, 천당, 동서남북 분별하지 않으니 모래와 같이 많은 세계 숱한 중생이 다 금강도량에 들었다고 합니다.

이것으로 『금강경』의 무진법문을 모두 마치게 됩니다.

대승불교의 정수, 『화엄경』「보현행원품」

　대승불교의 대표적인 경전 중 하나로 손꼽히는 『화엄경(華嚴經)』은 인류 최대의 걸작으로 평가받는 경전입니다. 대부분의 경전과 마찬가지로 『화엄경』도 본래의 제목을 간략히 줄여 부르는 이름인데 본래 제목은 『대방광불화엄경입부사의해탈경계보현행원품(大方廣佛華嚴經入不思議解脫境界普賢行願品)』입니다.

　여기서 대방광불(大方廣佛)은 비로자나 부처님을 옮긴 말로 크고 광대한 부처님, 시·공간에 얽매이지 않는 무한한 부처님을 뜻합니다.

　비로자나는 범어 바이로차나(Vairocana)를 음역한 것이며 그 뜻대로 옮기면 무한한 광명을 뜻하는 '광명변조(光明遍照)'라고 합니다.

　'화엄(華嚴)'이란 '잡화엄식(雜華嚴飾)'을 줄인 말로 갖가지 꽃으로 장식한다는 뜻입니다. 따라서 『대방광불화엄경』은 광대무변한 우주에 존재하는 부처님의 만덕(萬德)과 갖가지 꽃으로 수놓은 진리의 세계를 설하는 경이라고 할 수 있습니다.

　『화엄경』은 번역 시기와 번역자에 따라 80권 본과 60권 본, 40권 본 등 세 종류가 있습니다.

　먼저 불타발타라가 동진(東晉) 시대인 408년~420년 사이에 번역한 60권 본은 구역(舊譯)이라 하며 그 뒤 당나라 때인 695년~699년 사이에 실차난타가 번역한 80권 본은 신역(新譯)이라 부릅니다. 그리고 반야(般若)가 795년~798년 사이에 번역한 40권 본은 60권 본과 80권 본에서 가장 중요한 부분에 해당하는 「입법계품」의 내용을 담고 있습니다.

여기서 더 나아가 「입법계품」의 마지막 결론 부분에 해당하는 내용은 「보현행원품」입니다. 따라서 「보현행원품」은 방대한 『화엄경』의 결론이며 핵심 내용으로 구성된 「입법계품」의 정수라 할 수 있습니다.

선재동자(善財童子)가 문수보살(文殊菩薩)에 의해 보리심(菩提心)을 내어 53선지식(善知識)을 차례로 찾아가서 도를 묻고, 마지막으로 보현보살을 찾았을 때 보현보살이 설한 법문을 담고 있는 내용이 바로 「보현행원품」입니다.

우리나라에선 오래전부터 보현보살의 행원을 특별히 중요하게 여겨 「보현행원품」만 『화엄경』에서 떼어내 별도의 책으로 간행, 유포하고 있습니다.

보현행원(普賢行願)이란 용어 중에서 행원이란 마음에 새기며 실천할 수 있는 가장 숭고한 서원을 말합니다. 이와 같은 훌륭한 서원을 실천하는 불교의 이상적인 인간상을 보살이라 하며 그 중에서도 보현보살을 대표적으로 들 수 있습니다. 보현보살은 『화엄경』에서 매우 뛰어난 열 가지 서원을 세우고 실천하여 불교적인 삶이 무엇인가를 잘 보여줍니다.

그 열 가지 서원과 간략한 내용은 다음과 같습니다.

1) 예경제불(禮敬諸佛)

예경제불은 모든 부처님을 예배하고 존경하겠다는 뜻으로 상수예경(常修禮敬)하면서 끊임없이 모든 사람을 귀하게 여기고 공경하겠다는 것입니다.

2) 칭찬여래(稱讚如來)

칭찬여래는 부처님을 찬탄하겠다는 의미이며 상속부단(相續不斷)하며 끊임없이 격려하고 사랑하며 칭찬한다는 것입니다.

3) 광수공양(廣修供養)

광수공양은 부처님께 꽃과 음식, 의복, 향 등과 법공양을 올린다는 뜻으로 광수공양자는 상위공양(常爲供養)입니다. 무엇이든 끊임없이 베푸는, 큰마음을 가진 사람입니다.

4) 참회업장(懺悔業障)

자신의 허물을 드러내고 업장을 참회하겠다는 서원입니다. 염념상속(念念相續)하고 무유간단(無有間斷)이니 끊임없이 자신을 성찰하고 바로잡는 것입니다. 이 참회업장은 「보현행원품」의 전체 내용 중에서 가장 큰 비중을 차지하고 있으며 '백팔참회문'도 여기에 근거해 만들어졌습니다. 참회업장은 미혹을 끊고 부정적인 요소의 실상을 파악하여 제거하는 것으로 불교 수행의 중요한 요체입니다.

5) 수희공덕(隨喜功德)

함께 기뻐하는 공덕을 말합니다.

「보현행원품」에는 "남의 공덕을 따라 기뻐한다는 것은 온 법계, 허 공계, 시방 삼세 모든 부처님 세계의 아주 작은 티끌처럼 많은 수의 여러 부처님들이 첫 발심한 때로부터 모든 지혜를 위하여 복덕을 부 지런히 닦을 적에 목숨을 아끼지 않고 티끌만치 많은 수의 겁을 지나 는 동안 무수히 많은 머리와 눈과 손과 발을 버렸으며, 이와 같이 행 하기 어려운 고행을 하면서 갖가지 바라밀다문을 원만히 갖추었고 갖 가지 보살의 지혜에 들어가 모든 부처님의 가장 훌륭한 보리를 성취 하였으며, 열반에 든 뒤에는 그 사리를 나누어 공양하였나니, 그 모든 착한 바탕을 나도 따라 기뻐하며, 또 시방 모든 세계의 여섯 갈래 길 에서 네 가지로 생겨나는 모든 종류들이 지은 바 공덕 내지 한 티끌 만한 것이라도 내가 모두 따라서 기뻐한다."는 말씀이 있습니다.

6) 청전법륜(請轉法輪)

덕 높은 스승들로부터 법문을 청하겠다는 다짐입니다.

이 서원은 언제 어디서나 모든 중생, 모든 사람들에게 참으로 신묘 한 부처님의 법륜을 전하겠다는 뜻이기도 합니다. 착하고 바르게 살 게 하며 진실로 모범을 보여주고 인과를 일깨워주며 부처님 가르침으 로 인도한다는 서원입니다.

7) 청불주세(請佛住世)

부처님과 여러 선지식들이 세상에 오래 머물기를 청하는 것입니다.

「보현행원품」에는 "부처님이 세상에 오래 계시기를 청한다는 것은 온 법계, 허공계, 시방 삼세 모든 부처님 세계의 아주 작은 티끌만치 많은 수의 부처님이 열반에 드시려 하거나 모든 보살, 성문, 연각의 배우는 이와 배울 것이 없는 이와 선지식들에게 내가 권하여 열반에 들지 말고 모든 부처님 세계의 아주 작은 티끌만치 많은 수의 겁을 지나도록 일체중생을 이롭게 하여 달라고 청하는 것이니라."라고 하였습니다.

8) 상수불학(常隨佛學)

항상 부처님을 따라 배우겠다는 다짐입니다.

「보현행원품」에는 "부처님을 따라서 배운다는 것은 이 사바세계의 비로자나 부처님께서 처음 발심한 때로부터 정진하여 물러나지 않으시고 이루 다 말할 수 없는 몸과 목숨으로 보시하며, 가죽을 벗겨 종이를 삼고 뼈를 쪼개어 붓을 삼고, 피를 뽑아 먹물을 삼아서 경전을 쓰기를 수미산처럼 높이 하면서 법을 소중히 여기므로 목숨도 아끼지 않거늘, 하물며 임금의 자리나 도시나 시골이나 궁전이나 동산 따위의 갖가지 물건과 하기 어려운 가지가지 고행이랴."라는 말씀이 있습니다.

9) 항순중생(恒順衆生)

항상 중생의 근기에 따라 그들을 이익되게 한다는 것입니다.

한편 '병든 이에게는 의원이 되고, 길 잃은 이에게는 바른 길을 보여주고, 캄캄한 밤에는 빛이 되며, 가난한 이에게는 묻혀 있는 보배를 얻게 하면서 이렇게 보살이 일체 중생을 평등하게 이롭게 하는 것'을 항순중생이라고 합니다.

10) 보개회향(普皆廻向)

널리 모든 것을 회향한다는 말입니다.

보현보살은 이와 같은 열 가지 대원을 세우고 중생의 번뇌가 다할 때까지 부처님 예배와 공경을 끝까지 하겠다는, 바다처럼 한없는 서원을 세웠습니다. 따라서 우리도 모든 불보살님과 성현, 모든 사람, 모든 생명을 차별 없이 한결같이 믿고 공경해야 할 것입니다.

이 열 가지 행원과 같이 만약 어떤 사람이 이 「보현행원품」의 말씀을 듣고 한 구절이라도 간직하면 한량없는 공덕을 이루게 됩니다. 무간지옥에 떨어질 죄업이 모두 소멸되고 세상에 살면서 몸과 마음이 건강하고 갖가지 고뇌가 모두 사라지며 모든 악업이 소멸할 것입니다.

미묘하고 무궁무진한 부처님 가르침

절에서 종송(鍾頌)이나 시식(施食) 등의 의식이 있을 때는 다음 게송을 독송합니다.

불신장광(佛身長廣)　부처님 몸 길고 넓어 어디든 계시며
상호무변(相好無邊)　상호는 끝 닿는 곳이 없고
금색광명(金色光明)　금빛 광명은
변조법계(邊照法界)　온 우주를 두루 비추시네.

『화엄경』「보현행원품」에는 이런 말씀도 있습니다.

어제병고(於諸病苦) 위작양의(爲作良醫)
병든 이에게는 좋은 의원이 되시고

어실도자(於失道者) 시기정로(示其正路)
길을 잃은 자에게는 바른 길을 보이시며

어암야중(於暗夜中) 위작광명(爲作光明)
어두운 밤중에는 빛이 되어 주시고

78

어빈궁자(於貧窮子) 영득복장(永得福藏)
가난한 자에게는 길이 복을 얻게 하시니

보살(菩薩) 여시평등(如是平等) 요익일체중생(饒益一切衆生)
보살은 이처럼 평등하게 일체중생의 이익을 더해주신다.

이런 말씀들처럼 부처님 가르침은 참으로 깊고도 미묘하며 무궁무진합니다. 시간적으로 무한한 과거와 현재, 미래에 걸쳐지며 공간적으로는 시방세계 온 우주에 두루 하여 걸림이 없는 것이 부처님 가르침입니다.

경전에 자주 표현되는 "시방세계가 다 하도록 보살행을 닦는다."는 말씀은 불교의 이상이 얼마나 심원한가를 말해 주고 있습니다.

우리는 흔히 세상살이가 마음대로 되지 않는다고 좌절하거나 원망하는 게 예사입니다. 사람의 마음은 인연 따라 끊임없이 변하는 속성을 가지고 있습니다. 강물이 유유히 흐르듯 인간의 삶도 삼세(三世)의 인연(因緣)에 따라 흘러갑니다. 길가의 풀꽃 하나, 허공을 나는 새 한 마리도 시간의 씨줄과 공간의 날줄이 교차된 인연의 조화가 아닌 게 없습니다.

우리가 불교를 믿는다는 것은 잘못된 생각을 바르게 바꾸고 내 삶을 바르게 하기 위해서입니다. 조바심 내지 않고, 느긋한 마음으로, 마라톤 선수처럼 꾸준히 자기 속도를 유지하면서 오래 참고 견디는 저력을 가져야 합니다. 인과를 믿어야 합니다. 부처님 가르침에 따라 바르고 곧게 서고, 꾸준히 정진하시기 바랍니다.

'법화삼부경'과 『법화경』의 개요

'법화삼부경(法華三部經)'이란 『무량의경(無量義經)』, 『묘법연화경(妙
法蓮華經)』, 『불설관보현보살행법경(佛說觀普賢菩薩行法經)』(『관보현경
(觀普賢經)』)을 통틀어 부르는 말입니다.

1) 『무량의경』

부처님이 『법화경』을 설법하시기 전 영취산에서 하신 설법을 가리
키는데 『법화경』과는 떼어 놓을 수 없는 경전입니다. 이 경의 고귀함
과 헤아릴 수 없이 깊은 의미는 오직 하나의 진리로부터 나오는 것입
니다.

이 경은 『법화경』의 개경(開經)에 해당합니다.

2) 『묘법연화경(법화경)』

『묘법연화경』은 줄여서 『법화경』으로 흔히 부르는데 범어 삿다르
마 푼다리카 수트라(Saddharma pundarika sutra)를 한자로 번역한 이름
입니다. 본래 뜻은 '흰 연꽃과 같은 올바른 가르침', '바른 법', '백련
경전', '진실한 가르침', '최상승' '선행', '착한 교설' 등 여러 가지 의미
로 번역됩니다.

묘법이란 신묘(神妙)한 법이라는 뜻으로 깊고도 말로 형용하기 어려

운 부처님 가르침을 뜻하며 그런 뜻에서 『묘법연화경』이라 번역되었습니다.

우주에 존재하는 모든 사물과 세상에서 일어나는 모든 것이 진리라는 뜻이며 거기에 알맞게 설해진 부처님 가르침이란 의미도 있습니다. '진리가 곧 부처님'이라는 의미도 있는데 이 경에서는 부처님과 부처님의 활동 모두를 법이라 표현하고 있습니다.

이와 같은 『법화경』은 예로부터 최고의 대승경전이며 '모든 경전의 왕'으로 일컬어졌습니다. 석가모니부처님의 40년 설법을 집약한 경전이라 하며 법화사상을 담고 있는 천태종(天台宗)의 근본 경전이기도 합니다.

현존하는 세 가지 한문 번역 가운데 구마라집(鳩摩羅什)의 번역본이 가장 널리 유포되었습니다.

『법화경』에서 부처님은 머나먼 과거로부터 미래 영겁(永劫)에 걸쳐 존재하는 초월적인 존재로 그려집니다. 따라서 『법화경』에서는 부처님이 이 세상에 출현한 것은 모든 인간이 깨달음을 열 수 있는 대도(大道)를 보이기 위함이며, 그 대도를 실천하는 사람은 누구라도 부처가 될 수 있다는 말씀이 담겼으며 이것이 『법화경』의 핵심입니다.

『법화경』은 모두 7권 28개의 품으로 이루어져 있으며 각 권의 구성 및 각 품의 개요는 다음과 같습니다.

- 제1권 : 「서품」, 「방편품」으로 구성되어 있습니다. 「서품」은 경을 설하신 때와 장소, 대중에게 상서를 나투시며 누구나 성불할 수 있는 진리의 문을 여시는 내용입니다.
  「방편품」은 삼매에서 일어나 법을 찬탄하시는 내용입니다.

- 제2권 : 「비유품」, 「신해품」으로 구성됩니다.

「비유품」에서는 사리불이 깨닫는 것과 불에 타는 집에서 나간 자식들을 바르게 교육시키는 비유로 이뤄졌습니다. 「신해품」은 여래의 법문 듣고 기뻐하는 내용입니다.

- 제3권 : 「약초유품」, 「수기품」, 「화성유품」으로 구성되며 「약초유품」은 하나의 진리 살아 있을 때 수기를 받는 내용이며 「수기품」은 수기를 주시는 내용, 「화성유품」은 근본을 들어 말씀하시는 내용입니다.

- 제4권 : 「오백제자수기품」, 「수학무학인기품」, 「법사품」, 「견보탑품」, 「제바달다품」, 「권지품」으로 되어 있습니다.

「오백제자수기품」은 하근기도 수기 받고 깨달으며 우리 모두 진리의 생명이라는 내용이며 「수학무학인기품」은 수기를 청하며 성불의 길은 영원하다는 내용입니다. 「법사품」은 널리 수기를 주시며 인욕의 갑옷을 입으라는 내용이며 「견보탑품」은 보탑이 솟아나며 보배탑이 용출한다는 내용입니다. 「제바달다품」은 성불의 인연을 밝히고 악인도 성불케 하신다는 것이며 「권지품」은 이 세상에서 법을 널리 펴겠다는 내용입니다.

- 제5권 : 「안락행품」, 「종지용출품」, 「여래수량품」, 「분별공덕품」으로 이뤄집니다.

「안락행품」은 문수보살이 찬탄하여 깨끗하게 생활하겠다는 내용이며 「종지용출품」은 많은 보살이 일어나 우리가 모두 중생을 구제하겠다는 것, 「여래수량품」은 부처님은 항상 계시며 진리를 펴신다는 것, 「분별공덕품」은 여래의 법을 듣고 무량공덕과 큰 이익을 얻게 하신다는 내용입니다.

• 제6권 : 「수희공덕품」, 「법사공덕품」, 「상불경보살품」, 「여래신력품」, 「촉루품」, 「약왕보살본사품」으로 이뤄집니다.
「수희공덕품」은 여래의 공덕을 묻고 답을 청하며 성불을 계승한다는 내용이며 「법사공덕품」은 육근의 공덕을 밝히고 삼업을 깨끗이 하는 내용입니다. 「상불경보살품」은 『법화경』이 가진 공덕과 비방하는 과보에 대하여 설하시는 내용입니다. 「여래신력품」은 경의 유통을 말씀하시며 부처님의 열 가지 신통력을 보이시는 내용입니다. 「촉루품」은 유통할 것을 부촉하시는 내용으로 모든 사람들 마음에 여래의 법을 전하는 말씀입니다. 「약왕보살본사품」은 옛 인연을 밝히시는 내용입니다.

• 제7권 : 「묘음보살품」, 「관세음보살보문품」, 「다라니품」, 「묘장엄왕본사품」, 「보현보살권발품」으로 구성됩니다.
「묘음보살품」에서는 세존께서 광명을 놓아 보살을 부르시며 변화의 인으로 중생을 구제하시는 내용이며 「관세음보살보문품」은 관세음보살의 서원이 곧 나의 서원이라는 내용입니다. 「다라니품」에서는 이 경을 수지 독송하는 이를 보호하겠다는 말씀이 담겼으며 「묘장엄왕본사품」은 화덕보살의 본래 행을 펴시는 말씀입니다. 「보현보살권발품」에서는 보현보살이 이 경을 널리 권할 것을 서원하고 부처님이 지켜 주신다는 내용입니다.

3) 『불설관보현보살행법경』(『관보현경』)

이 경은 세존께서 『법화경』을 설하신 후 비사리국의 대림정사에서 설하신 내용으로 『법화경』의 제28품인 「보현보살권발품」에 이어 설하신 것으로 『법화경』의 정신을 직접 실행하는 구체적 방법을 담고 있는 참회의 가르침입니다. 따라서 일명 『참회경』이라고도 부릅니다.

'호국삼부경'으로 알아보는
불교의 호국사상

　'호국삼부경(護國三部經)'은 『인왕호국반야바라밀경(仁王護國般若波羅蜜經)』, 『묘법연화경(妙法蓮華經)』, 『금광명최승왕경(金光明最勝王經)』 등 세 경전을 통틀어 부르는 말입니다. '호국삼부경'은 '진호국가삼부경(鎭護國家三部經)'이라고도 하는데 이 경을 국왕과 대신, 백성이 함께 수지독송하면 국민은 행복해지고 나라는 번영하여서 부국 강성하게 된다고 합니다.

　고구려 소수림왕 2년에 아도 화상에 의해 이 땅에 불교가 처음 전래된 이후 1천 년 이상 불교는 호국, 호법, 호민 사상으로 인식되어 왔습니다. 이와 같은 특성 때문에 국왕과 대신이 먼저 불교를 숭상하고 권해온 것입니다.

　따라서 통일신라 시대의 사찰은 모두 이 같은 진호국(鎭護國) 사상을 근거로 창건되었습니다. 불국사, 석굴암, 사천왕사 등 전국의 모든 사찰이 외침과 내란을 막아내는 국민 수행도량과 교육장으로 그 역할을 다 해왔습니다.

　오늘날의 국군장병에 해당하는 화랑낭도들과 모든 관료들이 백성과 함께 한자리에 모여서 '호국삼부경'을 수지독송하고 설법을 들으며 나라를 위해 헌신하는 애국심과 바라밀을 실천하는 도량으로 활용되었습니다.

이 같은 호국안민 사상은 정법(正法)으로 인격을 도야하고 이 땅이 그대로 불국토임을 천명하는 통치 이념으로 정치 · 경제 · 문화 · 군사 등 사회 각 분야에 뿌리 깊게 자리 잡아 왔습니다.

삼국시대 당시 신라는 모든 분야에 가장 낙후되고 작은 나라였으며 가장 늦게 불교가 전래되었지만 이차돈 성사의 순교로 국론이 하나로 통일되었고 불교를 진호국가 이념으로 승화시켰습니다.

황룡사와 9층 탑을 조성하여 삼국통일을 발원했으며 원광법사의 화랑오계(花郞五戒)로 화랑들의 국가관과 사생관을 확립했습니다.

국왕과 문무대신은 백성과 한 자리에서 모여 정기적으로 인왕백고좌법회(仁王百高座法會)를 열어 국민 화합과 결속을 다졌습니다. 부처님의 정불국토(淨佛國土) 화장세계를 건설하고 무량광 무량수의 자손만대 영원불변의 아미타 세계 건설에 일심으로 하나가 되었습니다. 국왕, 대신과 백성은 동등하고 평등하며 다만 그 소임과 역할이 다를 뿐이었습니다. 문무대왕의 해저왕릉 등이 그 좋은 예입니다.

나라의 위난과 재액을 소멸하고 외부의 침략자들에게 항복을 받아 태평하고 부강케 하는 부처님 가르침을 믿고 실천했습니다.

'호국삼부경'에는 부처님의 나라 다스리는 법이 기록되었습니다.

마갈타 국의 아사세 왕이 발지국을 정벌하기 위해 부처님께 자문을 구했을 때입니다. 전쟁의 승패에 대한 설법이 나오는데 그 중 한가지 예를 들면 다음과 같습니다.

……세존께서 아난에게 물으시면 아난이 답하고 아사세 왕은 듣는다.

1) 국법을 존중하는가의 여부

2) 백성의 윤리, 도덕, 예절을 지키는가의 여부

3) 어른과 아이가 서로 공경하는가의 여부

4) 부모에게 효도하며 스승을 공경하는 가의 여부

5) 전통문화를 계승하는가의 여부

6) 정도(正道)을 높이고 덕행(德行)을 공경하는가의 여부

7) 계율을 지켜 신해행증(信解行證)의 삶을 사는가의 여부

이처럼 정법으로 백성이 윤리·도덕과 준법생활을 하는 나라는 어떤 침략도 막아낼 수 있다는 것입니다.

『인왕반야바라밀경』「호국품」에는 세존께서 파사익 왕을 비롯한 당시 인도 16대국의 왕들에게 하시는 말씀이 담겼습니다.

그대들은 잘 들으라. 국토를 바르게 수호하는 법을 말하리라.

그대들은 마땅히 반야바라밀(지혜로운 실천)을 수지하여라.

특히 나라에 재난이 일어나 파괴되고 불타거나 국론이 분열되며

생각(이념) 갈등 등의 혼란이 일어나거나 적국의 침공으로 나라가

위급할 때 백 명의 고승과 선지식을 초청, 백고좌 법회를 열어야 한다.

백좌의 불상과 백좌의 보살상과 백좌의 나한상을 모시고

백 명의 비구승과 사부대중 칠중이 백 명의 법사를 청하여

국토 곳곳에서 반야바라밀을 강설하는 법회를 열어야 한다.

백 명 법신의 사자후를 높은 자리에 모시고

백 개의 연등과 백 가지 향과 백 가지 꽃으로 삼보에 공양하며

삼의(三衣)와 필요한 일용품을 법사에게 공양하라.

아침, 점심 때를 맞춰 공양을 올리고

1일 2회 『인왕반야바라밀경』(『삼부경』 포함)을

강독하면 국토 가운데 백 가지 귀신들이 경을 강독하는 법문을 듣고

해원이 되며 즐겁게 국토를 수호하게 되느니라.

나라가 어려우면 먼저 국토 안에 있는 귀신이 어지럽게 발동하고 그로 인해 백성들도 어지럽게 됩니다. 나라가 혼란하면 반드시 적들이 침략하게 되고 나라를 잃으면 백성들은 가족, 재산 등을 잃게 됩니다. 이는 임금과 신하들이 서로 다투기 때문입니다.

모든 일이 괴이하게 돌아가고 일월(日月)이 그 빛을 잃어 천하가 무너지고 정법이 사라집니다. 대승경전인 '호국삼부경'을 수지독송하고 봉행하여 호국하고 호법해야 호복하게 될 것입니다.

2

기도하는 마음

대자대비의 화신 관세음보살

『법화경』「관세음보살보문품」은 무진의보살(無盡意菩薩)이 부처님께 관세음보살에 대해 여쭙는 대목으로 시작됩니다.

> 그때 무진의보살이 자리에서 일어나 오른쪽 어깨를 드러내고 부처님을 향해 합장하고 아뢰었다.
> "세존이시여, 관세음보살은 어떤 인연으로 관세음이라 하나이까?"
> 부처님께서 무진의보살에게 말씀하셨다.
> "선남자야, 만일 한량없는 백천만억 중생이 갖가지 괴로움을 당할 적에 관세음보살의 이름을 듣고 한마음으로 그 이름을 부르면 관세음보살이 그 음성을 관하고 곧 해탈하게 하느니라."

이 말씀처럼 관세음보살은 부처님의 자비를 드러내는 실상이며, 응화신(應化身)입니다. 관세음보살뿐만 아니라 모든 불보살의 명호가 다 구원실상의 자비 방편이요, 대비(大悲)의 행원(行願)입니다.

관세음보살은 범어로 아발로키테슈바라(Avalokiteśvara)를 옮긴 것으로 관세음(觀世音), 관자재(觀自在)를 비롯한 16개의 이름을 가지게 되었다고 합니다. 본래는 관세음으로 번역되었으나 아발로키테슈바라란 용어가 본래 '자재롭게 보는 이' 또는 '자재로운 관찰'이란 뜻이라 나중엔 관자재보살로 번역되었다고 합니다. 그러나 우리나라에선 일찌감치 관세음보살(줄여서 관음보살)로 불러왔습니다.

여기서 관세음이란 말 그대로 세상의 모든 소리를 살펴본다는 뜻이며, 관자재는 세상의 모든 것을 자재롭게 관조하여 보살핀다는 뜻이니 둘 다 같은 의미라고 할 수 있습니다.

한편 보살은 범어 보디사트바(Bodhisattva)를 소리대로 옮긴 보리살타(菩提薩埵)를 다시 두 글자로 줄여 부르는 말입니다. 보디사트바의 본래 뜻은 '깨달음을 구해서 수도하는 중생', '구도자', '지혜를 가진 자' 등입니다.

보살이란 개념은 몇 차례 변화가 있었는데 서기전 2세기 무렵 성립된『본생담(本生譚)』에 보살이란 용어가 처음 등장합니다. 『본생담』은 부처님이 전생 때 여러 모습으로 수행한 행적을 담은 이야기이며 이때의 보살은 범천(梵天), 수신왕(樹神王), 장자(長者), 사제(司祭), 선인(仙人), 사자(獅子), 코끼리, 원숭이, 새 등으로 다양하게 등장합니다. 전생의 석가모니가 이런 모습으로 수행을 했다는 이야기이며 그래서 이때의 보살을 '본생보살(本生菩薩)'이라고 부릅니다.

그 뒤 대승불교가 정착된 후에는 이 본생보살과는 대조적인 보살의 개념이 나타나는데 각기 별개의 인격들로 그려지고 있습니다. 예를 들어 관세음보살, 문수보살, 보현보살, 지장보살, 미륵보살 등 수 많은 보살들이 등장하는데 이들은 본생보살이 석가모니 부처님으로 귀결되는 것과는 달리 별개의 개성을 가진 개개인격으로서 복수로 되어 있다는 것입니다.

이 무렵 보살의 개념은 중생을 모두 제도하기 전까지는 결코 부처가 되지 않겠다는 대승적인 존재로 발달하게 됩니다. 다시 말해 스스로 깨닫고 부처가 될 수 있는 능력이 있음에도 모든 중생을 먼저 깨달음의 세계에 이르게 하는 뱃사공과 같은 존재로 비유되었습니다.

그 뒤 실재하였던 고승(高僧)이나 대학자에 대한 일종의 존칭으로 보살이란 용어가 사용되었습니다. 인도의 용수(龍樹), 마명(馬鳴), 무착(無着), 세친(世親) 등이 보살로 불렸으며, 한국에서는 원효(元曉)가 보살의 칭호를 받았습니다. 최근에는 재가나 출가를 막론하고 모든 불교도들, 특히 여성 재가신도를 '보살'로 호칭하고 있습니다.

위에서 "한마음으로 관세음보살을 부르면 관세음보살이 즉시 그 음성을 관하고 해탈을 얻게 하신다."는 말씀을 소개한 것처럼 관세음보살님의 자비하신 모습과 마음을 또렷이 담는 방법은 칭명법(稱名法), 문명법(聞名法), 염성법(念聖法) 등이 있는데 이 세 가지는 하나가 되어야 하며 그렇게 되면 일심칭명이 되었다 할 수 있습니다.

관세음보살님은 부처님의 자비 실상이자 응화신이십니다. 모든 불보살님도 자비 방편이며 구원 실상의 대비행(大悲行)입니다. 『능엄경(楞嚴經)』에 따르면 25가지의 수행법 중에서 관세음보살의 수행법은 이근원통(耳根圓通)이라고 합니다. 이근(耳根)을 닦아야 두루 통하게(원통) 된다는 것인데 이런 수행법에 대해서는 『능엄경』 이근원통장(耳根圓通章)에서 자세히 소개하고 있습니다.

이 수행법은 북방불교권에서 대중적으로 알려진 것은 아니며 밀교의 전통적인 수행법의 하나로 정착되었다고 합니다. 다만 그 수행법의 일부가 염불선(念佛禪)으로 변형되어 전해지고 있습니다. 관세음보살은 소리를 관(觀)하는 이근원통 수행법으로 두루 통하는 경지에 이르렀기에 '이근원통(耳根圓通) 관세음보살'이라고도 부르며, 관세음보살을 주불로 모신 법당을 '원통전(圓通殿)'이라 칭하기도 합니다.

『능엄경』 「이근원통장(耳根圓通章)」에는 항하사겁(恒河沙劫) 전에 '관세음부처님'이 관세음보살을 일깨워주시는 말씀이 나옵니다.

이때 관세음보살이 자리에서 일어나 부처님의 발까지 머리를 조아려 예를 올리고 부처님께 아뢰었다.

"세존이시여, 저는 셀 수 없는 항하사겁 전의 일을 생각해 보니, 관세음 부처님이 세상에 나오셨을 때, 저는 그 부처님께 보리(菩提)의 마음을 내었습니다.

그 부처님께서는 저에게 '듣고 생각하고 닦는 지혜〔문사수(聞思修)〕로 삼마지(三摩地)에 들어가라'고 가르쳐주셨습니다.

처음에 듣는 성품 가운데서 성품의 흐름을 따라 들어가니 소리의 대상이 없어지고 소리의 대상과 들어간 지혜가 이미 고요해지니, 소리의 움직임과 조용한 두 모양은 전혀 생기지 않았습니다.

이렇게 점차 증진(增進)하여 듣는 지혜는 지혜와 듣는 대상이 다하고, 들음이 다한 자리에도 머물지 않으니 깨닫는 지혜와 깨닫는 대상이 공하여, 공(空)을 깨달은 지혜가 지극히 원만해져서, 공의 지혜와 공의 대상이 멸하자, 생멸(生滅)이 이미 멸하여, 적멸(寂滅)한 경지가 앞에 나타났습니다.

그러자 홀연히 세간과 출세간을 초월하여 시방이 원만하게 밝아지면서 두 가지 뛰어난 능력을 얻었습니다.

첫째는 위로 모든 시방 부처님의 본래 깨달음의 묘한 마음과 합하여 모든 부처님의 사랑의 힘과 동일한 능력이며,

둘째는 아래로 시방의 일체 육도중생(六道衆生)과 합하여 모든 중생의 간절한 소원[비앙(悲仰)]과 동일한 능력입니다…….

관세음보살은 말 없는 말을 하시며 듣지 않고도 듣는 도리를 알아야 합니다. 여러 사찰의 주련에는 다음과 같은 게송이 새겨져 있습니다.

백의관음무설설(白衣觀音無說說)　백의 관세음 말 없는 말 하시고
남순동자불문문(南巡童子不聞聞)　남순동자는 듣지 않고도 듣는데
병상녹양삼제하(甁上綠楊三際夏)　병에 꽂은 푸른 버들 삼세에 여름
　　　　　　　　　　　　　　드리우고
암전취죽시방춘(巖前翠竹十方春)　바위 앞 푸른 대나무 시방에 봄이로다.

이 게송은 '우주의 삼라만상이 관음 아닌 것이 없고 우주는 곧 관음이요, 관음은 곧 우주이다. 관세음보살의 말 없는 말은 이 우주의 섭리이며 무주의 변이다. 관음은 이 우주의 체가 되기 때문이다. 삼라만상에 봄, 여름, 가을, 겨울이 있는데 이것이 관세음보살의 무설설(無說說)이며 남순동자는 우주를 누리는 중생이다.'라는 뜻입니다.

듣는 귀와 들리는 소리가 하나라면 자타불이(自他不二)입니다. 관세음보살을 부르는 것이 업이 되어 언제, 어디서, 무엇을 하든 부를 수 있다면 이뤄지지 않는 소원은 없습니다.

「관세음보살보문품」에는 관세음보살님이 칠난삼독(七難三毒)으로부터 중생을 구하시며 고통을 없애는 보살로 그려집니다. 다시 말하면 중생이 칠난과 삼독에 부딪혔을 때 관세음보살님의 명호를 부르면 구

고구난(救苦救難)하신다고 했습니다.

여기서 칠난은 화난(火難), 수난(水難), 풍난(風難), 험난(險難), 귀난(鬼難), 옥난(獄難), 적난(賊難)의 일곱 가지를 말합니다.

또한 관세음보살 명호를 부르면 '굶주리거나 고난에 빠져서 죽지 않음' 등 15가지 악사(惡死)를 면하고 '나는 곳마다 어질고 착한 임금을 만남' 등 15가지 선생(善生)을 이룬다고 했습니다.

이런 까닭에 관세음보살님은 모든 중생의 병을 고쳐주시는 대의왕(大醫王)으로 찬양받고 있습니다.

관음보살대의왕(觀音菩薩大醫王)
중생의 병을 고쳐주시는 관세음보살 크신 의왕은

감로병중법수향(甘露瓶中法水香)
손에 감로병을 들고 계시며 법향의 물 가득 담아서

쇄탁마운생서기(灑濯魔雲生瑞氣)
탁한 기운 씻고 상서로운 기운 일으키시니

소제열뇌획청량(消除熱惱獲淸凉)
중생들 뜨거운 번뇌 없애고 청량함 얻게 하시네.

부처님이 열 가지 명호를 가지신 것(여래십호)처럼 관세음보살님도 그 역할에 따라 여러 가지 이름으로 불립니다.

예를 들어 어떤 불·보살님의 자비보다 넓고 깊다는 뜻에서 대비성자(大悲聖者) 관세음보살, 고난을 벗어나게 해준다는 뜻에서 구호고난(救護苦難) 관세음보살, 두려움을 없애준다 하여 시무외(施無畏) 관세음보살, 원만하여 통하지 않음이 없는 큰 사람이란 뜻에서 원통대사(圓通大士) 관세음보살 등의 호칭이 있고 더 나아가 관음여래(觀音如來) 등으로 불리기도 합니다.

32응신(應身) 또는 33응신(應身) 관세음보살, 천수천안(千手千眼) 관세음보살, 십일면(十一面) 관세음보살, 여의륜(如意輪) 관세음보살, 천백억화신(千百億化身) 관세음보살 등의 호칭도 있습니다.

여기서 말한 33응신이란 관세음보살님이 33가지 모습으로 이 세상에 나타나신다는 뜻으로 사찰의 벽화나 탱화에서 경전을 들고 있으면 지경관음(持經觀音), 보타락가산에서 선재동자에게 법을 설하시는 모습으로 그려진 것이라면 수월관음(水月觀音) 등으로 불립니다.

33응신은 용두관음(龍頭觀音), 양류관음(楊柳觀音), 지경관음(持經觀音), 원광관음(圓光觀音), 유희관음(遊戱觀音), 백의관음(白衣觀音), 연와관음(蓮臥觀音), 농견관음(瀧見觀音), 시약관음(施藥觀音), 어람관음(魚藍觀音), 덕왕관음(德王觀音), 수월관음(水月觀音), 일엽관음(一葉觀音), 청경관음(靑頸觀音), 위덕관음(威德觀音), 연명관음(延命觀音), 중보관음(衆寶觀音), 암호관음(岩戶觀音), 능정관음(能靜觀音), 아뇩관음(阿耨觀音), 아마재관음(阿摩栽觀音), 엽의관음(葉衣觀音), 유리관음(琉璃觀音), 다라존관음(多羅尊觀音), 합리관음(蛤蜊觀音), 육시관음(六時觀音), 보비관음(普悲觀音), 마랑부관음(馬郞婦觀音), 합장관음(合掌觀音), 일여관음(一如觀音), 불이관음(不二觀音), 지련관음(持蓮觀音), 쇄수관음(灑水觀音)을 가리킵니다.

관세음보살님은 언제, 어디에나 계시며 갖가지 방편으로 이 세상 그 누구든 간절히 칭명하면 다 구원하십니다. 모든 중생에게 즐거움을 주고 괴로움과 미혹을 없애기 위해 보살이 가지는 네 가지 광대한 마음인 자비희사(慈悲喜捨)의 사무량심(四無量心)을 가진 분입니다.

『화엄경』「입법계품」에는 선재동자가 53선지식을 찾아 도를 구하는 장면을 그리고 있는데 그 중 28번째로 찾아간 선지식이 관세음보살입니다. 그때 선재동자와 관세음보살의 문답은 다음과 같습니다.

선재동자는 관세음보살 앞으로 나아가 보살의 발에 예배하고
수없이 돌고 합장하고 서서 이렇게 여쭈었다.
"거룩하신 이여, 저는 이미 아뇩다라삼먁삼보리 마음을 내었사오나,
보살이 어떻게 보살의 행을 배우며,
어떻게 보살의 도를 닦는지를 알지 못하나이다.
제가 듣기로는 거룩하신 이께서 잘 가르쳐주신다 하니
원컨대 말씀하여 주소서."
이 때에 관세음보살이 염부단금의 묘한 광명을 놓으사
한량없는 빛을 가진 빛난 보배 불꽃과 용의 자재한 장엄 구름을 일으켜
선재에게 비추고, 오른손을 펴서 선재동자의 정수리를 만지면서
이렇게 말하였다.
"장하고 장하도다, 선남자여.
그대는 이미 아뇩다라삼먁삼보리 마음을 내었구나.
선남자여, 나는 보살의 불쌍히 여기는 큰마음으로
빨리 행하는 해탈문을 성취하였노라.
선남자여, 나는 이 보살의 불쌍히 여기는 행으로
평등하게 중생들을 교화하며, 거두어주고 조복하기를
끊이지 아니하노라.

선남자여, 나는 항상 불쌍히 여기는 행에 머물러 있으면서,

모든 여래 계신 데도 늘 있고, 모든 중생의 앞에도 늘 나타나서

교화할 수 있는 대로 이익을 주는데,

혹은 보시(布施)로 중생을 거두어주며,

혹은 사랑하는 말〔愛語〕로 중생들을 거두어주며,

혹은 이익한 행동〔利行〕을 하여 중생을 거두어주며,

혹은 같은 일을 하면서〔同事〕 중생을 거두어주며……."

이처럼 관세음보살이 선재동자에게 대비행문(大悲行門) 수행법을 일깨워주는데 여기서 보시, 애어, 이행, 동사의 사섭법(四攝法)을 설하고 있음을 알 수 있습니다.

관세음보살님의 무한 자비는 우리가 쉽게 감지할 수는 없지만 언제나 우리와 함께 하십니다. 공기와 같습니다. 관세음보살님의 기운은 전파와도 같습니다. 사이클만 정확하게 맞추면 라디오를 잘 들을 수 있듯이 관세음보살과 하나가 되면 그 어떤 구원도 얻을 수 있게 됩니다. 우주에 충만해 안 계신 곳 없이 계시므로 누구든 정성껏 열심히 염송하면 됩니다.

관세음보살님은 우리 중생의 간절한 소망에 귀를 기울이고 서원을 성취하게 하시는 분으로 우리나라에도 수없이 많은 영험담이 있습니다. 그중 한 가지 사례를 소개하면 이런 이야기가 있습니다.

1958년 법무부장관으로 임명된 홍진기 씨가 내무부장관 최인규, 정치깡패 이정재, 치안국장 이강학과 함께 1961년 12월 초 사형선고를 받게 되었습니다. 당시 국가재건최고회의 의장인 박정희의 결재만 떨

어지면 사형이 집행될 위기에 놓은 것입니다. 그때 홍진기 장관의 어머니가 며느리 허 씨를 불러 말했습니다.

"에미야, 미안하구나. 남편이 사형선고를 받았으니 얼마나 가슴 아프겠느냐. 나 또한 아들이 사형선고를 받아 죽을 목숨이 되었으니 더 이상 살아 있는 목숨이 아니다. 냉수 한 그릇 떠오너라."

이렇게 말한 뒤 모친은 쪽진 머리를 풀어 가위로 싹둑 자르고 며느리에게 다시 말했습니다.

"앞으로 7일 동안 내 방문을 절대 열지 말아라."

그리고는 방문을 닫고 하염없이 "관세음보살, 관세음보살, 관세음보살, 관세음보살……"을 외웠습니다. 그렇게 이레째 되는 날이었습니다.

안절부절못하던 홍 장관의 부인이 라디오를 듣다가 '홍진기 법무부 장관이 사형을 면하게 되었다.'는 특별 뉴스를 듣고는 시어머니가 기도하던 방문을 열고 소리쳤습니다.

"어머님! 아범이 살아났습니다. 사형을 면했습니다."

그제야 기도를 멈춘 시어머니가 대꾸했습니다.

"아, 그래! 이제 다시 내 아들이 되었구나."

이렇게 관세음보살님은 어머니의 일념에 감응하신 것입니다.

기도하는 마음

　기도(祈禱)란 간절히 바라는 바를 이루기 위해 불보살님이나 신 등에게 비는 간청(懇請) 행위를 말합니다. 우리는 대개 어떤 문제를 해결하기 위해서나 송사, 경매, 장사, 취직시험 등에 몸과 마음, 정신을 모아 정성을 다하며 공을 들입니다.

　그리고 소망을 빌거나 발원, 서원 등을 세우고 그것을 정성 들여 성취하고자 기도합니다. 또 업장을 소멸하거나 해원(解冤), 가호(加護) 등이 필요할 때에도 기도를 합니다.

　기도할 때는 길흉(吉凶), 화복(禍福)이 삼업(三業)으로 시작되는 까닭에 주변 환경을 청정하게 해야 합니다. 따라서 기도 일시를 정한 뒤에는 법당 등을 깨끗이 하고 목욕재계를 하며 오신채와 육식, 음행, 시비, 악담 등을 금하며 상단기도, 관음기도, 신중기도 등 대상을 정해서 규칙적으로 합니다.

　기도할 때는 정심(正心), 성심(誠心), 선심(善心), 자비심(慈悲心), 지혜심(智慧心) 등의 마음가짐이 필요합니다.

- 정심 : 모든 잘못, 어리석음 없어지이다.
- 성심 : 마음의 고통, 몸의 고통 사라지이다.
- 선심 : 나의 원수 모두 사라지이다. 악행소멸.

- 자비심 : 나를 괴롭힌 모든 이 용서하여지이다.
- 지혜심 : 과거, 현재, 미래에 막힘없는 지혜 얻어지이다. 삼업(三業)에
  막힘없는 지혜, 설법에 막힘없는 지혜, 그 어디에도 막힘없는 지혜
  갖춰지이다.

기도할 때는 하심(下心)하며 겸손해야 합니다. 생각이나 말로 다른
사람을 상하게 하지 말아야 합니다. 시비를 가리거나 언쟁하지 말고
성내지 말 것이며 다른 사람을 욕하지 말아야 합니다. 남을 원망하고
미워하며 불신(不信)하면 절대로 기도 성취를 할 수 없습니다. 용서와
참회의 마음을 내야 기도가 성취됩니다.
　다른 사람을 함부로 대하다가 낭패를 본 자장율사의 다음과 같은
일화를 교훈으로 삼기를 바랍니다.

　신라의 고승 자장율사가 어느 날 세속의 인연이 얼마 남지 않았음을
알고 죽기 전에 꼭 한 번 문수보살님을 친견하길 서원했습니다. 그러
던 어느 날, 자장율사가 주석하던 절 앞에 어떤 남루한 모습을 한 노인
이 찾아왔습니다. 노인은 다 떨어진 방포를 걸친 데다 짚으로 만든 삼
태기를 메고 있었는데 그 안에는 죽은 강아지가 담겨 있었습니다.
　"내가 자장율사를 만나러 왔다. 어서 안내하여라."
　노인이 말하자 자장율사의 시자(侍者)가 불쾌한 목소리로 대꾸했습
니다.
　"웬 거지 노인이 함부로 우리 스승님 존함을 입에 올리는 것이오?"
　"어허! 그놈 말이 많구나. 어서 들어가 내가 자장을 만나러 왔노라
고 아뢰어라."

노인이 이처럼 당당하게 말하자 시자는 하는 수 없이 안으로 들어가 자장율사에게 고했습니다.

"웬 남루한 늙은이가 막무가내로 큰스님을 뵙겠다며 문 앞에 서 있습니다."

그러자 자장율사는 아무 생각 없이 "그냥 잘 타일러서 돌려보내라." 하고 명했습니다. 시자가 밖으로 나가 노인을 향해 소리쳤습니다.

"큰스님은 지금 바쁘셔서 노인장을 만날 시간이 없소."

그러면서 노인을 쫓아냈습니다. 그러자 노인이 혼잣말처럼 중얼거렸습니다.

"아상(我相)을 가진 자가 어찌 나를 보겠느냐?"

노인이 메고 있던 삼태기를 거꾸로 쏟으니 죽은 강아지가 큰 사자로 변해 노인 앞에 엎드렸습니다. 노인은 그 사자를 타고 빛을 발하면서 허공으로 사라졌습니다.

그런 장면을 지켜본 자장율사의 시자는 벌어진 입을 다물지 못한 채 스승에게 그 사실을 고스란히 전해드렸습니다.

"아뿔사! 참으로 내가 지닌 아상이 문수보살 친견을 막았구나. 나의 평생 수행이 허사로 돌아가다니……."

자장율사는 이렇게 통탄하며 법복으로 갈아입고 문수보살이 사라진 남쪽 산으로 올라갔습니다. 그리고 시자에게 엄히 말했습니다.

"내가 입정에 들어 문수보살님을 친견하고 참회할 것이니 석 달 동안 내 몸을 잘 보관토록 하라."

그런 다음 입정에 들었는데 그로부터 100일이 지났습니다. 한 스님이 나타나 시자에게 호통을 쳤습니다.

"왜 너희 스님을 다비하지 않느냐?"

시자와 제자들은 그제야 자장율사가 열반하신 것을 깨닫고 다비를 마쳤습니다. 그러자 허공에서 자장율사가 나타나 당부했습니다.

"내 몸은 티끌이 되어 의탁할 곳이 없구나. 너희는 계(戒)에 의존하여 생사고해를 건너도록 하라."

이런 일화처럼 기도할 마음을 낼 때는 마장(魔障)도 함께 따라 일어남을 명심해야 합니다. 자장율사가 문수보살을 친견하길 서원하면서 아상을 낸 것도 마장이라 할 수 있습니다.

"어떤 말이라도 만 번만 반복하면 현실로 이뤄진다."는 인디언 속담이 있습니다. 이 속담처럼 기도는 꾸준하게 해야 합니다. 기도는 내 안의 소망이나 신념을 다지는 일입니다. 끊임없이 정성으로 매일처럼 기도할 때 꼭 성취하겠다는 의욕과 의지가 굳세어지고 함께 감응이 옵니다.

기도 정진은 진리와 하나 되고 불보살과 하나 되는 일입니다.

생각이 없는 가운데 행하는 앎이 있고 나타나는 앎이 있습니다. 기도는 공정하고 원만하며 사사로움이 없는 앎입니다. 이는 곧 밝음이라 이 밝음이 만유를 통찰하고 간섭하며 스스로 짓는 바에 따라 보응합니다.

기도는 진리, 불성광명과 대화하는 것입니다. 진리에 호소하여 통하면 어떤 관계 상황도 뛰어넘습니다. 하늘에 사무치는 기도 일념이 되면 진리와 한 몸이 되어 천권(天權)을 마음대로 잡아 쓰게 됩니다.

기도 정진은 자석과 같아서 모든 것을 감동케 하며 사람 마음을 움직여 감동으로 감응케 합니다. 또 마음의 안정과 청정함을 가져와 성리(性理)가 밝아져 깨달음으로 나아가게 합니다. 가난을 팔고, 병과 고통의 재액을 소멸케 합니다.

인간에게 불가능이란 없습니다. 불가능을 가능케 하는 것이 기도입니다.

길흉화복은 동서남북 어디에나 있습니다. 모든 것은 찰라찰라 변화하고 있습니다. 그 변화를 불보살의 위신력으로 바꾸는 힘은 기도에 있습니다. 지성으로 기도하고 노력하며 인내하시기 바랍니다. 무엇이든 원하면 이뤄낼 수 있으니 성취한다는 신념을 가져야 합니다.

마음을 잘 쓰면 모두 내 편이 되고 성공과 행복을 가져옵니다. 나의 성공과 힘, 재물을 불교를 위해, 중생을 위해 쓰시기 바랍니다.

『화엄경』에 이르시기를 "믿음을 심지로, 자비를 기름으로, 생각을 그릇으로 하여 공덕의 빛으로 삼독의 업장을 없앤다."라고 했습니다.

『대반열반경』에는 "중생은 번뇌의 무명(어둠) 때문에 지혜를 잃는데 여래는 갖가지 방편으로 지혜의 등을 밝혀 중생을 열반에 들게 함이라."라고 했습니다.

그 어떤 산해진미나 산삼녹용보다 마음을 잘 쓰는 것이 가장 뛰어난 보약입니다. 그래서 심보가 제일의 영약이라 했습니다. 기도는 이것을 일깨우는 일입니다.

우란분재, 왜 중요한가?

해마다 음력 7월 15일이 되면 불자들은 절에 찾아가 돌아가신 조상님이나 부모님을 위해 음식을 공양하고 재를 치릅니다. 이런 행사를 우란분재(盂蘭盆齋)라고 하는데 여기서 '우란분'이란 범어 울람바나(ullambana)를 한자로 음역한 말입니다.

울람바나(우란분)는 '심한 고통'을 뜻하는 말이며 부처님 당시 목련존자(目連尊者)가 생전에 죄를 짓고 지옥에서 거꾸로 매달려 고통받고 있는 어머니의 혼백을 구해 드렸다는 설화에서 유래하는 말입니다. 그래서 울람바나는 해도현(解倒懸)이나 구도현(救倒懸)으로 번역되기도 합니다. 그런가 하면 지옥에 갇혔던 혼백을 부처님께 기도하여 풀려나게 한다고 해서 백종(魄縱)이라고도 부릅니다.

위에서 잠깐 말씀드린 것처럼 우란분절은 부처님의 십대제자 중 한 분이며 신통제일로 잘 알려진 목련존자가 돌아가신 어머니를 천도한 일에서 유래하고 있습니다.

하루는 목련존자가 신통력을 써서 부모님이 계실 곳으로 여겨지는 33천을 살펴보았습니다. 그러던 중 아버지는 화락천궁(化樂天宮)에서 하늘의 복을 누리고 계시는 것을 보았지만 어머니는 극락이 아니라 아비지옥에서 고통에 시달리고 있음을 알게 되었습니다.

그래서 부처님께 그 까닭을 여쭈었더니 그 어머니가 생전에 삼보(三寶)를 공양하지 않고 수미산만큼 악업을 많이 쌓아 아비지옥에 떨어진 것이라고 답하셨습니다. 이에 목련존자가 부처님 허락을 받아 자신의 어머니를 천도해드렸습니다. 그 결과 목련존자의 어머니는 아귀의 과보를 벗어나 왕사성에 있는 자기 집의 개로 태어났습니다. 그리고 그 다음 생에는 개의 몸마저 벗어나 마침내 도리천궁(忉利天宮)에서 태어났다고 합니다.

이 같은 목련존자의 효심이 유래가 되어 불자들은 해마다 음력 7월 15일에 우란분재(盂蘭盆齋)를 지내 돌아가신 조상님과 부모님의 영가를 천도하게 된 것입니다. 따라서 우란분재는 효행의 공덕을 완성하고 부모, 조상 등의 은혜를 갚고 은혜를 베푸는 날입니다. 『42장경』에는 선망 부모와 조상을 부처님 정법에 귀의케 하는 것이 가장 큰 효도라는 말씀이 있습니다.

또한 우란분절은 선지식과 부처님께 공양을 올리며 영가들에게 법문을 들려주어 발심하여 왕생하도록 하는 것입니다. 과거에는 부잣집이나 양반가에서 머슴이나 하인들에게 새 옷과 돈을 주고 휴가를 주어 그들 또한 명산대찰을 찾아가 참배하고 법문을 듣거나 발심케 하는 풍습도 있었습니다.

『지장십륜경(地藏十輪經)』에는 "우란분재를 꾸준히 베풀면 7대 선망 부모와 조상의 은혜를 갚고 천도된다."는 말씀이 있습니다.

그 어떤 사람이나 영가도 삼보에 귀의하지 못하면 구원될 수 없습니다. 따라서 효행도 온전한 효가 될 수 없다고 했습니다.

영가의 해원과 참회, 공덕을 위해 염불과 기도, 설법을 하는 것은 산 자와 죽은 이, 이 세상과 저 세상, 이승과 저승을 모두 하나의 고리로 반복하게 됩니다.

산 사람이나 영가, 무명, 애착, 증오, 원한 등이 있으면 반드시 복수나 장애를 일으키게 됩니다. 또한 죽은 이의 생전 종교나 인품에 따라 천도가 되기도 하고 안 되기도 합니다. 따라서 반복하여 무명을 닦아내야 합니다.

불교는 어떤 절대적인 신을 섬기는 게 아니라 깨달음의 종교이며 자비(慈悲)와 해탈(解脫)의 종교입니다. 또한 불교에서는 부모님과 삼보, 나라, 중생의 네 가지 은혜〔사은(四恩)〕를 중요시합니다. 우란분재는 이 모든 은혜에 감사하며 보답하고 일체 중생에게 은혜를 베푸는 불교의식입니다.

우리는 보통 부모님 뜻을 거스르지 않고 기쁘게 하며 가문을 빛내고 만인의 사랑을 받는 것을 효행이라 합니다. 그래서 효순(孝順)함에 있어, 때를 놓치지 말라고 말합니다. 그런데 『증일아함경』「선지식품」에는 "부처님의 정법(正法)을 믿고 깨닫게 하여 그 영혼을 천도하는 것이 가장 큰 효행이다."라는 말씀이 있습니다.

『42장경』에는 "부모와 조상 등을 부처님께 귀의케 하면 백억의 벽지불에 공양한 공덕보다 크다."는 말씀이 있습니다. 또 『부모은중경』에는 "삼보(三寶)에 귀의하지 못하면 어떤 효행도 효행이 될 수 없다."는 말씀도 있습니다.

이런 가르침은 이승에서는 물론 저승에서도 부처님 또는 불법승 삼보에 귀의하지 않으면 생사윤회에서 벗어날 수 없다는 뜻입니다. 그렇기에 돌아가신 부모님이나 조상님을 잘 천도해드려야 그 자손들이 길이 복을 받습니다.

조상을 천도하는 것은 사후(死後)의 효행이며 천도를 해드려야 영가가 해탈을 얻을 수 있습니다. 영가를 천도하면 그 공덕의 3할은 망자(亡者)에게, 7할은 천도발원자에게 돌아간다고 합니다. 결국 조상님들뿐만 아니라 자기 자신을 위해서라도 영가천도를 해주어야 합니다.

세상의 만물(萬物)이 생길 때는 천지(天地)의 힘에 의탁하는 것처럼 불보살이나 성현도 부모님을 의탁해 태어납니다. 그런데 본래는 생사가 없고, 오고 감이 없는 것이지만 무명 업보로 인해 계속 윤회를 하게 되니 이를 뛰어넘어 약여(躍如)함을 해탈이라고 하는 것입니다.

앞에서 부모님이나 조상님을 천도하는 게 중요하다고 했는데 사실은 자기 자신을 천도하는 게 가장 시급한 일입니다. 자신을 천도하는 것은 자신의 미래세를 밝히는 일이기 때문입니다.

옛날 어떤 양반이 멍바위란 머슴에게 말했습니다.

"너 시장에 좀 다녀와야겠다."

머슴은 심부름 내용이 뭔지도 모른 채 그냥 장에 다녀왔다고 합니다. 그러자 주인이 그 멍바위에게 면박을 주었습니다.

"바보같은 녀석."

훗날 그 주인이 임종을 앞두게 되자 멍바위가 물었습니다.

"마님은 언제 돌아가십니까?"

"모른다."

"돌아가시면 어디로 가십니까?"

"모른다."

"그러면 언제 다시 살아올 수 있습니까?"

"그것도 모르겠다."

이런 답변을 듣고 난 멍바위가 말했습니다.

"마님이 저한테 바보라고 하시더니 마님이야말로 정말 바보시군요."

이런 이야기처럼 사후 세계를 아는 사람은 없습니다.

그런데 불교에서는 사람이 죽으면 중음신이 되어 그 원혼이 인간세계에 맴돈다고 봅니다. 그래서 천도를 받지 못한 영가의 원혼이 이 세상에 집착하게 됩니다. 또한 이런 영가의 집착과 살아 있는 사람의 삼독심, 오욕이 재앙을 일으킵니다. 이 같은 영가의 집착과 억울하고 분한 마음이 미워하고 원망하는 사무친 원귀가 되어 지옥고를 만드는 것입니다.

"무척 잘 산다."는 말이 있습니다. 이 말은 부자로 산다는 뜻이 아니라 살아서나 죽어서나 척을 지지 않고 잘 산다는 뜻입니다. 그렇기에 해원(解冤)하라, 원한을 짓지 말라, 남에게 못 할 짓 하지 말라고 말하는 것입니다. 이런 마음이 세세생생 이어지기 때문입니다. 부모님과 조상님을 삼보에 귀의하도록 천도하고 공양을 베푸는 우란분재는 이런 까닭에 매우 중요한 불교의식입니다.

49재와 영가천도

　대다수 불자님들은 부모님을 비롯해 가까운 가족을 잃게 되면 다니던 절에 49재를 모시게 됩니다. 49재는 매주 한 번씩 7주 동안 영가들을 천도하고 극락왕생을 기원하기 위해서 지내는 일종의 불교식 제사를 말합니다.

　49일 동안 천도재를 지내는 것은 돌아가신 이가 49일 동안은 영식이 맑아 법문을 잘 들을 수 있기 때문입니다. 영가들은 7일에 한 번씩 기절했다가 소생하며 불안과 두려움으로 가득합니다. 또 7일에 한 번씩 갖가지 색이 보이며 주변 환경이 바뀐다고 합니다. 명부 세계를 관장하는 시왕(十王)의 심판과 형벌이 7일마다 있기에 거기에 맞춰 이레에 한 번씩 일곱 번 재를 올리는 것을 49재라고 부릅니다.

　보통 초재에서 7재까지를 49재라 부르며 돌아가신 지 100일째 지내는 재는 10재라고 부릅니다. 그리고 1주기는 소상제(小祥祭), 2주기는 대상제(大祥祭)라 합니다.

　이같이 49재, 10재, 소상제, 대상제 등을 지내며 영가를 천도할 때는 변호사가 변론을 하듯 영가의 공덕을 쌓아주고 잘못을 참회하도록 설법으로 깨우쳐줍니다. 다시 말하면 부처님 법문으로 지혜를 밝혀 스스로 좋은 세상으로 갈 수 있게 하는 것이 천도의식입니다.

천도재에 얽힌 이야기는 많이 전하고 있습니다.

조계종 총무원장과 쌍계사 조실 등을 역임하신 고산 스님이 조계사 주지로 있을 때였습니다. 하루는 어떤 보살로부터 자기 딸이 갑자기 위독하니 빨리 와 달라는 전화를 받았습니다. 고산 스님이 그 집에 가 보니 어떤 노인이 젊은 여성의 목을 조르고 있다가 스님을 보고는 물러나는 환상이 보였습니다. 그 젊은 여성이 바로 보살의 딸이었는데 그만 이유 없이 세상을 떠나고 말았습니다. 보살의 두 딸은 그처럼 원인도 모른 채 갑자기 죽었다고 합니다.

그걸 이상하게 여긴 고산 스님이 그 집안의 내력을 물어보았습니다.

보살의 남편이 이렇다 할 생활력이 없다 보니 그걸 답답하게 여긴 보살이 장사를 하여 살림을 꾸렸고 부동산에도 손을 대 큰돈을 벌었습니다. 그러다 보니 남편을 구박하게 됐다고 합니다. 남편은 그만 자존심을 굽히지 못하고 어느 날 자살을 했습니다. 죽은 뒤에도 아내에 대한 원한을 잊지 못해 아내 대신 딸들에게 차례대로 해코지를 하여 죽게 만든 것입니다.

그래서 그 보살은 고산 스님의 안내를 받아 나중에 쌍계사에서 영가 100일 기도와 천도재를 올렸습니다.

한번은 어떤 군목(軍牧)이 상처(喪妻)를 한 뒤 교회에 열심히 다니던 노처녀와 재혼을 하게 되었습니다. 그런데 몇 년이 지나자 그 후처가 전처와 똑같은 병을 앓는데 백약이 무효였습니다. 전실 자식과 후처의 자녀 네 명이 별짓을 다 해도 소용이 없었습니다. 병원을 가도, 안수기도를 올려도 병세는 점점 심해질 뿐 회생이 불가능한 상태였습니다.

그래서 내가 그 목사님 전처의 영가를 천도해주었더니 후처의 병이 씻은 듯 나았습니다.

천도를 했던 날 밤 목사님 꿈에 전처가 나타나더니 원망과 불평을 쏟아놓았다고 합니다. 후처가 남편과 집, 재산, 자식까지 모두 맘대로 차지하는 꼴을 두고 볼 수 없어 그걸 복수하려고 후처에게 보복한 것이라고 합니다. 그러다 내 천도를 받은 뒤 그 모든 미련을 털어내고 떠나기로 했다는 것입니다.

이런 이야기들처럼 산 사람이나 죽은 영가나 원한이 깊으면 분노가 폭발하게 되고 이성을 잃어 보이는 게 없어집니다. 오직 복수할 생각에 몰입해 자식도, 부모도 망각하고 원한을 갚겠다는 생각에만 집착하게 됩니다.

그렇기에 원한을 품고 세상을 떠난 이들은 원한과 분노, 생전의 응어리를 풀어주고 자비심으로 천도해주어야 유족 자신을 돕는 좋은 인연으로 거듭나게 됩니다.

『원각경』「보안보살장」에는 "법계의 모든 세계가 함께 공존한다." 는 말씀이 있습니다. 법계란 눈앞에 보이는 모든 현상세계, 있는 그대로의 세계, 자연 그대로의 세계를 가리킵니다. 실로 법계의 여러 존재의 양상들은 서로의 영역을 파괴하지 않으면서 공존하고 있는 것입니다.

예를 들면 인간과 귀신은 같은 시간, 같은 공간에 있으면서도 서로 침해하지 않고 공존할 수 있습니다. 이처럼 지옥, 아귀, 축생, 인간, 수라, 천상이 모두 공존하는 것인데 다만 사람의 육체적·정신적 한계로 인해 보지 못하고 느끼지 못한다는 말씀입니다.

하지만 업식에 따라서는 영가가 인간 영역을 침해하는 경우가 생깁니다. 객귀(客鬼)라든가 원한이나 사랑, 애착, 집착으로 찾아드는 영가와 귀신을 불러들이는 무당 등에게 찾아드는 영가, 천도를 받기 위해 찾아드는 영가 등을 예로 들 수 있습니다.

영가천도의 공덕

불교에서는 부처님 탄신일, 출가재일, 성도재일, 열반재일 외에 따로 매월 육재일(六齋日) 또는 십재일(十齋日)을 정해 재가불자들이 그 날만큼은 계를 꼭 지키며 청정한 생활을 하도록 했습니다. 육재일은 매월 음력 3일, 14일, 15일, 23일, 29일, 30일이며 이 육재일에 1일, 18일, 24일, 28일을 더 하면 십재일입니다.

대부분의 사찰에서는 십재일 중에서도 지장재일(매월 음력 18일)과 관음재일(매월 음력 24일) 기도를 중요시합니다. 관음재일(觀音齋日)에는 자신의 죄를 참회하고 관세음보살님의 자비를 구하는 예불과 정근을 하며, 지장재일(地藏齋日)에는 돌아가신 부모님이나 조상님을 위한 발원과 정근을 하여 영가의 왕생극락을 기원합니다.

불자님들은 제사나 영가를 천도할 때 다음과 같이 실천하시기 바랍니다.

- 살생이나 악행을 하지 말라. 예를 들어 가축 등을 잡지 말라.
- 육식을 사용하거나 먹지 말라.
- 49일간 염불, 독경, 기도하라.
- 영가나 그 가족이 삼보(三寶)에 귀의하도록 하라.
- 설법을 듣고 시주, 보시, 공덕을 쌓아라.

- 가무, 도박 등 유흥하지 말라.
- 늘 대승 경전을 봉독하라.
- 천도, 제사에 아끼지 말고 정성을 다하라.
- 제사나 명절, 재일을 잘 지켜라.
- 나무아미타불, 지장보살, 광명진언 등을 염불하라.

부모, 조상 등 인연 깊은 영가가 지옥에 있거나 구천(九天)에서 떠돌고 있으면 무슨 일이든 잘 될 수가 없으며 갖가지 장애를 일으키게 됩니다.

어떤 총각이 결혼을 앞두고 교통사고로 목숨을 잃었는데 그의 형이 보상을 받았다고 합니다. 그런데 그 형도 동생이 교통사고로 죽은 자리에서 다른 사람을 치어 죽게 한 나머지 감옥에 갔습니다.

이런 교통사고 외에 죽음의 유형은 그 사람의 업보에 따라 갖가지가 있습니다. 대개 이런저런 질병이나 사고로 죽는데 그 밖에도 자살이나 타살로 죽고 비명횡사 등의 재앙으로 죽는 일도 많습니다. 이런 죽음들은 죽은 사람의 원한과 증오, 집착 등이 살아 있는 사람과 관련된 경우가 많습니다. 따라서 항상 영가들의 원한을 풀어주고 법문이나 염불, 기도 등으로 영가를 깨우쳐주고 복업을 쌓아주며, 천도재를 올려 영가가 불교의 인과를 깨닫게 해주어야 합니다.

우리가 영가를 천도하려면 단번에 해결할 수 없기에 무엇이든 꾸준히 하는 게 좋습니다. 영가를 천도하는 마음가짐과 방법을 좀 더 자세히 살펴보면 다음과 같습니다.

- 산 사람이나 영가가 악업을 짓지 않고 불계(佛戒)를 지키고 외도와 악도를 멀리하며 참회하도록 염불, 독경 등으로 발원한다.
- 믿음과 정성을 다해야 하며 기도 시간을 잘 지키고 절에 찾아가 함께 독경하거나 기도를 해야 한다.
- 자신과 가족을 위해 조상이든 인연 있는 영가에게 공덕을 베풀고 불공(佛供)하며 대승 경전이나 대승 법문으로 정법(正法)의 공덕을 짓게 한다.
- 기도 기간에는 언행을 삼가고 막행막식(莫行莫食)이나 유흥(遊興)하지 말아야 한다.
- 경건하고 정갈하게 하며 독경, 정진, 발원 정성을 다한다.
- 자신과 가족, 이웃, 그리고 영가를 위한 축원문, 발원 또는 기원문을 적어 불전(佛前)에 올린다.
- 보시 공덕을 쌓아 무량복전을 쌓게 한다.
- 영가의 죄업을 참회하고 복업을 쌓게 하며 영가의 식량은 법식이니 법희선열로 충만케 한다.
- 영가의 재산은 영가를 위해 불사(佛事)에 쓸 것이며 영가의 이름으로 법보시를 하면 지옥 사슬이 풀린다.

영가는 생전의 습식(習識)으로 심식, 습식, 향식합니다. 따라서 부처님의 법식(法識)으로 승화하여 천도해주어야 합니다.

집안에서 생기는 갖가지 재앙이나 장애 등은 영가와 관련된 경우가 많습니다. 생전에 불교를 모르면 영가가 중음신(中陰身)이 되어 온갖 사물에 집착하는 것입니다. 따라서 영가가 천도 되지 못하면 구제를 받기 위해 호소하는 것입니다. 악몽이나 신병(神病)을 일으켜 여러 가지 장애가 생기는 것도 그런 경우입니다.

꿈속에 영가가 보이면 장애가 생긴다는 신호이며 업력에 이끌려 재앙과 장애가 일어납니다. 또한 불의의 사고로 죽은 이가 천도되지 않으면 계속 사고를 일으킵니다. 무명의 업력이 인연 있는 업의 에너지 사이클을 찾아 파고들기 때문입니다. 그렇기에 영가들은 물론 살아 있는 사람들의 행복을 위해 영가천도가 꼭 필요한 것입니다.

영가가 듣기 좋은 말만 해주어도 큰 복락을 누리게 된 이야기도 있습니다. 여기에선 중국 진나라 때의 소금장수인 석숭(石崇)이란 사람이 상상치도 못했던 부자가 된 이야기를 소개합니다.

찢어지게 가난한 집에서 자라난 석숭은 소금장수로 하루하루 끼니를 잇고 있었습니다. 그러던 어느 날, 한 마을에서 소금을 팔던 석숭은 날이 저물자 어떤 집을 찾아가 문을 두드렸습니다.

얼마 후 대문이 삐걱 열리며 아리따운 처녀가 나왔습니다. 석숭이 조심스럽게 입을 열었습니다.

"지나가던 소금장수인데 날이 저물어 하룻밤 신세를 질까 합니다만……."

하지만 처녀는 단번에 그 청을 거절했습니다.

"그건 안 됩니다."

석숭이 뜻밖의 답변에 놀라자 처녀는 거절할 수밖에 없는 까닭을 설명했습니다.

"사실 손님께 방을 내드리는 건 어렵지 않습니다만 요즘 밤마다 괴변(怪變)이 일어나기에 손님께서 큰 화를 당하실까봐 그런 겁니다."

그 말을 듣고도 석숭은 물러서지 않았습니다.

"무슨 괴변인지 모르지만 제발 허름한 문간방이라도 내어주십시오."

결국 주인 집 처녀는 석숭에게 방 한 칸을 내어주었습니다.

그런데 밤이 깊어지자 요란한 말발굽 소리가 나더니 누군가가 그 집 대문을 힘차게 두드리며 문을 열라고 소리쳤습니다. 석숭은 잠에서 깨어나 대문이 있는 곳으로 걸어가면서도 속으로 두려워했습니다.

'누가 이렇게 깊은 밤에 남의 집 대문을 두드리며 소릴 지를까?'

석숭은 마지못해 대문을 열었습니다. 문밖에는 준수하게 생긴 호걸이 버티고 있었습니다.

"그대는 누구인가?"

사내가 우렁찬 목소리로 묻자 석숭이 겨우 대답했습니다.

"소금장수 석숭이라 합니다만……."

"소금을 팔러 다닌단 말이지? 그런데 자넨 초패왕을 아는가?"

초패왕이란 말을 듣자 석숭은 고개를 끄덕인 뒤 이렇게 말했습니다.

"초패왕이라면 영웅이신데 때를 잘못 만난 탓에 큰 포부를 펴보지도 못한 채 억울하게 세상을 떠나신 분이 아니십니까?"

초패왕 항우(項羽)는 초한 전쟁 때의 초나라 임금이었으나 한나라 유방의 도전을 받아 끝없이 전쟁을 벌이다 패한 뒤 스스로 세상을 떠난 인물로 유명합니다.

석숭이 항우에 대해 아는 대로 답하자 사내는 한결 표정이 누그러졌습니다.

"그래, 자네 말이 맞네. 초패왕은 억울하게 죽었어. 내가 바로 초패왕일세."

사내가 이렇게 답하자 석숭은 입을 다물지 못할 만큼 놀랐습니다.

"네에?"

초패왕은 석승이 머물고 있는 집에 밤마다 나타나는 까닭을 말해주었습니다.

"이 집 주인이 얼마 전 내 모습을 그린 종이를 붙여놓고 날마다 비웃더군. '이런 작자가 무슨 영웅이란 말인가? 지가 뭘 잘했다구.' 나는 그 말이 너무나 억울하고 어이가 없어 한 번 이 집 주인을 찾아와 따져봐야겠다고 생각했지. 그런데 찾아올 때마다 주인 내외를 비롯해 이 집 사람들이 한 사람씩 죽는 게 아닌가. 다만 왜 나를 비방하는지 물으려고 온 것인데 말이지. 그래서 지금은 그 사람의 딸만 하나 남았더군. 그래서 오늘은 그 딸에게 나를 모독한 이유를 물으려고 했는데 마침 자네가 내게 좋은 말을 해주어 원을 풀었네."

석승은 초패왕의 말을 듣는 동안 어리둥절했습니다. 그때 초패왕이 한마디 더 보탰습니다.

"자네 덕분에 원을 풀었으니 선물을 하나 주겠네."

초패왕은 한 지역의 이름을 대며 초한 전쟁 때 군량미를 확보하기 위해 그곳에 황금을 묻어놓았는데 그것을 찾아내 행복하게 살라고 말한 뒤 오간 데 없이 모습을 감췄습니다.

이튿날 동녘이 밝자 석승은 주인집 처녀에게 간밤에 있었던 일들을 이야기하고는 초패왕이 일러준 장소로 가보았습니다. 과연 그곳엔 금은보화가 가득 묻혀 있었다고 합니다. 석승은 그 보물을 처분해 하룻밤 묵었던 주인집 딸과 결혼해 행복하게 잘 살았습니다.

이런 일화는 영가들을 위로하고 원을 풀어주는 게 얼마나 중요한지를 일깨워주고 있습니다. 하물며 영가들에게 부처님 법문을 전하고 극락왕생하도록 천도하는 일이야 더 말할 필요도 없는 일입니다.

일타 큰스님이 도솔암에 계실 때의 일입니다. 하루는 40세가 넘은 처녀 보살이 찾아와 '알 수 없는 장애와 병으로 죽고 싶은 심정'이라며 호소를 했습니다. 일타 스님은 그 말을 듣고 3·7일간 광명진언 기도를 하게 했습니다.

그 보살은 23세 때 애인이 교통사고로 죽었고 1년 뒤에는 애인이 죽은 그 자리에서 남동생도 교통사고를 당해 죽었다고 합니다. 그런데 일타 스님의 말씀대로 광명진언 기도를 했더니 기도 중에 큰 뱀 두 마리가 양팔과 온몸을 칭칭 감고 조여오는 악몽을 꾸었습니다. 그때 머리를 빡빡 깎은 학생이 쇠갈고리로 뱀들을 찍어 밖으로 내던졌다고 합니다.

그런 꿈을 꾸고 기도를 끝내고 나니 보살의 몸은 건강해졌고 장애가 풀렸습니다. 그때 보살의 꿈속에 나타난 머리 깎은 학생은 바로 지장보살이었습니다.

만약 그 처녀가 진작에 불교를 믿고 교통사고로 죽은 애인을 위해 천도를 해줬더라면 그런 일이 없었을 것입니다.

영가천도가 왜 중요한지 일깨워주는 실화입니다.

『지장십륜경』「이익존망품(利益存亡品)」에는 "살생한 음식을 차려 제사 지내면 망인에겐 털끝만큼의 이익도 없다. 죄업만 더욱 길어질 뿐이다. 법식으로 제사하라."는 말씀이 있습니다. 또 『무상경(無常經)』에는 "망인(亡人)의 재물이나 물건을 3등분하여 보시하면 망인의 업장이 가벼워지고 복락을 얻으리라. 관속에 좋은 옷이나 값진 것을 넣지 말라. 그 돈으로 망인 이름으로 공양하고 보시하라."는 말씀이 있습니다.

탁한 마음으로 제사를 지내거나 천도한다면 털끝만큼도 이익이 되지 못함을 명심하셔야 합니다. 또한 금생이나 내생의 극락과 지옥을 믿지 않는 이가 죽은 뒤에는 가장 먼저 지옥에 떨어진다고 하니 그런 사람들에게도 열심히 부처님 법을 전해야 하겠습니다.

『화엄경』「보현행원품」에는 영가를 천도하는 공덕을 다음처럼 소개하고 있습니다.

능어번뇌대고해중(能於煩惱大苦海中) 발제중생(拔濟衆生)
능히 번뇌의 고해에서 중생들을 건져 내어

영기출리(令其出離) 개득왕생(皆得往生) 아미타불극락세계(阿彌陀佛極樂世界)
생사를 멀리 여의고 모두 다 아미타불 극락세계에 가서 나게 되리라.

영가천도는 자신을 위한 것

아승지겁 전 지장보살의 전신(前身)이던 광목(光目) 행자는 그 자신을 죽인 계모를 불심(佛心)으로 천도하여 구제하였습니다. 지장보살은 부처님을 대신해 아일다 미륵부처님 출현까지 56억 7천만 년 동안 성불도 미루시고 지옥 중생을 제도하겠다고 서원했습니다.

『지장경(地藏經)』에 이런 말씀이 있습니다.

변백천만억세계(遍百千萬億世界) 분시신형(分是身形)
백천만억 세계에 이 몸을 나누어

구발일체업보중생(救拔一切業報衆生)
일체의 업보중생을 구제하고 있사오나

약비여래대자위신력고(若非如來大慈威神力故)
만약 부처님의 큰 자비의 위신력이 아니라면

즉불능작여시변화(卽不能作如是變化)
이 같은 변화를 일으킬 수 없을 것입니다.

매월 음력 18일은 지장재일로, 망자의 죄업을 소멸하는 참회, 기도 발원으로 극락왕생의 인연을 짓고 망자의 발심을 위해 사경(寫經), 독경(讀經), 법보시로 제불공덕의 인연을 짓고 망자를 발심, 참회토록 하여 무명집착, 증착심에서 벗어나 생사윤회를 뛰어넘는 인연을 짓게 하는 날입니다.

『42장경』에는 "우란분재, 지장재일 등 부모, 조상 등 영가를 천도하고 정법(正法)에 귀의토록 하면 백억불께 공양한 공덕이 되리라."는 말씀이 있습니다.

『부모은중경』에는 "부모, 조상 등 삼보에 귀의시키지 못하면 그 어떤 효행도 온전한 효가 될 수 없다."고 하였습니다.

우란분절에 부모 조상 등 영가를 위해 천도재를 올리는 것은 마지막 효행이고 선행입니다. 그런 공덕의 4/6이나 3/7은 자신에게 더욱 큰 공덕이 있습니다.

『심지관경』에는 "부모·중생·국가·삼보의 사은(四恩)으로 막힘 없고 걸림 없는 복혜(福慧)를 구족하게 하라."는 말씀이 있습니다.

사람마다 가정마다 악업(惡業)이 있는데 이 악업을 참회하여 소멸해야 합니다.

『증일아함경』「선지식품」에는 "부모를 위해 가문을 빛내고 그 마음을 편안케 하며 그 마음을 기쁘게 하고 그 마음을 정법(正法)에 귀의케 하고 삼보에 공양하라. 계법(戒法)을 지키고 작복케 하며 효의 시기를 놓치지 말라."고 하였습니다.

자기 자신부터 천도해야 자신의 미래가 밝아집니다.

이 세상에는 낙태, 자살 등으로 억울하게 죽는 이가 많습니다. 또 갖가지 재난과 원한, 욕심으로 죽는 사람들도 많습니다. 전쟁, 질병, 신병(神病) 등 갖가지 변고로 죽는 사람들도 많습니다.

하는 일마다 운이 막혀 이뤄지지 않거나 원인 모를 재난, 병고가 따르면 영가를 천도해주어야 합니다. 영가를 위하는 것은 곧 살아 있는 나 자신을 위하는 것과 같습니다.

장례식 때 들어온 부의금은 모두 영가를 위해 쓰고 결혼식 때 들어온 축의금은 모두 부모를 위해 쓰라는 말도 있습니다.

사람은 음식으로 배를 채우고 영혼은 법식으로 주림을 면합니다. 영문도 모르고 구속되면 가족들에게 알려 풀려나길 바라듯이 생전에 불연(佛緣)이 부족한 영가들도 후손들이 자신을 천도해줘서 지옥고에서 풀려나길 원합니다.

모든 생류(生類)는 생명이 있고 생각과 행위가 있으니 모두 소중합니다. 사생(四生), 육도(六道), 구류중생(九流衆生) 모두가 원한을 풀고 집착과 애착의 무명에서 벗어나 법희선열(法喜禪悅)로 왕생극락을 발원하시기 바랍니다.

빈두로존자의 중생제도

중국 당나라 때 지현(智顯)이란 스님이 있었습니다. 지현 스님은 계율이 청정하고 수행이 남달라 대중들의 모범이 되었습니다. 뿐만아니라 누구에게든 자비롭게 대했고 어떤 일에도 화를 내지 않았습니다. 그래서 간병 소임을 맡게 되었습니다.

하루는 어떤 노승이 길가에 쓰러진 것을 발견했습니다. 노승은 문둥병에 걸린 데다 성격마저 괴팍하여 누구도 가까이 다가서려고 하지 않았습니다. 하지만 지현 스님은 노승을 기꺼이 절로 모시고 가 간병을 하게 되었습니다.

노승은 온몸이 곪아 터져 고름이 나고 썩은 내가 진동하여 코를 둘데가 없었지만 지현 스님은 그를 가엾게 여겨 극진히 간병을 했습니다. 병을 고치는데 필요한 약이라면 어디든 달려가 구해 정성껏 달여 드렸습니다. 그 덕택에 노승의 병은 석 달 만에 완치되었습니다.

그러자 노승이 절을 떠나면서 지현 스님에게 말했습니다.

"복을 짓는 일 중 간병보다 나은 것이 없는데 스님의 지극한 정성으로 내 병이 깨끗이 낫게 되었소. 이 공덕으로 스님은 마흔 살 쯤 나라의 국사(國師)가 되어 호사를 누리게 될 것이오. 하지만 그렇다고 허영을 부렸다가는 크게 고통받는 일이 생길 것이니 그땐 잊지 말고 천태산 영지암으로 날 찾아오시오."

지현 스님이 대답했습니다.

"노스님, 저 같은 중이 무슨 국사가 되겠으며 세상 사람들의 부러움을 받는 호사를 누리겠습니까. 설사 국사의 지위에 오른다 해도 초근목피로 끼니를 잇고 누더기를 걸치는 것으로 만족합니다."

"허허허! 두고 보면 알게 될 것이오."

노승은 그렇게 말한 뒤 지현 스님과 작별하였습니다. 그 뒤 지현 스님이 마흔 살이 되자 과연 황제의 명을 받아 국사의 자리에 오르게 되었습니다.

황제는 그에게 오달조사(悟達祖師)라는 법호와 함께 금빛 찬란한 비단 장삼에 금란 가사를 내렸습니다. 뜻하지 않게 국사가 된 오달조사는 날마다 천하에서 가장 맛있고 훌륭한 음식을 먹게 되었으며 백성들은 물론 만조백관들도 자기 앞에서 쩔쩔매는 모습을 보게 되었습니다. 황제도 나라의 큰일에 대해 오달조사에게 자문을 구했으며 오달조사의 의견을 고스란히 따랐습니다. 오달조사는 황제나 다름없이 백관들과 백성들 앞에 위세를 떨칠 수 있었습니다.

그런 나날이 계속 이어지자 오달조사는 자신도 모르게 우쭐해졌고 지난날 노승에게 다짐했던 일들을 까맣게 잊고 말았습니다.

그러자 어느 날부터인가 넓적다리가 쓰리고 아파지더니 부스럼이 생겼습니다. 그 부스럼은 점점 자라나 얼마 후엔 사람의 머리만큼 커졌습니다. 더구나 그 모양도 사람의 얼굴처럼 생겨서 인면창(人面瘡)이라 불렀습니다.

오달조사는 인면창을 고쳐보려고 천하의 명약이란 명약을 다 써 보았지만 소용이 없었습니다. 그런데다 걸을 때마다 인면창이 걸리적거리고 쓰려서 오만상을 찌푸리게 되어 자비로운 국사의 얼굴은 오간

데 없이 사라졌습니다.

결국 오달조사는 혼자 생각하기를 '이처럼 거만하고 인상을 쓰고 다니는 내가 무슨 국사의 자리를 차지한단 말인가. 모두 내려놓는 게 도리일 것이다.'하고는 옛날처럼 허름한 승복으로 갈아입고 궁궐을 떠났습니다. 그리고 노승이 말한 대로 천태산 영지암으로 찾아갔습니다. 노승이 그를 보자마자 말했습니다.

"오늘 스님이 찾아올 줄 알고 기다리고 있었소."

노승에게 인사를 올린 오달조사가 물었습니다.

"그런데 노스님, 왜 제게 인면창이 생긴 것입니까?"

그러자 노승이 오달조사의 전생 이야기를 시작했습니다.

"스님은 오랜 전생에 오나라의 원익(袁益)이란 재상이었다오. 그런데 무슨 오해를 하게 되어 한나라로 찾아가 착오(錯誤)라는 재상을 억울하게 죽게 만들었소. 착오 재상은 죽은 뒤에도 스님에게 원한을 갚으려고 틈을 엿보았지만 스님이 세세생생 출가를 했으며 더구나 계행이 철저하고 마음 닦기를 게을리하지 않아 좀체 틈을 얻지 못하였던 것이오. 그런데 이번 생에서는 스님이 국사가 된 후 계율을 제대로 지키지 못하고 수행도 게을러진 탓에 모든 선신들이 스님을 외면하게 되었소. 그러자 착오 재상이 바로 그 틈을 노려 인면창으로 변해 오늘에 이르게 된 것이오. 하지만 지난날 스님이 지극한 불심으로 많은 사람들을 구제하였고 나 또한 스님 덕분에 중병을 고치게 된 공덕이 있으니 스님에게 생긴 인면창을 없애고 오랜 전생부터 품었던 원한도 풀어주겠소."

노승은 곧 해관수(解寬水)라는 신비한 샘물로 오달조사의 몸을 씻겨주었습니다. 그러자 오랫동안 그를 괴롭히던 인면창이 말끔히 사라

졌으며 전생의 착오가 그에게 품었던 원한도 눈 녹듯이 풀어졌다고
합니다.

이처럼 두 사람의 전생 원한을 풀어주고 오달조사의 인면창을 없애
준 노승은 빈두로(賓頭盧)존자였다고 합니다. 빈두로존자는 부처님 열
반 후 중생을 제도하는 16나한 중 첫 번째로 손꼽히는 분입니다.

고성염불에는 열 가지 공덕이 있다

　염불(念佛)이란 부처님을 생각하고 호념(護念)하는 것을 말합니다. 부처님 가르침과 바른 마음으로 바른 생각을 하며 바른 행위를 하는 것이 곧 염불입니다.

　개인이든 국가든 막힌 운을 열리게 하려면 염불을 해야 합니다. 사람들이 인과(因果)를 모르거나 믿지 않으면 악행을 할 수밖에 없습니다. 불교는 복을 받는 원리를 가르쳐주며, 삼독(三毒)의 어리석음을 깨우쳐줍니다.

　사람답게 사는 법, 악의 유혹에 빠지지 않는 법, 재난과 역경을 소멸하는 법, 잘못된 나쁜 운명을 바른 광명의 운명으로 바꾸며 참삶의 원리와 영원한 행복의 길, 평화의 세계를 건설하는 길이 염불에 있습니다.

　대승경전을 열심히 읽고 법회에 열심히 동참하며 다 함께 염불하고 발원하고 참회하며 축원하고 기도하고 법문을 듣는 공덕은 참으로 부사의(不思議)합니다. 무엇이든 밝은 마음, 밝은 삶은 세상을 밝고 풍요롭게 합니다.

　자신 있게, 확신에 찬 마음으로 크게 외쳐 염불하시기 바랍니다. 이렇게 함께 하면 열 가지 이익이 있다고 합니다.

　「장엄염불문」에는 고성염불을 할 때 다음과 같은 열 가지 공덕이 생긴다고 합니다.

1) 능배수면(能排睡眠) : 수면이 없어짐

2) 천마경포(天魔驚怖) : 천마가 두려워함

3) 성변시방(聲邊十方) : 염불소리가 주위에 퍼짐

4) 삼도식고(三途息苦) : 삼악도의 고통이 쉼

5) 외성불입(外聲不入) : 잡란한 소리가 들어오지 못함

6) 염심불산(念心不散) : 염불하는 마음이 흩어지지 않음

7) 용맹정진(勇猛精進) : 용맹스런 정진심이 일어남

8) 제불환희(諸佛歡喜) : 모든 부처님이 환희하심

9) 삼매현전(三昧現前) : 삼매력(三昧力)이 깊어짐

10) 왕생정토(往生淨土) : 정토에 왕생함

밝은 마음, 바른 삶이 내 운명을 밝게 열어갑니다. 바른 신심, 깨끗한 삶이 세상을 풍요롭게 합니다. 매일 아침 일찍 일어나 염불하시기 바랍니다. 막힌 운이 열릴 것입니다.

또한 불전에 공양 올리는 것을 아까워하시면 안 됩니다. 반드시 몇 배의 공덕과 발복이 있기 때문입니다.

불공, 기도보다 더 큰 영험은 없습니다. 불공과 기도를 많이 하십시오. 운이 차츰 열릴 것이며 하는 일마다 순조롭게 풀릴 것입니다.

알 수 없는 재난과 사건, 사고 등 모든 악재는 지난날의 잘못들이 나타난 자업자득의 결과입니다. 사회의 모든 병리현상이나 사건, 사고가 그냥 일어나는 게 아닙니다. 모두 그럴 수밖에 없는 원인이 있음을 명심해야 합니다.

행복한 사람

행원(行願)이란 용어가 있습니다. 말 그대로 수행과 서원이란 뜻입니다. 다시 말해 서원을 세우고 수행하는 것을 행원이라고 말하며 어떤 것을 이루고자 하는 기원이란 뜻이기도 합니다.

행원으로 나의 생명은 끝없는 힘을 발휘합니다. 출렁대는 바다의 영원한 무한성을 내 생명에 받으며 무가보(無價寶)가 흐르는 복덕의 대하(大河)가 내 생명에 부어집니다. 행원은 나의 영원한 생명의 노래이며, 율동이며, 환희이며, 위덕이며, 체온이며, 광휘이며, 그 세계입니다.

행복한 사람은 언제나 만족할 줄 알지만 불행한 사람은 언제나 만족할 줄 모릅니다. 불행한 사람은 언제나, 누구에게나 바라는 것이 많습니다. 부모형제 등에게 덕을 보려고만 합니다. 만족을 모르는 욕심으로 끝없이 요구합니다.

행복한 사람은 늘 감사와 만족을 알며 효도를 다합니다. 우애와 의리가 있고 형제와 친구들에게 늘 봉사하고 베풀면서 효도합니다.

이런 일화가 있습니다.

가난하고 못 배운 동생이 어느 날 산삼 한 뿌리를 발견해 조심스럽게 캤습니다. 동생은 그걸 스스로 먹을 생각을 안 하고 형에게 주었습니다. 평소에도 산나물을 캐거나 버섯을 따면 가장 먼저 형에게 주는 마음씨 착한 아우였습니다. 집안에 궂은일이 생기면 그걸 도맡아 합니다. 그런 아우를 보면서 형은 가슴이 먹먹해 혼자 울고는 했습니다. 그처럼 형제의 마음씨가 착하니 우애가 깊고 둘 다 잘사는 행복을 누렸습니다.

행복은 이렇게 서로를 위하는 것입니다. 모든 관계에 있어서 섬기고 위하는 것입니다. 행원과 서원(誓願)은 운이 열리게 합니다. 암세포도 억제되고 건강과 행운을 열어가게 됩니다.

마찬가지로 바른 신심과 긍정적인 마음은 모든 것을 치유합니다. 작은 것이라도 아직 내게 있는 것에 감사하고 만족하며 기뻐하는, 밝은 마음이 모든 것을 치유합니다. 운을 열어갑니다. 화나고 열 받게 하는 사람보다 열 받는 사람이 잘못입니다. 무슨 일이든 즐거운 마음으로 살아야 합니다.

오늘부터 행복한 사람, 훌륭한 사람이 됩시다. 오늘부터 값진 삶을 삽시다.

심조만유(心造萬有)이며 일체유심조(一切唯心造)라는 말씀처럼 마음이 모든 것을 만들고 모든 것이 마음으로 이뤄지는 것이니 이를 믿고 깨달아야 참으로 행복한 사람입니다.

수처작주(隨處作主)　어디에서든 그곳의 주인이 되면
입처개진(立處皆眞)　서 있는 그곳이 진리가 되리라.

나와 함께하는 존재들이여, 모두 행복하라

『천수경』은 여러 가지 주문과 진언, 다라니로 이뤄진 경전입니다. 『천수경』 앞부분에는 구업(口業)을 씻는 진언이란 뜻의 정구업진언(淨口業眞言)으로 시작되고 곧이어 오방내외안위제신진언(五方內外安慰諸神眞言)이 나옵니다.

이 진언의 제목을 말 그대로 해석하면 '오방(五方)의 모든 신들을 편안하게 하며 위로하는 참말씀(진언)'이란 뜻입니다.

나무 사만다 못다남 옴 도로 도로 지미 사바하 (3번)

이 진언에는 "원만하고 높으신 분들께 귀의하오니 원컨대 신성함으로 항상 밝게 성취하소서."라는 의미가 담겼습니다. '나'와 공존하는 모든 것이 다 함께 행복하고 훌륭하길 원하는 진언이며 좀 더 자세히 분석하면 다음과 같습니다.

• 나무 : 몸과 마음을 다 바쳐 귀의합니다.
• 사만다 : 두루, 보편(普遍). 모든 중생이 서로 의지하고 살아가는 상의성(相依性)이 보편성(普遍性)입니다.
• 못다남 : '못다'는 '붓다'와 같은 뜻으로 완전함을 이룬 이, 가장 거룩

한 이라는 뜻이며 '남'은 그러한 분들이란 뜻입니다. 따라서 '못다남' 이란 '거룩하신 부처님들'로 해석됩니다.

• 옴 : 우주에 충만한 근본 힘, 본래의 나를 '옴'이라고 합니다.
• 도로도로 : 아주 성스럽고 신성하며, 연기법을 잘 지키는 것을 가리킵니다.
• 지미 : 밝고 아주 밝은 씨앗이여.
• 사바하 : 그렇게 되어지이다라는 뜻입니다.

제목 가운데 '오방(五方)'이란 천수경을 독송하는 나 자신을 중심으로 동서남북 네 방향과 중앙의 다섯 방위를 가리킵니다. 그런가 하면 지구를 중심으로 했을 때 온 법계나 천체를 뜻하기도 합니다.

불교적인 우주관에 따르면 이 세상은 구산팔해(九山八海)로 이뤄졌습니다. 다시 말해 수미산을 중심으로 여덟 개의 큰 산이 있고, 그 산들을 둘러싼 여덟 개의 큰 바다〔대해(大海)〕가 있다는 것입니다.

팔해 중 안쪽의 일곱 바다는 민물 바다로 이 바다들을 통틀어 내해(內海)라고 하며, 제일 바깥에 있는 바다는 짠물 바다로 이를 외해(外海)라고 부릅니다. 이 외해에는 인간이 살고 있는 동승신주(東勝身洲), 남섬부주(南瞻部洲), 서우화주(西牛貨洲), 북구로주(北俱盧洲) 등 네 개의 대륙으로 이뤄집니다. 이 대륙들을 통틀어 4대주(四大洲), 4주(四洲) 또는 4천하(四天下)라 부릅니다.

오방의 특성과 상징성을 살펴보면 다음과 같습니다.

• 동(東) : 동승신주 = 동비제하(東毘提訶). 밝다, 해가 뜨는 곳, 아촉불

(阿閦佛), 대원경지(大圓鏡智)

- 서(西) : 서우화주 = 서구다니(西瞿陀尼). 어둡다, 해가 지는 곳, 아미타
불, 묘관찰지(妙觀察智)
- 남(南) : 남섬부주 = 남염부제(南閻浮提). 뜨겁다, 낮, 보생불(寶生佛),
평등성지(平等性智)
- 북(北) : 북구로주 = 북울단월(北鬱單越). 시원하다, 밤, 춥다, 공불여
래, 성소작지(成所作智)
- 중앙(中央) : 극락, 봄·가을, 10시~11시, 대일여래, 법계체성지(法界體
性智)

한편 여기 언급된 제신(諸神)은 삼계육도(三界六道)에 있는 모든 신
들을 가리킵니다.

실제로 신은 우주에 꽉 차 있는데 육도의 무수한 중생이 인연화합
으로 생멸(生滅)을 거듭함에 따라 저마다 지옥중생, 아귀중생, 축생중
생, 수라중생, 죄고중생, 수락중생으로 부릅니다. 통상적으로 신은 절
대 유일신, 창조신, 천신(天神), 지신(地神) 등을 지칭하며 중생과 동격
으로 봅니다. 이런 신들 중에는 귀신鬼神도 있습니다.

『마하연론(摩訶衍論)』에는 귀신을 이렇게 설명하고 있습니다.

장신위귀(障身爲鬼) 장심위신(障心爲神)
몸을 장애하는 것을 귀(鬼)라 하며, 마음을 장애하는 것을 신(神)이라
한다.

전답(재산), 사람 등에 욕심을 부리고 이기심을 가진 중생이 죽으면

귀신이 된다고 합니다. 중생을 두렵게 하는 귀신은 티끌 속에 들어가기도 하고 산과 바다를 메우기도 합니다. 그러나 이런 귀신들 중에는 정법을 듣고 발심하여 고통받는 중생을 도와주는 신들도 있으니 그들을 옹호성중(擁護聖衆), 팔부신중(八部神衆), 신장(神將) 등으로 부릅니다. 여기서 팔부신중은 천(天), 용(龍), 야차(夜叉), 건달바(乾達婆), 아수라(阿修羅), 가루라(伽樓羅), 긴나라(緊那羅), 마후라가(摩喉羅伽)를 가리킵니다.

천은 욕계육천(欲界六天), 색계사천(色界四天), 무색계사공처천(無色界四空處天)을 통틀어 일컫는데 이 모든 신들이 천수관음의 신통력으로 『천수경』을 독송하는 이들을 보호하고 구원합니다.

따라서 『천수경』 독송자들은 물과 불, 바람, 벌레, 맹수, 귀신 등의 해를 입지 않고 보호받으며 인도를 받는 것입니다.

결론적으로 오방내외안위제신진언은 나와 함께 공존하는 모든 존재가 다 함께 행복하고 흥륭하길 원하는 진언입니다. 이를테면 나 자신이 건강해도 부모나 자녀가 병고에 시달리면 편치 못하고 나 개인은 부자라 해도 이웃이나 나라가 극빈하면 나의 부(富)는 부가 아닙니다. 따라서 이 진언은 공존하는 모든 것이 함께 조화롭고 편안하길 바라는 진언입니다.

행복하고 지혜로운 삶을 발원합니다

행선(行禪)이란 맑고 깨끗하며 행복한 삶을 가리킵니다. 나와 남을 위한 행원(行願)의 삶, 원력(願力)의 삶, 희망과 목표가 원대한 보살의 삶을 행선이라고 합니다.

축원(祝願)은 간절한 소망으로 불보살님의 위신력과 보살핌을 구하고 소망하여 목표를 이루고자 하는 기도문, 발원문, 축원문이라는 뜻입니다.

따라서 보살의 삶, 행원의 삶, 수행의 삶, 기도정진의 삶을 행선축원이라고 합니다.

절에서는 행선축원, 의상대사 일승발원문, 이산혜연선사발문, 축원문, 기도문 등 불자마다, 스님마다 이와 같은 축원, 발원을 하게 됩니다.

『신심명(信心銘)』에는 다음과 같은 말씀이 있습니다.

다언다려(多言多慮) 전불상응(轉不相應)
말이 많고 생각이 많으면 더욱 더 상응치 못함이요,

절언절려(絶言絶慮) 무처불통(無處不通)
말이 끊어지고 생각이 끊어지면 통하지 않는 곳 없느니라.

이 말씀처럼 행선(行禪)은 움직이며 활동하는 선(禪)의 삶, 그지없이 행복한 삶입니다. 지혜로운 삶, 보람차고 가치 있는 삶이 행선(行禪)입니다.

이 같은 삶을 소망하고 발원하며 축원하는 것을 행선축원이라고 합니다. 이런 까닭에 전국의 각 사찰에서는 아침 · 저녁 예불 때 반드시 행선축원을 합니다.

이제 행선축원을 다 함께 독송하며 그 뜻을 새겨보시기 바랍니다.

행선축원(行禪祝願)

조석향등헌불전(朝夕香燈獻佛前)　조석으로 향과 등불 부처님께 올리옵고
귀의삼보예금선(歸依三寶禮金仙)　삼보전에 귀의하여 공경 예배하나니
국계안녕병역소(國界安寧兵役消)　국계는 안녕하고 병역은 소멸하여서
천하태평법륜전(天下泰平法輪轉)　천하가 태평하여 법륜 굴러가게 하소서.
원아세세생생처(願我世世生生處)　원컨대 저희로 하여금 세세생생
　　　　　　　　　　　　　　　　나는 곳마다
상어반야불퇴전(常於般若不退轉)　언제나 반야의 큰 지혜로부터
　　　　　　　　　　　　　　　　물러나지 않게 하소서.
여피본사용맹지(如彼本師勇猛智)　부처님의 용맹한 지혜 얻게 하오며
여피사나대각과(如彼舍那大覺果)　노사나불 큰 깨달음 얻게 하여지이다.
여피문수대지혜(如彼文殊大智慧)　문수보살과 같은 큰 지혜와
여피보현광대행(如彼普賢廣大行)　보현보살과 같은 광대한 행원으로
여피지장무변신(如彼地藏無邊身)　지장보살과 같은 끝없는 몸 나투어서
여피관음삼이응(如彼觀音三二應)　관음보살과 같은 삼십이응신으로

시방세계무불현(十方世界無不現)　시방세계 어디든지 마음대로 나타내어

보령중생입무위(普令衆生入無爲)　널리 중생들을 무위도에 들어가게
　　　　　　　　　　　　　하시어

문아명자면삼도(聞我名者免三途)　나의 이름 듣는 이는 삼악도를 여의고

견아형자득해탈(見我形者得解脫)　나의 형상 보는 이는 해탈 얻게 하소서.

여시교화항사겁(如是教化恒沙劫)　이와 같이 무량겁토록 교화하게 하사

필경무불급중생(畢竟無佛及衆生)　필경에는 부처도 중생도 없는 세계
　　　　　　　　　　　　　이뤄지이다.

산문숙정절비우(山門肅靜絶悲憂)　산문은 고요하여 슬픈 근심 끊어지고

사내재앙영소멸(寺內災殃永消滅)　도량안의 모든 재앙 영원히 소멸되며

토지천룡호삼보(土地天龍護三寶)　토지신과 천룡은 삼보 보호하시고

산신국사보정상(山神局司補禎祥)　산신과 국사는 상서롭게 도우소서.

준동함령등피안(蠢動含靈登彼岸)　꿈틀대는 미물도 피안에 오르게 하시며

세세상행보살도(世世常行菩薩道)　세세생생 항상 보살도를 행하시니

마하반야바라밀(摩訶般若波羅蜜)　마침내 일체 종지를 이루고
　　　　　　　　　　　　　행 완성하여지이다.

나무석가모니불(南無釋迦牟尼佛)

나무석가모니불(南無釋迦牟尼佛)

나무시아본사석가모니불(南無是我本師釋迦牟尼佛)

간절한 기도는 부처님을 감동시킨다

일반적으로 결혼이나 이사, 개업을 할 때 길일(吉日)을 찾아 정하게 됩니다. 무슨 일이든 뜻하는 대로 잘 이뤄지길 바라는 마음 때문입니다. 그런데 절에서는 매년 한 해를 마무리하면서 동지기도를 하고 새해엔 정월기도를 합니다. 또 부처님오신날과 우란분절 등에도 기도를 합니다. 이런 날들은 세속에서 말하는 길일과는 다르게 본래 정해진 불교의 명절이거나 기도일이지만 길일 중의 길일이기에 그 공덕이 수승합니다.

기도(祈禱)는 소원을 비는 일입니다. 어떤 문제를 해결하거나 현세와 미래를 위해 불보살님께 간구하고 간청하는 것을 기도라고 할 수 있습니다.

또 발원(發願)은 원구(願救)하는 마음입니다. 즉, 원하는 바를 이루기 위해 다짐하고 실천해 간구하는 것이 발원입니다.

서원(誓願)은 결정코 어떤 목적을 이루겠다는 맹세를 말합니다. 불보살님의 뜻을 받들어 이루고자 하는 의지를 달성코자 맹세하는 것입니다.

고려 때 일연 스님이 편찬한 『삼국유사(三國遺事)』에는 '도천수대비가(禱千手大悲歌)'라는 향가가 실려 있습니다. 신라 경덕왕 시절의 희명

(希明)이라는 사람이 아들을 얻었는데 태어날 때부터 앞을 보지 못하는 눈먼 자식이었습니다. 그래서 관세음보살님께 그 아들의 눈을 뜨게 해달라며 기도하는 애절한 마음을 담아 이와 같은 향가를 지어 불렀다고 합니다. 현대어로 옮기면 다음과 같습니다.

무릎을 꿇으며
두 손바닥 꼭 모아
천수관음(千手觀音) 보살님께
간절히 빌어 아뢰옵니다
천 손의 천 눈을
하나만큼은 놓고 하나를 덜어서
둘이 없는 저이니
하나만은 주옵소서
아아 저에게 주신다면
그 자비 더욱 크오리다.

자식의 장애를 극복하게 해달라는 부모의 간절한 마음이 느껴지는 향가입니다.

앞에서 기도, 발원, 서원의 의미를 각각 살펴보았는데 그 뜻은 조금씩 다르지만 크게 보면 다 같은 말이라고 할 수 있습니다.

기도를 할 때는 기간을 정해 반복적으로 한마음으로 호념하고 염불하며 예참(禮懺)과 정진해야 합니다. 그리고 시간과 내용을 정하고 반복적으로 집중해서 해야 합니다. 이를테면 3일기도, 7일기도, 3·7일기도, 백일기도, 천일기도, 만일기도 등 기간을 정해놓고 그 기간을 지켜야 합니다. 그러면 지성이면 감천이라고 하늘을 감동시키고 불보살과 선신(善神)이 돕게 됩니다.

인도의 간디는 "내가 기도를 하지 않았다면 미치광이가 되었을 것이다."라고 말했습니다.

기도를 할 때는 정해진 장소에서 정해진 시간에 반복적으로 하는 게 일반적인데 그러다 보니 기도 중에 다른 사람을 만날 약속을 정하거나 여행 등을 할 수 없게 됩니다. 그런데도 날짜를 정해서 꾸준히 기도를 할 때 그 효과가 나타난다는 과학적인 연구 결과가 있습니다.

미국의 뇌과학자들은 근래에 수행을 오래 한 사람일수록 명상이나 참선할 때 뇌파의 활동이 급속히 증가하는 것을 밝혀냈습니다. 그리고 사람들이 생활 습관을 바꾸려고 하면 몸에서 일정한 저항이 일어나지만 21일이 지나면 그 저항이 완전히 사라지고 새로운 습관에 완벽히 적응한다고 합니다.

우리 불자님들도 "노는 입에 염불하라."는 말을 자주 들어보았을 것입니다. 일상 중에도 다급한 일이 생기면 "관세음보살"하고 외우십시오. 그렇게 한마음 한뜻으로 정성스럽게 기도해야 합니다. 잡념과 번뇌 망상이 들 때는 더 크게 더 열심히 기도하시기 바랍니다.

기도는 반드시 정법(正法) 서원이 함께 해야 합니다. 미운 마음, 원한의 마음, 복수심을 버려야 합니다.

기도는 용서하고 참회하는 것이며 소원하고 발원하는 것입니다. 기도는 성취하고 행복하게 하는 것입니다. 따라서 기도가 바르지 못하고 어질지 못하며 진실하지 못하면 성취가 어렵습니다.

발심과 원력

　『기신론(起信論)』에는 "분별발취도상(分別發趣道相)이란 부처님이 증득하신 도를 향해 보살들이 발심(發心), 수행(修行)하여 나아가는 모습을 말한다."는 말씀이 있습니다. 여기서 발심이란 발보리심(發菩提心)의 줄임말로 깨달음을 얻기 위해 원을 세우는 마음가짐을 뜻합니다.

　불교에서 말하는 발심(發心)은 세 가지로 나눌 수 있습니다.

　첫째는 신성취(信成就)로 확고한 믿음을 성취하는 것이 발심입니다.

　둘째는 해행발심(解行發心)으로 확실히 이해하여 알고 행하는 마음입니다. 이것은 정신(正信)의 위(位)에 들어가는 마음, 진여법(眞如法), 팔정도(八正道)에 의지하는 마음을 가리킵니다.

　셋째는 증발심(證發心)으로 진리를 구현하는 도(道)를 증득하는 마음입니다. 이것은 정심지(淨心地) 보살 오위(五位)를 뜻합니다.

　한편 신행성취(信行成就)라는 말이 있는데 이것은 직심(直心 : 곧은 마음), 진여법칙(眞如法則), 오직 성불, 진리의 마음을 뜻합니다. 또 심심(深心 : 깊은 마음), 선행(善行)을 즐기는 마음, 덕행(德行)을 갖추는 마음을 뜻합니다.

　대비심(大悲心)은 크게 불쌍히 여기는 마음을 뜻하며 대원심(大願心)은 큰 서원, 즉 일체중생의 고(苦)를 없애주고 깨달음을 얻게 하는 마음입니다.

108참회문(懺悔文)에는 다음과 같은 말씀이 있습니다.

소작죄장(所作罪障) 금개참회(今皆懺悔)

몸과 입, 뜻으로 지은 세 가지 죄장을 이제 모두 참회합니다.

무량공덕해(無量功德海) 아금귀명례(我今歸命禮)

가없고 한량없는 공덕해시니 제가 이제 목숨 바쳐 절하옵니다.

아금일체개권청(我今一切皆勸請) 전어무상묘법륜(轉於無上妙法輪)

위 없는 묘한 법문 설하시기를 제가 이제 지성 다해 권청합니다.

유원구주찰진겁(惟願久住刹塵劫) 이락일체제중생(利樂一切諸衆生)

찰진겁을 이 세상에 계시오면서 모든 중생 행복하게 살펴주시길 원하옵니다.

염념지주어법계(念念智周於法界) 광도중생개불퇴(廣度衆生皆不退)

생각 생각 큰 지혜가 법계에 퍼져 모든 중생 빠짐없이 건져지이다.

여시사법광무변(如是四法廣無邊) 원금회향역여시(願今廻向亦如是)

이와 같이 넓고 크고 가없어 한량없으니 저희들의 회향도 이뤄지이다.

불공은 복전의 씨앗을 심는 일

처처불상(處處佛像) 사사불공(事事佛供)이란 말이 있습니다. 가는 곳마다, 대하는 사람마다, 하는 일마다 모두 부처님처럼 대하고, 하는 일마다 불공하는 마음으로 정성을 다해 최선을 다 하라는 말씀입니다.

믿는 마음, 감사하는 마음, 사랑하는 마음, 아름다운 마음의 정성이 불공이고 기도입니다. 그렇기에 불공과 기도는 진실행이라고 합니다.

몸이 불편한 사람, 각종 질병에 고생하는 사람, 집안에 우환이 있으면 재일(齋日)이나 생일 때 불공을 하시기 바랍니다. 자손이 잘되길 원하면 생일마다 불공을 드리고 기도해야 합니다. 불공과 기도의 공덕은 매우 큽니다. 부처님 은혜에 감사하고 사은(四恩)에 감사하며 은혜를 베푸는 삶을 다짐하며 회향하십시오.

신라 때 김대성(金大城)은 전 재산인 땅을 시주하고 재상(宰相)이 되었습니다. 또 불국사, 석굴암, 장수사 등을 창건했습니다.

청나라 때의 순치(順治)황제는 황제의 자리를 헌신짝처럼 버리고 출가해 큰 깨달음을 얻었습니다. 순치황제가 쓴 출가시(出家詩)를 보면 출가를 간절하게 그리던 마음을 엿볼 수 있습니다. 여러 출가시 중 한 수를 소개하면 이렇습니다.

천하총림반사산(天下叢林飯似山) 곳곳이 총림이요, 쌓인 것이 밥이니
발우도처임군찬(鉢盂到處任君餐) 대장부 어디 간들 밥 세 그릇 걱정하랴
황금백벽비위귀(黃金白璧非爲貴) 황금과 백옥만이 귀한 줄을 알지 말게
유유가사피최난(惟有袈裟被最難) 가사 옷 얻어 입기 무엇보다 어렵다네.

부처님은 태양이며 광명이십니다. 천지 만물이 모두 태양 아래 살기 때문에 이 세상 모든 동식물은 태양의 자식입니다. 또 부처님과 관세음보살은 대의왕(大醫王)이십니다. 반면 병(病)은 고통입니다. 육신의 병, 마음의 병, 인격의 병이 곧 사회의 병리 현상을 만드는 것입니다.

따라서 정법(正法)의 삶, 정법 정치로 전륜성왕의 삶을 살아야 합니다. 악한 사람도 착한 사람이 되면 소중하게 여겨지며 사도(邪道)가 정도(正道)로 바뀌면 소중해집니다. 마찬가지로 범부중생이 부처님 가르침을 만나면 성현이 됩니다.

불공은 복전의 씨앗을 심는 일입니다. 행복의 씨앗을 심고 가꾸는 마음으로 불공하시기 바랍니다. 정법의 공덕을 쌓아 희망과 보람을 가꾸는 삶의 지혜는 불공 기도와 불보살의 가호로 비롯되는 것입니다.

근대 한국불교의 선지식이었던 용성(龍城) 큰스님은 "심처존불(心處存佛) 이사불공(理事佛供) : 마음 가는 곳에 부처님 계시니 그 일과 이치에 불공하라."고 가르치셨습니다. 그런가 하면 "소언다행(少言多行) 소분다소(少憤多笑) : 말은 적게 하고 실행을 많이 하며, 성은 적게 내고 많이 웃으라."는 말씀도 있습니다.

절이란 곳은 부처님이 상주하시니 복업(福業)을 짓는 곳이라고 합니다. 복업은 무엇이든 잘 이뤄지게 하니 행복한 것이고, 악업은 무엇이

든 잘못되게 하니 불행해집니다.

마음이 불안할 때, 장애가 많을 때, 병고에 고통받을 때, 가난에 시달릴 때, 사업에 장애가 많을 때, 악업 중죄에 시달릴 때 불공하고 기도하십시오. 또 참회와 정진에 힘쓰십시오.

부처님은 온 중생을 거두시고 온 세상 살피시어 참된 말씀을 베푸시고 비밀한 뜻을 전하시니 자비심이 끊임없으십니다. 생활 속에서 예경하고 공양하며 찬탄하시기 바랍니다.

부처님 가르침은 사람답게 사는 법, 재난과 역경을 소멸하는 법, 나쁜 운명을 좋은 운명으로 바꾸는 법, 참 삶의 원리, 참 행복의 길을 일깨워줍니다.

부처님 전에 공양 올리는 것을 아까워하지 마십시오. 그 공덕은 꼭 발복(發福)할 것입니다. 생일불공, 재일불공 등과 기도의 공덕이 크다는 것을 명심하십시오. 또 선망 부모와 조상을 천도하십시오. 그러면 영험과 위신력이 생겨 예기치 못한 재난을 피하고 귀인이 나타나 도와줄 것입니다.

칠석 불공의 유래

해마다 음력 7월 7일이 되면 많은 사찰에서 칠석 불공을 드립니다. 본래는 칠석이 민속 신앙의 대상이었지만 우리나라에 불교가 전래된 후로 불교 신앙과 습합(習合)된 경우입니다. 따라서 칠석 불공 때는 치성광여래(약사여래) 부처님께 불공 공양을 올리며 자손 창성과 가족의 수명장수를 기원해왔습니다.

한국을 비롯한 동양에서는 오래전부터 칠석 때 인류의 시조인 나반(견우)과 아반(직녀)이 은하수 하늘강을 건너 사랑을 꽃피워 가정을 이루고 자손을 번창케 했다는 전설이 전해집니다. 그러나 옥황상제가 두 사람의 사랑을 반대하여 많은 비가 한꺼번에 내리고 강물이 불어 강을 건너지 못하게 했는데 이것이 장마의 유래라고 합니다. 따라서 칠석이 지나면 장마도 그친다는 이야기가 있습니다.

예로부터 북두칠성은 하늘을 상징하는 우주의 신으로 천지만물, 구체적으로는 풍우운(風雨雲), 농업, 수산업, 재물, 재능, 인간의 수명 등을 관장한다고 합니다. 그래서 사람들은 칠석 때가 되면 자손창성과 복덕구족을 기원하며 영원한 사랑의 언약을 하늘에 맹세합니다. 칠석은 동양에서 가장 오래된 신앙이며 우리 민족의 전통적인 고유 명절이라고 할 수 있습니다.

동양사상에 따르면 태초의 인간은 광음자재천(光音自在天), 즉 치성광여래(熾盛光如來)의 후예로 알려집니다. 일본의 태양신 숭배도 여기에서 비롯됩니다.

천체의 운행은 인간의 운명에 매우 큰 영향을 줍니다. 지구는 태양의 주위를 돌면서 12개의 별자리를 거칩니다. 그래서 어떤 별의 별자리를 지날 때 출생하느냐에 따라서 그 사람의 성격과 운명이 좌우된다는 점성술도 생겼습니다.

태양은 만물을 죽이기도 하고 살리기도 합니다. 천지만물을 살리는 따뜻하고 밝은 에너지는 부처님의 대자대비를 상징하는 '대일여래(大日如來)'로 칭하기도 합니다.

우리나라에서도 예로부터 정화수를 떠 놓고 북두칠성 전에 복을 빌어왔습니다.

『삼국유사(三國遺事)』에는 신라 진평왕 17년(을묘년)에 김유신 장군이 태어났는데 출생할 때부터 등에 해, 달, 수성, 목성, 화성, 금성, 토성의 정기를 받은 칠성문(七星文), 즉 북두칠성을 상징하는 점이 있었다는 기록이 있습니다.

북두칠성은 동양에 불교가 전래된 이후 치성광여래로 승화되었는데 지혜와 신통이 부사의(不思議)하여 일체중생을 모두 알아 살피시고 갖가지 방편력으로 모든 이를 무량 고통에서 구원하여 천상의 복을 누리게 한다는 것입니다.

칠성청(七星請)은 다음과 같습니다.

아금일신중(我今一身中) 즉현무진신(卽現無盡身)
이제 내 한 몸 가운데 즉시 한량없는 몸 나투시는

변재칠성전(遍在七星前) 일일무수례(一一無數禮)
우주법계에 충만하신 칠성님께 무수히 예를 올립니다.

치성광여래(熾盛光如來) 여북두칠성존(與北斗七星尊)
치성광여래와 북두칠성존께서는

지혜신통불사의(智慧神通不思議) 실지일체중생심(悉知一切衆生心)
지혜와 신통이 부사의하시어 모든 중생의 마음을 다 아시니

능이종종방편력(能以種種方便力) 멸피군생무량고(滅彼群生無量苦)
갖가지 방편의 힘으로 중생의 한없는 고통을 없애주시고

조장시우천상(照長時于天上) 응수복어인간(應壽福於人間)
오래도록 천상에 머무시면서 인간세계를 비추어 수명과 복덕 주십니다.

　　민간의 장례 풍습에 따르면 죽은 사람을 눕히는 널에 일곱 구멍을 내도록 했는데 이것이 칠성판의 유래가 됐습니다. 도교에서는 인간의 길흉화복을 칠성이 관장한다고 했으며 불교에서는 치성광여래 또는 칠원성군이 관장한다고 합니다. 북두칠성을 다음처럼 일곱 부처님으로 의인화시키기도 합니다.

1) 탐랑성군(貪狼星君) : 운의통증여래(雲意通證如來) → 자손에게 만 가지 덕을 베풂
2) 거문성군(巨文星君) : 광음자재여래(光音自在如來) → 장애와 재난 소멸
3) 녹존성군(祿存星君) : 금색성취여래(金色成就如來) → 업장 소멸
4) 문곡성군(文曲星君) : 최승길상여래(最勝吉祥如來) → 소원 성취

5) 염정성군(廉貞星君) : 광달지변여래(光達志邊如來) → 백 가지 장애 소멸

6) 무요성군(武曜星君) : 법해유희여래(法海遊戲如來) → 복덕을 고루 갖추게 함

7) 파군성군(破軍星君) : 약사유리광여래(藥師琉璃光如來) → 질병 치료, 수명 연장

현재 세계적으로 일주일 개념이 사용되고 있는데 이것은 기독교의 창조설에서 유래한 게 아니라 동양의 칠석, 칠성, 칠불, 칠요에서 유래한 것이라고 합니다. 즉, 인도에서 일어난 불교의 일파인 밀교에서 지은 『숙요경(宿曜經)』에 그 내용이 담겨있습니다. 여기서 숙요란 인도의 천문법인 28수(宿) 12궁(宮) 7요(曜)를 가리키며 해와 달이 운행하는 위치와 모든 성수(星宿 : 별자리)의 관계에 따라 역일(曆日)을 정하고 일생의 화와 복을 점치는 데 사용하였습니다. 화(火), 수(水), 목(木), 금(金), 토(土)의 오행(五行)은 오성(五星)을 뜻하며 여기에다 일정(日精 : 태양)과 월정(月精 : 달)을 더하면 일주일이 되는 것입니다.

이것은 우주의 무량한 자비광명이 차별 없이 빛과 소리, 향기, 감촉 등 지수화풍(地水火風)의 원동력을 제공하고 사랑의 축복인 견우와 직녀는 일광(日光)보살, 월광(月光)보살을 상징하는 것으로 천지의 조화를 뜻합니다.

따라서 칠석은 치성광여래가 강림하는 날입니다. 이는 부처님 자비 작용의 현현이라고 할 수 있습니다. 칠석은 북두대성(北斗大星), 칠원성군(七元星君), 자미대제통성(紫微大帝統星), 태을신(太乙神) 등의 호위를 받으면서 인간계에 하강하여 팔정도를 행하는 이의 소원을 들어주는 세시명절입니다. 부처님의 위신력과 신통력, 가피력이 분명하다

는 것을 알고 감사한 마음과 찬탄하는 마음으로 칠석 불공을 드리시기 바랍니다.

돌아가신 부모님과
나 자신의 행복을 기원하는 날

매월 음력 18일은 지장재일입니다. 돌아가신 영가를 위해 살아 있는 나 자신과 모든 생명의 자유와 안락, 행복을 기원하는 날입니다.

불교 신행은 관음(觀音), 미타(彌陀), 지장(地藏)의 3대 신앙과 참선수행이 그 요체라 할 수 있습니다.

우리 삶이란 과거, 현재, 미래와 전생, 금생, 내생의 삼생(三生)으로 연속되며 윤회합니다. 이 같은 윤회 속에 육도를 오르내리며 선악의 업보를 받는 것입니다.

지장청(地藏請)에 이런 대목이 있습니다.

지장대성위신력(地藏大聖威神力) 항하사겁설난진(恒河沙劫說難盡)
지장보살 대성인의 크신 위신력 항하사겁 동안 말하여도 다하지 못해

견문첨례일념간(見聞瞻禮一念間) 이익인천무량사(利益人天無量事)
한 번 뵙고 일념간에 예배한다면 인간 천상 한량없는 이익 얻으리.

존재하는 모든 생명은 존재 이전으로 돌아갑니다. 이를 환지본처(還至本處)라고 합니다. 다시 말해 무에서 유로, 유에서 무로 반복되며 윤회합니다. 꽃잎이 지듯이 우리 모두는 죽어갑니다. 육신은 땅에 묻히고 영혼은 허공 속에 윤회합니다. 삶과 죽음은 끊임없이 교류합니다. 몸과 물질은 육안(肉眼)으로 보이지만 영혼과 허공은 육안으로 보이지 않습니다. 사람의 육신과 정신 작용을 몸, 마음, 생각의 활동이라고 합니다.

공기와 바람은 육안으로 볼 수 없으나 존재하며 큰 영향을 주듯이 영가도 또한 그러합니다. 선악(善惡)의 업보도 이와같이 인과로 나타나는 것입니다.

의상대사의 일승발원문(一乘發願文) 중에는 이런 대목이 있습니다.

제악일단일체단(諸惡一斷一切斷)
모든 악 가운데 작은 악 하나를 끊어 일체의 모든 악을 끊게 하며

제선일성일체성(諸善一成一切成)
모든 선 가운데 작은 선 하나를 실천하여 모든 선을 다 이루게 하소서.

이런 발원과 같이 기도와 참회, 자아성찰로 모든 업장을 소멸해야 합니다. 지장재일, 관음재일 등 10재일을 지켜서 불공과 예참, 기도, 발원으로 다생겁래의 모든 업장을 소멸하길 바랍니다. 업장이 소멸되면 갖가지 장애와 병고, 액란 등 삼재팔난이 소멸되는 것입니다. 마음의 평화와 자유를 얻고 행복한 삶을 살게 됩니다.

『지장경』에 따르면 정법이 쇠퇴한 말법시대, 다시 말해 무불(無佛)시대에 지장보살님께서 부처님의 위촉을 받아 지옥 중생을 구제하신다고 하였습니다. 지장보살님은 육도중생을 다 구원하시고 모든 소원을 이뤄주시는 온갖 신통력과 갖가지 보물을 간직하고 계신다고 하였습니다.

지장보살님의 몽중일여(夢中一如), 생사일여(生死一如)의 마음은 모든 악업을 소멸하고 몸과 마음의 악습을 버리게 합니다. 또한 지장보살님은 염부제(閻浮提) 중생의 업보를 설하시고 갖가지 지옥을 설명하여 죽은 자와 산 자 모두에게 큰 이익을 주시는 분입니다.

불보살님의 명훈가피력

우리는 모두 부처님의 무한하신 자비와 위신력 속에서 살고 있습니다. 부처님을 믿고 가르침을 따르면 내 안의 불성광명(佛性光明)을 깨달아 성공의 삶, 행복의 삶을 살게 됩니다. 대자대비하신 불보살님이 무한한 가능성을 가진 우리를 도와주시기 때문입니다.

옛날 일본에선 처녀가 결혼할 나이가 되면 명문대가(名門大家)로 가서 일정한 기간 동안 신부(新婦) 수업을 받는 풍습이 있었습니다. 가난한 농부의 딸 '사다꼬'도 도쿄에 있는 한 부호의 집으로 가서 신부 수업을 받게 되었습니다. 사다꼬가 집을 떠나기 전 어머니가 '나무관세음보살(南無觀世音菩薩)'이란 글자로 수놓은 작은 주머니 하나를 주며 말했습니다.

"사다꼬야! 이걸 늘 몸에 지니고 마음속으로 '나무관세음보살'을 염하고 기도하며 열심히 신부수업을 하렴."

"알겠어요, 어머니."

사다꼬는 도쿄에 도착한 뒤에도 늘 어머니가 당부한 일을 실천했습니다. 하지만 그 주머니를 화장실까지 가져가는 게 송구스러워 뒤뜰 대청 기둥 사이에 걸어두고 남몰래 "나무관세음보살"을 염했습니다.

그러던 어느 날, 함께 신부 수업을 받던 처녀들이 사다꼬를 놀리려고 그 주머니를 빼고 대신 멸치를 꽂아놓았습니다. 하지만 사다꼬는 그걸 까맣게 모르고 매일처럼 정성스레 "나무관세음보살"하고 기도를 했는데 그 집 주인마님이 그런 사실을 알고는 사다꼬를 며느리로 삼 았습니다. 사다꼬가 기도할 때마다 오색광명이 비추었다고 합니다.

불보살님은 이처럼 우리 중생에게 명훈가피력(冥勳加被力)을 내려주 십니다. 마음이 순수하고 믿음이 간절하면 꿈은 이뤄집니다. 언제나 부처님을 생각하고, 믿음이 확실하면 재앙은 사라지고 좋은 일이 있게 됩니다. 천지의 기운이 내 기운 되며, 내 기운이 천지의 기운이 됩니 다. 이때 부사의한 위신력과 신통력이 나투는 것입니다.

3

나는 내 운명의 주인공

누구나 깨달음을 얻을 수 있다

부처님은,

일체중생(一切衆生) 개유불성(皆有佛性)
사람들은 모두 부처가 될 성품을 갖추고 있다.

고 말씀하셨습니다.

이 말씀처럼 누구나 완전무구한 불성광명(佛性光明)을 가지고 있습니다. 하지만 이를 알지 못하니 '불각(不覺) 중생'이라고 합니다.

사실 인간에게는 무한한 가능성과 잠재능력이 있습니다. 따라서 이를 인식하는 힘이 필요합니다. 무한한 가능성이 있더라도 인정한 것만 나타나기 때문입니다. 그러나 대다수는 극히 작은 일부분만 인정하기 때문에 아주 작은 능력밖에 없는 것처럼 보입니다.

따라서 내 안에 있는 무한한 가능성을 믿고 끌어내어야 합니다. 이세상에 실현 불가능한 꿈은 없습니다. 생각, 마음, 말, 행동 모두 무한한 가능성과 무한한 능력을 끌어내어 새로운 행복, 새로운 운명을 열어가야 합니다.

불교에서는 깨달음을 얻은 모든 부처는 네 가지 지혜〔사지(四智)〕를 갖게 된다고 합니다. 그리고 수행으로 여섯 가지 신통〔육신통(六神通)〕

을 얻을 수 있다고 합니다. 이 사지와 육신통은 부처님뿐만 아니라 누구든 갖추고 있는 능력입니다.

사지는 대원경지(大圓鏡智), 평등성지(平等性智), 묘관찰지(妙觀察智), 성소작지(成所作智)의 네 가지 지혜를 말합니다.

1) 대원경지 : 모든 것을 있는 그대로 비추어 내는 크고 맑은 거울과 같은 지혜.
2) 평등성지 : 자신과 타인의 평등을 깨달아 대자비심을 일으키는 지혜.
3) 묘관찰지 : 모든 현상을 잘 관찰하여 자유자재로 가르침을 설하고 중생의 의심을 끊어 주는 지혜.
4) 성소작지 : 중생을 구제하기 위해 해야 할 것을 모두 성취한 지혜.

육신통은 신족통(神足通), 천안통(天眼通), 천이통(天耳通), 타심통(他心通), 숙명통(宿命通), 누진통(漏盡通)의 여섯 가지 초인적인 신통력을 가리킵니다.

1) 신족통 : 생각하는 곳이면 어디든 날아갈 수 있거나 마음대로 형상을 바꾸거나 외계의 대상을 자유자재로 움직이는 성여의(聖如意)로 세분할 수 있음.
2) 천안통 : 제아무리 먼 곳에 있는 것이라도 세상의 모든 것을 볼 수 있는 신통력.
3) 천이통 : 보통 사람이 들을 수 없는 세상의 모든 소리를 들을 수 있는 능력.
4) 타심통 : 다른 사람이 마음속으로 생각하고 있는 선악을 모두 아는

능력.

5) 숙명통 : 자신뿐만 아니라 다른 사람의 과거와 그 생존의 상태를 모두
아는 능력.

6) 누진통 : 번뇌를 모두 끊어서 다시는 미혹의 세계에 태어나지 않게
된 상태.

이와 같은 네 가지 지혜와 여섯 가지 신통력의 씨앗은 누구나 가지
고 있지만 저절로 얻어지는 게 아닙니다. 부처님께 귀의해 꾸준하고
지극한 마음으로 수행을 해야 얻게 되는 것입니다. 그래서 사람이 숨
을 거둘 때는 돈이나 명예, 가족 등 수많은 것은 저승으로 가져갈 수
없지만 수행력과 업보는 가져간다는 말이 있습니다.

나는 내 운명의 주인공

부처님은 "하늘 위나 하늘 아래 오직 하나의 생명, 하나의 인격은 그 무엇과도 바꿀 수 없다. 천지만물 우주 만법이 나에서부터 비롯된 다."며 인간의 존귀함을 일깨우셨습니다.

예로부터 불가에서는 '인생난득(人生難得) 불법난봉(佛法難奉) 성도 난득(成道難得)'이라 했습니다. 다시 말해 사람으로 태어나기 어렵고, 불법 만나기 더욱 어려우며, 깨달음 이루는 것은 더더욱 어렵다는 뜻 입니다.

자기 자신을 소중히 하는 사람이 다른 이의 인격도 소중히 합니다. 나의 권리, 남의 권리는 동등한 것입니다. 그러나 사람이 온전한 인격 을 갖추기 어렵고(인격완성) 사람답게 살기도 어려우며, 사람 구실을 못할 때도 있으며 사람 대접을 못 받을 때도 있습니다. 또한 일생 동 안 바르게 살기도 어렵고 후회 없이 살기도 어렵습니다. 생명과 인격 의 존귀함을 자각하자는 것입니다.

불교인의 삶은 깨침의 삶, 자아완성, 인격완성의 삶이라 할 수 있습 니다. 즉 자각각타(自覺覺他)하는 성불지교(成佛之敎)의 삶이라는 것을 뜻합니다.

생명의 존귀성, 인격의 존귀성을 자각하자는 것은 나의 인격이 타인의 인격이며 나의 목숨과 타인의 목숨이 똑같이 소중하기 때문입니다.

　모든 이의 인격, 모든 이의 생명은 소중한 것입니다. 그래서 부처님은 천상천하(天上天下) 유아독존(唯我獨尊)이라 하셨으니, 자신을 소중히 함으로써 다른 사람의 인격도 존중하고, 나와 남을 함께 사랑하라는 뜻입니다.

　나는 누구이며 어디서 왔고 어디로 가는가. 세상에 태어나기 이전의 나는 내가 아니고, 목숨이 끝난 후의 나 또한 내가 아닙니다. 나이면서도 내가 아닌 나를 무아(無我)라고 합니다.

　인간의 영혼이나 정신 그리고 마음은 우주 이전부터 우주 이후까지 불성광명(佛性光明)을 담고 있다고 했습니다. 완전무구하고 전지전능한 힘인 불성이 바로 우리 마음과 정신 속에 잠재되어 있습니다. 그래서 옛 조사 스님네는 이를 '심외무일물(心外無一物)'이라 했습니다. 즉, 이 마음이 우리의 운명을 지배한다는 것입니다. 우리가 삶을 영위한다는 것은 다음 세 가지로 설명할 수 있습니다.

1) 자신에 관한 문제 : 성공, 행복 등
2) 세상에 관한 문제 : 가족, 이웃, 사회, 국가 등
3) 관계에 관한 문제 : 너와 나의 인간 관계, 인간과 자연, 우주 만법과의
　 관계 등

『금강경』에는 이런 말씀이 있습니다.

여래시진어자(如來是眞語者) 실어자(實語者)

여래는 참말을 하는 자이며, 실다운 말을 하는 자이며,

여어자(如語者) 불광어자(不狂語者) 불이어자(不異語者)

법다운 말을 하는 자이며, 허황되지 않은 말을 하는 자이며, 다르지 않
은 말을 하는 자이니라.

천상천하에 오직 홀로 존귀한 내 인생과 내 운명이니 어찌 소홀히
할 수 있겠습니까. 나는 내 운명과 내 가족, 내 겨레, 내가 속한 이
세상의 주인공이며 나는 내가 속한 우주만유(宇宙萬有), 만법의 주인입
니다.

인간은 신(神)의 피조물도 아니고, 종도 아닙니다. 천상천하에 우
뚝한 주인입니다. 따라서 언제, 어디서나 주인의식을 갖고 살아야 합
니다.

우주(宇宙)는 오직 마음이요, 만물은 오직 의식입니다. 마음 밖에
사물이 있는 게 아닙니다. 중생을 만들어 낸 것도 이 마음이요, 부처
님을 만들어 낸 것도 이 마음입니다. 세상의 모든 것은 이 마음이 만
들어낸 것입니다. 그래서 일체유심조(一切唯心造)라 했습니다.

앞에서 인생난득(人生難得), 불법난봉(佛法難逢), 성도난득(成道難得)
이라고 말했던 것처럼 세상에 사람으로 태어나기가 어려운 것인데 사
람으로 태어났더라도 온전한 인격을 갖추는 게 어렵고 사람답게 살기
도 어려우며 사람 구실 제대로 하는 것도 어려우며 일생동안 바르게
살며, 후회 없이 살기도 어렵습니다.

그렇기에 생명과 인격의 존귀함을 자각하고 자아를 완성하고 인격을 완성하는 삶이 되어야 합니다. 나의 인격은 너의 인격이며 내 목숨은 다른 이의 목숨입니다.

모든 이의 인격과 생명은 소중합니다.

천상천하에 오직 홀로 존귀한 내 인생, 내 운명을 어찌 소홀히 할 수 있겠습니까? 나는 내 운명의 주인공이요, 내 가족의 주인공이며 내 겨레, 내가 속한 이 세상, 우주 만법의 주인공입니다.

이것은 나와 남을 사랑하자는 뜻이며 내가 천상천하(天上天下)의 주인공이라는 것을 자각하자는 것입니다. 인간은 신(神)의 피조물도 아니고 종도 아닙니다. 천상천하에 우뚝한 주인일 뿐입니다. 무엇이든 창조할 수 있는 창조주입니다. 그러니 수처작주(隨處作主)라는 말처럼 언제 어디서나 주인 의식을 갖고 살라는 것입니다.

주인은 스스로 모든 것을 결정하고 책임집니다. 나는 내 운명의 주인입니다. 마음은 일체의 세간법과 출세간법을 다 포섭한다 하였으니 여래의 법, 즉 중생심입니다.

중생의 마음속에 진여(眞如)의 여래장(如來藏)이 있다 하셨습니다. 육신이 병들면 병신이고 정신이 병들면 등신입니다. 법신(法身)의 몸, 여래장 마음을 깨쳐야 합니다.

우주는 오직 마음이요, 만물은 오직 의식입니다. 마음 밖에 사물이 있는 것이 아닙니다.

중생을 만들어 낸 것도 마음이요, 부처님을 만들어 낸 것도 이 마음입니다. 세상의 모든 것은 이 마음이 만들어 낸 것입니다. 그래서 일체유심조(一切唯心造)라 했습니다. 그러므로 나는 내 운명의 주인입니다. 주인의 사명감을 자각해야 합니다.

인생에 있어 길흉이나 행, 불행은 언제나 변하고 있습니다. 성공, 실패, 명예 따위에 끄달리지 말고 그저 최선을 다해서 살아야 합니다. 그러면 행복의 주인공이 될 것입니다.

거지는 평생 거지 마음으로 삽니다. 그러니 앞으로는 의타심(依他心), 공짜 바라는 마음을 버려야 합니다. 가난한 사람은 늘 빈천한 마음을 가지고 있습니다. 따라서 없다는 궁색한 마음을 버려야 합니다. 생각이 외로운 이는 늘 고독합니다. 따라서 혼자라는 마음을 버려야 합니다. 천지 만물이 내 것이고 구류 중생이 나의 권속입니다.

생각(마음)이 넉넉하면 부자입니다. 부자 마음을 가진 사람은 평생 부자가 됩니다.

모든 것은 오직 마음가짐에 달려 있습니다. 사람의 근본은 정신이요, 마음입니다. 마음이 주인이며 정신이 뿌리입니다. 육신이란 마음과 정신을 담는 그릇일 뿐입니다. 그러니까 희망을 가지고 원력을 세워야 합니다. 비전을 가지고 큰 꿈을 간직하면 꼭 이룰 것입니다.

실상은 완전무결하므로 진리를 알면 형통합니다. 병고도 사라지고 액운도 사라집니다. 삼재팔난이 어디에 붙겠습니까? 없는 병을 스스로 만들지 말 것이며 없는 재앙을 스스로 만들지 맙시다. 극락과 지옥, 행, 불행이 모두 마음 하나에 달려 있습니다.

알파파를 강화시켜주는 참선과 명상

　뇌의 활동에 따라 일어나는 전기적인 파동을 뇌파(腦波)라고 부릅니다. 뇌파는 두피의 특정 지역에 위치시킨 표면전극들 사이의 전위차이를 측정하는 뇌전도(electroencephalogram, EEG) 검사를 통해서 측정할 수 있습니다. 뇌전도가 보여주는 뇌파는 표면 전극 밑에 있는 무수히 많은 대뇌피질 신경세포들의 전기적 활성의 합이라 할 수 있습니다.

　대개 마음이 밝고 긍정적일 때 뇌로부터 인체 기능의 활성화 호르몬이 분비되고 뇌 활동에 활기가 넘치게 됩니다. 또한 집중력과 기억력도 좋아지고 머리가 맑아집니다. 국제뇌파학회에서는 인간의 뇌파를 다음과 같이 다섯 가지로 나누고 있습니다.

　1) 감마파(gamma wave) : 30~80Hz의 파형으로 주파수가 높을수록 흥분 정도가 강하며 자아 억제가 힘들어짐.

　2) 베타파(beta wave) : 14~29Hz로서 일반적으로 긴장을 나타내는 뇌파입니다. 자아를 의식하고 있는 상태이며 낮에는 깨어있는 뇌파임.

　3) 알파파(alpha wave) : 대략 8~13Hz이며 건강한 사람의 뇌파이며 건전한 생활을 하는데 중요한 뇌파. 즐거움, 집중, 만족, 감사, 참선, 명상에서 나옴. 심층 의식의 문이 열리기 시작함.

4) 세타파(theta wave) : 4~7Hz의 뇌파로서 얕은 수면 상태, 내적인 이완 상태, 무의식 상태, 무아의 경지를 말함.

5) 델타파(delta wave) : 4Hz 이하의 깊은 수면 상태입니다. 완전한 몰아 (沒我)일 때 나타남.

이상의 다섯 가지 뇌파 중에서도 눈여겨볼 것은 알파파입니다. 뇌파가 알파파 상태가 되면 다음과 같은 특징이 나타납니다.

1) 마음이 안정되고 스트레스가 해소됨.
2) 수용력(受容力)이 증대되고 기억력이 좋아짐.
3) 집중력이 증대되고 직감과 영감(靈感)이 따름.

알파파를 좀 더 세부적으로 분류하면 긴장된 의식 상태인 패스트 알파파(12~14Hz), 편안한 의식 집중상태인 미드 알파파(9~12Hz), 휴식을 취할 때 생기는 슬로우 알파파(8~9Hz) 등입니다. 부처님은 이 중 미드 알파파 상태에서 깨달음을 얻으셨다고 하는데 무의식적으로 미드 알파파 상태가 될 수 있는 사람을 천재라고 합니다.

이와 같은 뇌파의 종류를 살펴보더라도 성공적인 인생을 위해 우리에게 꼭 필요한 뇌파는 알파파입니다. 이 알파파를 강화하려면 참선이나 명상을 효율적으로 이용할 필요가 있습니다. 성공한 스포츠선수나 예술가들도 참선을 통해 자신의 역량을 극대화한다고 합니다. 특히 일거수 일투족을 참선화하는 생활 참선의 효과는 모든 분야의 잠재능력을 개발시킬 수 있습니다.

쇼펜하우어와 불교

　독일의 철학자 쇼펜하우어는 서양 철학자들 중에서 불교를 가장 긍정적으로 보았을 뿐 아니라 심지어 자신의 사상이 불교와 매우 가깝다고 여긴 철학자입니다.

　쇼펜하우어는 30대 무렵인 1820년대에 동양학자 프리드리히 마이어를 통해 힌두교와 불교에 관해 알게 되었습니다. 그 과정에서 이들 종교의 핵심교리 속에 자신과 칸트가 도달한 결론과 같은 것이 있음을 깨닫게 되었다고 합니다.

　그 뒤 쇼펜하우어는 서양 최초로 세련된 동양 철학의 특징을 독자들에게 알리게 되었으며 많은 사상가들에게 큰 영향을 주었습니다. 그는 스스로 불교도임을 자청하기도 했습니다. 아울러 "모든 종교 중에서 가장 훌륭한 종교는 바로 불교이다."라며 경탄을 금치 못했습니다. 니체와 같은 사상가가 불교에 깊은 관심을 가졌으며 불교를 기독교보다 우월한 종교라고 여긴 것도 쇼펜하우어의 영향이 컸다고 합니다.

　쇼펜하우어는 모든 고통의 원인을 욕망에서 비롯되는 것으로 여겼으며 온갖 욕망을 극복한 상태가 바로 불교에서 말하는 열반인 것으로 보았습니다.

　불교는 우리가 사는 세상을 고통으로 가득 찬 바다, 다시 말하면 고해(苦海)로 비유하는데 쇼펜하우어는 갤리선에서 노를 젓는 6천여 명의 흑인 노예를 보면서 삶의 본질은 고통이라고 생각했습니다.

쇼펜하우어는 "삶은 추악한 것이다. 나는 그것에 대해서 숙고하는 것으로 내 생애를 보내기로 결심했다."라고 말한 적이 있습니다. 인간은 이성적 존재이기 전에 욕망의 존재라고 본 것이 쇼펜하우어의 생각입니다.

인간은 흔히 부와 명예에 대한 욕망, 사랑하는 이성을 자기 것으로 삼고 싶은 욕망, 자식을 갖고 싶은 욕망, 죽고 싶지 않다는 욕망, 재미에 대한 욕망 등에 사로잡힙니다. 인간은 욕망을 감추기 위해서 철학이나 신학을 만들어냈습니다.

쇼펜하우어는 "인간뿐만 아니라 모든 것이 욕망의 존재이다."라고 했습니다. 자신의 욕망을 충족시키기 위해서 서로 투쟁하는 것입니다. 욕망은 결국 결핍감에서 비롯되는 것이며 결핍감이 많으면 욕망도 그만큼 큰 것입니다. 따라서 모든 개체는 한없는 결핍감에 시달리며, 그 결핍감을 극복하기 위해서 끊임없이 노력할 수밖에 없는 것입니다.

개체들의 삶이란 한없는 결핍감과 무한한 노고의 연속입니다. 모든 욕망을 버리고 마음이 정적 속으로 들어가는 순간, 우리는 말로 표현할 수 없는 환희를 경험하게 됩니다. 다시 말해 고통의 궁극적인 원인을 인간의 내면에서 찾는 것입니다.

불교에서는 인간의 이기적인 욕망을 갈애(渴愛)라고 부르고 쇼펜하우어는 생을 향한 의지라고 부릅니다.

배휴 형제 이야기

중국 당(唐)나라 때인 서기 791년의 어느 날입니다.

맹주(孟州) 제원(濟源)이란 고을에서 어떤 부부가 쌍둥이를 출산했는데 형은 '배도(裴度)', 아우는 '배탁(裴度)'이라고 이름을 지었습니다. 똑같은 한자이지만 서로 발음이 달랐는데 형에겐 법도를 의미하는 '도'(중국어 발음 : '따오')라 불렀고, 아우는 헤아린다는 뜻의 '탁'(중국어 발음 : '뚜')이라 불렀던 것입니다.

나중에 형 배도는 배휴(裴休)라는 이름으로 개명을 했지만 형제가 처음 태어났을 때 같은 이름을 가지게 된 것은 그들의 출생과 무관치 않았습니다. 왜냐면 형제는 태어날 때부터 등이 서로 붙은, 오늘날로 치면 샴쌍둥이였기 때문입니다. 기형아 형제가 태어나자 그의 부모는 칼로 형제의 등을 떼어내고 약을 발라 치료해 주었기에 나중엔 여느 쌍둥이와 다름없이 자라게 되었다고 합니다.

그런데 형제의 불행한 운명은 그것으로 그치지 않았습니다. 형제가 아직 어렸을 때 부모님이 세상을 떠나는 바람에 결국 외삼촌 댁에 맡겨졌습니다. 외삼촌이 아무리 잘 보살펴준다 해도 부모를 잃은 아이들은 주눅이 들고 주변 사람들의 눈치를 볼 수밖에 없습니다.

하루는 한 노스님이 탁발을 나왔다가 외삼촌과 말씀을 나누는 것을 배휴가 우연히 엿듣게 되었습니다.

"저 아이들은 전에 본 적이 없는데 누구입니까?"

"쌍둥이 조카들입니다. 갑자기 부모를 잃게 되어 외삼촌인 제가 키우게 되었습니다."

"그렇군요. 하지만 저 아이들을 내보내는 게 좋겠습니다."

이 말을 듣고 난 외삼촌이 깜짝 놀라며 그 까닭을 물었습니다.

"스님, 부모를 잃고 오갈 데 없어진 아이들을 내보내라니요? 왜 그래야 합니까?"

"소승이 그 아이들을 살펴보니 필시 거지로 살아갈 운명입니다. 만약 거사님이 저 아이들을 계속 데리고 살면 그로 인해 이 댁을 비롯해 세 집이 모두 가난해질 것입니다. 그런데 아이들이 거지가 되려면 먼저 이 댁부터 망하는 게 순서일 것이니 그런 불행이 닥치기 전에 아이들을 내보내는 게 좋겠다는 말씀입니다."

그때 배휴 형제의 외삼촌은 아무런 대답도 하지 않았습니다. 얼마 후 노스님이 그 집을 떠나자 배휴가 외삼촌께 다가가 말했습니다.

"외삼촌, 아까 노스님이 하시는 말씀을 저도 들었습니다. 저희는 어디로든지 나갈 것이니 아무런 걱정도 마십시오."

그러자 외삼촌은 깜짝 놀라며 만류했습니다.

"쓸데없는 소리! 너희가 가기는 어디로 간단 말이냐?"

"노스님 말씀대로 저희가 거지가 될 팔자라면 일찌감치 스스로 나가 빌어먹으면 될 일이지 여기서 외삼촌 댁까지 망하게 만들고 나갈 게 뭐 있겠습니까. 아예 지금부터 나돌아다니며 빌어먹고 살겠으니 허락해주십시오."

이렇게 말한 배휴 형제는 외삼촌이 더 이상 만류하기도 전에 그 집을 떠났습니다. 얼마 후 갈림길이 나오자 배휴가 아우에게 말했습니다.

"아우야, 둘이 함께 다니는 것보다 혼자 다니며 빌어먹는 게 쉽지 않겠니? 그러니 우린 여기서 헤어지자."

배탁도 그 말이 옳다고 동의하여 서로 다른 길로 떠나게 되었습니다.

며칠 뒤 배휴는 어느 절의 목욕탕을 지나다가 '부인삼대(婦人三帶)'라 불리는 아주 진귀한 패물이 떨어진 것을 보고는 속으로 생각했습니다.

'누가 이렇게 귀한 걸 잃어버렸을까? 이걸 내가 주워다 팔면 큰돈을 벌어 배불리 먹고 살 수 있겠지만 주인에게 돌려주는 게 도리일 거야.'

배휴는 곧 부인삼대를 주워 목욕탕 앞에 앉아 주인이 오길 기다렸습니다. 그러자 얼마 후 한 부인이 헐레벌떡 달려와 자신이 빠뜨리고 간 패물을 발견하고는 안도의 한숨을 내쉬었습니다.

"네가 이걸 주웠니?"

"그렇습니다. 부인께서 이 물건의 주인이시라면 가져가십시오."

"정말 고맙구나. 네 선행 덕택에 내 아들의 목숨을 구할 수 있게 되었다."

배휴가 어리둥절한 얼굴로 그 까닭을 묻자 부인이 그 패물에 얽힌 사정을 설명했습니다. 부인의 3대 독자가 고을의 자사(刺使)에게 큰 죄를 저질러 죽음을 눈앞에 두었다고 합니다. 그래서 부인은 아들을 살리려고 멀리 촉나라로 달려가 그 부인삼대를 구해다 자사에게 바칠 예정이었다고 합니다. 그러던 중 목욕재계를 하고 관청으로 가려다가 그만 그 보물을 흘리게 된 것인데 그걸 배휴가 찾아 주었던 것입니다.

그런 일이 있은 뒤에도 배휴는 여기저기 돌아다니며 빌어먹다가 하루는 외삼촌 댁에 잠깐 들르게 되었습니다. 그런데 때마침 그 집에는 전에 탁발하러 나왔던 노스님도 있었습니다. 외삼촌과 이야기를 나누던 노스님은 배휴를 보더니 깜짝 놀라며 말했습니다.

"어허! 네 관상을 보니 이다음에 정승이 되겠구나."

그러자 배휴의 외삼촌이 물었습니다.

"얼마 전 스님께선 저 아이 형제들을 보고는 거지가 되어 세 집안을 망하게 할 것이라더니 지금은 어째서 정승이 된다고 하십니까?"

노스님은 대답을 하기 전 배휴에게 직접 물었습니다.

"얘야, 그동안 네게 무슨 일이 있었는지 말해보아라."

배휴는 부인삼대를 주워 주인에게 돌려준 이야기를 털어놓았습니다.

"그렇구나. 네가 그런 선행을 쌓은 덕택에 운명이 바뀌게 된 것이다."

그 뒤 배휴는 여기저기 구걸을 하면서도 틈틈이 책을 읽고 어른이 되어선 진사시험을 보아 급제를 하게 되었습니다. 그래서 현량방정(賢良方正)을 비롯해 여러 관직을 거쳐 나중엔 노스님의 예언대로 삼공(三公) 영의정에 올랐다고 합니다.

『전등록(傳燈錄)』에는 배휴와 황벽희운(黃檗希運)선사의 선문답이 기록되어 있습니다. 황벽산에서 주석하던 황벽선사가 어느 때인가 황벽산을 떠나 대안정사(大安精舍)라는 절에서 노역하는 무리들과 섞여 숨어 살 때였습니다. 하루는 배휴가 대안정사를 참배하던 중 한 벽화를 보고는 그곳 스님에게 물었습니다.

"이것은 무슨 그림입니까?"

"고승의 진영(眞影)입니다."

"진영은 볼 만한데 고승은 어디 있습니까?"

그 스님이 우물쭈물하자 배휴가 다시 물었습니다.

"이곳에 참선 수행하는 스님은 없습니까?"

"얼마 전 한 스님이 이 절 일꾼들 틈에 섞여서 일을 하고 있는데 도력이 높은 선승처럼 보입니다."

"그럼 그 스님을 뵙고 싶군요."

얼마 후 황벽선사가 배휴 앞에 나타났습니다. 배휴는 황벽선사에게 조금 전 스님에게 했던 질문을 다시 했습니다.

"여기 모셔진 고승의 진영은 볼 만한데 그 고승은 어디 있습니까?"

그러자 황벽선사가 "배휴!"하고 불렀습니다. 배휴가 저도 모르게 "예!"하고 대답하자 황벽선사가 곧바로 물었습니다.

"어디 있느냐?"

배휴는 그 질문의 뜻을 깨닫고 크게 기뻐하며 말했습니다.

"스님처럼 분명하게 법을 보여주시는 큰스님이 왜 이런 데 숨어 계십니까?"

그리고 이때부터 제자의 예를 올리고 다시 황벽산에 머무시기를 청하였다고 합니다. 이처럼 배휴는 조사의 심법을 훤히 깨치고 교학까지도 두루 꿰었으니 제방의 선사들은 모두 배휴 정승을 일컬어 황벽선사 문하에서 헛나온 사람이 아니라고 입을 모았습니다.

기록에는 배휴가 문장과 글씨를 잘 썼으며 성품이 온화한 인물이었다고 합니다. 특히 불교를 공부하여 술과 고기를 멀리했습니다. 학문과 행정 능력을 갖춘 데다 불심이 깊었던 배휴는 규봉종밀(圭峰宗密), 황벽희운(黃檗希運) 등의 선사들에게 사사하여 나중엔 두 고승의 저작에 서문을 지었습니다. 또한 황벽희운의 법어집인 『전심법요(傳心法要)』를 편찬하기도 했습니다.

한편 배휴는 정승이 된 후 쌍둥이 아우를 찾느라 백방으로 수소문을 했습니다. 아우를 찾아 도와주고 싶었기 때문입니다. 그러나 아무리 찾아봐도 아우의 행방을 알 수가 없었는데 하루는 황하를 건너려고 배를 타게 되었습니다.

날씨가 무더워서 그랬는지 뱃사공이 웃옷을 벗어부치고 노를 젓는데 그의 등을 살펴보니 자기 등허리와 같은 흉터가 있어서 물었습니다.

"자네 이름이 무엇인가?"

"배탁이라고 합니다."

"정말 네가 배탁이냐? 그렇다면 내가 누군지 모르느냐?"

"잘 알고 있습니다. 정승이 되셨다는 쌍둥이 형님이시죠."

"그런데 왜 날 찾아오지 않았느냐? 내가 그동안 널 찾느라고 얼마나 애를 썼는데."

"형님은 형님의 공덕으로 정승이 되었지만 나는 내 복대로 사는 것입니다. 그래서 형님 덕을 볼 마음은 없으며 푸른 산과 물을 벗 삼아 오가는 사람을 건네주는 인생이 형님의 정승 벼슬보다 낫다고 여깁니다."

배탁은 이렇게 말하며 끝내 형의 도움을 사양했다고 합니다. 형은 형대로, 아우는 아우대로 훌륭한 생애를 보냈던 것입니다.

이 배휴 형제 이야기는 모두 내 탓이다, 내 업보다 여기며 누구도 원망하지 않고 선행한 공덕으로 전생 업장을 소멸하고 복을 짓게 된 사례라고 할 수 있습니다.

세상을 바로 보는 안목과
있는 그대로의 정견

성공적으로 세상을 살아가려면 안목(眼目)이 필요합니다. 사람 보는 눈이 있어야 실패를 하지 않는 법입니다. 그래서 인사(人事)가 만사(萬事)라는 말이 있습니다. 가족과 이웃, 직장 동료 등 인간관계, 사람 보는 눈이 정확해야 합니다.

살림살이에는 눈이 보배란 말이 있습니다. 살림살이에도 안목이 필요하다는 뜻입니다. 물건을 사고파는 데서부터 소비하는 모든 과정에도 지혜로운 안목이 필요합니다. 주부들이 시장에서 채소 하나 사는 것도 안목이 있어야 속지 않고 살 수 있습니다.

안목은 하루아침에 갖춰지는 게 아닙니다. 오랜 경험과 훈련이 필요합니다. 수행과 정진, 혜안이 있으면 안목이 넓어지고 사람이든 사물이든 모든 것을 바로 볼 수 있습니다. 이것을 정견(正見)이라 할 수 있습니다. 욕심에 따라 탐진치에 가려지면 이성도, 안목도 잘못되는 것입니다.

정견은 있는 그대로 보는 지혜의 안목입니다. 끊임없이 제어되고 조절된 마음은 한량없는 이로움을 가져옵니다. 마음은 낮은 곳을 향해 흐르는 물처럼 감각을 좇아 이리저리 방황합니다. 조절된 마음을 통해 시공(時空)을 초월한 자유를 얻은 성자들이 온 세상에 미치는 이로움이 얼마나 큰지를 헤아려보십시오.

'나는 누구인가? 어디서 와서 어디로 가고 있나? 죽음 이후의 세계는 어떤 곳일까?'

사람들 모두 한 번쯤 이런 의문을 품고 고민하게 됩니다. 생사윤회가 반복되는 삶에서 벗어나려면 우선 매순간 자신을 성찰해야 합니다. 내일을 위한 준비가 오늘의 과제입니다. 이것이 안목입니다. 그러니 매순간 깨어 있어야 합니다.

여기에 한 물건이 있으니 본래부터 한없이 밝고 신령스러워
일찍이 나지도 않았고 죽지도 않으며,
이름 지을 수도 없고 모양 그릴 수도 없다.
부처님과 조사가 세상에 나오심은 마치 바람도 없는데
물결을 일으킨 것과 같다.
그러나 법에도 여러 가지 뜻이 있고,
사람에게도 온갖 기틀이 있으므로
여러 가지 방편을 벌이지 않을 수 없다.
굳이 여러 가지 이름을 붙여서 마음이다,
부처다, 중생이라 하였으나 이름에 얽매여 분별을
낼 것이 아니다. 다 그대로 옳다.
그러나 한 생각이라도 움직이면 곧 어그러진다.
　　—『선가귀감(禪家龜鑑)』 중에서

이 말씀처럼 생명과 행복은 마음에 그 원천이 있습니다. 따라서 정견(正見)하는 안목은 바른 삶을 살게 되고 그 바른 삶이 성공과 행복을 가져옵니다.

관세음보살은 천수천안(千手千眼), 즉 무한대의 안목과 무한대의 해결 능력을 갖추셨습니다. 그래서 무한한 광명(光明), 신통(神通), 자비(慈悲), 자재(自在), 위력(威力), 묘법(妙法), 선정(禪定), 지혜(智慧)로 한량없는 중생을 구제하십니다. 그 일을 부처님이 가호하시고 팔부신장, 모든 선신이 옹호하십니다.

우리는 안목〔정견(正見)〕으로 십신(十信), 십주(十住), 십행(十行), 십회향(十廻向), 십지(十地), 등각(等覺), 묘각(妙覺)하여 오안(五眼)을 구비하게 됩니다. 오안이란 육안(肉眼), 혜안(慧眼), 천안(天眼), 법안(法眼), 불안(佛眼)을 가리킵니다.

몸과 입, 뜻이 바르고 깨끗해야 안목이 밝아 그가 사는 곳이 항상 청정하고 밝게 됩니다.

고대 인도의 역사를 보면 유목민이던 아리아 인이 기원전 1,500여 년 전에 인도를 침략해 원주민을 지배하게 됩니다. 원주민을 영원히 지배하기 위해 만든 제도가 '카스트 제도'입니다. 카스트 제도는 성직자인 브라만, 왕과 귀족, 무사로 이뤄진 크샤트리아, 자영농과 상공업자로 이뤄진 바이샤, 농노 및 육체노동자, 불가촉천민인 수드라로 구성되었습니다.

석가모니 부처님은 왕족 출신이었으나 이 카스트 제도를 정면으로 부정하고 인간 평등을 선언하셨습니다. 정견(正見)과 정행(正行)을 몸소 실천하여 잘못된 신분제도를 철폐하셨습니다. 이것이 평등사상이며 자비사상, 정법(正法)사상입니다.

우리가 가치관을 정립하기 위한 고뇌는 철학 또는 구도(求道)라고 말합니다. 인도철학에서는 철학을 일컬어 사색하는 것이라고 합니다. 또 철학은 보는 것이라 말합니다. 팔정도(八正道)로 견해와 안목을 가지고 정견하는 것, 가치관을 정립하는 것이 철학이고 구도임을 알아야 합니다. 삶의 지혜인 안목을 높이고 철학하는 힘을 기르시길 바랍니다.

병은 전도망상에서 생긴다

『유마경(維摩經)』에는 "중생의 모든 병(病)은 전도망상(顚倒妄想)에서 생긴다."는 말씀이 있습니다. 모든 병리 현상은 사전에 예방해야 하며 만약 병이 생기면 치료해야 합니다. 그런데 불교에서는 모든 병은 업보에 따라 오는 것이며 업보는 망상에서 생기고 망상은 삼독심(三毒心)에서 오는 것으로 봅니다.

마음은 본래 생멸이 없고 병고가 없습니다. 다만 불성광명이 있을 뿐입니다.

인간의 실상은 원만하고 완전무결하므로 이를 진여불성(眞如佛性)이라고 합니다. 이 원리를 알면 병고도, 재난도 다 사라집니다. 없는 병을 스스로 만들지 마십시오. 본래 없는 재난을 인간 스스로 만들 뿐입니다.

이처럼 인간 본성의 실상은 원만하고 완전무결하므로 진리를 바로 알면 병도, 병리 현상도 모두 사라집니다. 없는 병을 스스로 만들지 마십시오.

원인을 알 수 없는 사건, 사고와 갖가지 병고는 모두 지난날의 업보이니 자업자득의 결과입니다. 요즘 줄지어 일어나는 안전사고와 현대의학도 못 고치는 갖가지 질병들이 그런 예라고 할 수 있습니다.

상식적으로 납득할 수 없는 사건, 사고 등 원인 규명이 되지 않는 일들과 자연재해 등으로 인류는 끊임없는 투쟁을 벌이고 있습니다.

내가 가진 나쁜 마음은 즉각 상대에게 반사되어 나쁜 모습으로 나타납니다. 미워하면 불쾌해지고 그 불쾌한 마음이 움직이면 뭐든지 잘되지 않고 꼬이게 됩니다. 화를 내고 분노를 일으키면 혈액순환이 원활하지 않고 차츰 건강이 나빠집니다. 따라서 바른 마음과 밝은 생각으로 건강을 지켜야 합니다.

육체를 길들이면 마음도 길들여집니다. 법회에 열심히 참여해 염불하고 법문을 들으며 훈련하십시오. 미운 마음, 분한 마음, 울화를 버려야 합니다. 법회 기도로 좋은 기운을 갖도록 하십시오.

미움과 악행, 원한 맺힌 마음은 독약보다 해롭습니다. 용서하고 화해하며 원한을 풀고 가야 서로에게 좋은 것입니다. 마음에 걸림이 없어야 죽음도 초월할 수 있습니다.

물도 아껴 써야 물 귀한 곳에서 살지 않게 된다고 합니다. 무엇이든 아끼고 절약하여 풍요롭게 하십시오. 탐욕과 인색함을 버리고 마음을 너그럽고 풍요로우며 후덕하게 써야 합니다. 그러면 만복이 찾아옵니다.

향기로운 사람

세상에 거저 얻을 수 있는 것은 없습니다. 재물, 명예, 인격, 건강을 비롯해 세상 모든 것은 인(因)과 연(緣)에 의해 이뤄집니다.

짓지 않은 복은 오지 않으며 닦지 않은 공덕은 이뤄지지 않습니다. 따라서 복 짓는 생각을 하며 복을 부르는 말과 행동을 해야 합니다. 공덕을 닦는 생각과 말, 행동을 해야 합니다. 성현이나 신선, 부처가 되는 삶을 살아야 합니다. 우린 착한 사람, 어진 사람을 부처 같은 사람이라고 합니다.

부처 같은 사람, 꽃과 같은 사람, 산소같은 사람, 맑은 하늘 같은 사람, 샘물같은 사람, 밝은 달 같은 사람들은 언제 어디를 가나 환영받고 사랑과 존경을 받습니다. 이런 사람이 향기로운 사람입니다. 불교를 열심히 믿다 보면 저절로 향기로운 사람이 됩니다. 다음에 소개할 오분향(五分香)이 그렇습니다.

『잡아함경』에는 이런 이야기가 전하고 있습니다.

부처님이 기원정사에 계실 때였습니다. 하루는 아난이 향기에 대해 부처님께 여쭈었습니다.

"세존이시여, 저는 혼자 숲에서 명상을 하다가 문득 '모든 향기는 바람을 거슬러 냄새를 풍기지 못한다. 뿌리에서 나는 향기나 줄기에서 나는 향기나 꽃에서 나는 향기는 다만 바람을 따라서 냄새를 풍길 뿐이다. 그렇다면 혹시 바람을 따라서도 풍기고, 바람을 거슬러서도 풍기고, 바람이 불거나 불지 않거나 바람에 상관없이 풍기는 향기는 없을까?'라는 의문을 가지게 되었습니다. 부처님, 과연 그런 향기는 없는지요?"

이때 부처님이 대답하셨습니다.

"아난아, 네 말대로 뿌리의 향기나 줄기의 향기나 꽃의 향기는 바람을 따라 향기를 풍기지만 바람을 거슬러서는 향기를 풍기지 못한다. 그러나 어떤 향기는 바람을 거슬러서도 풍긴다. 그것은 이런 향기다.

어느 마을에 착한 남자와 여자가 있다. 그들은 진실한 법을 성취하여 목숨이 다할 때까지 생명을 함부로 죽이지 않고, 남의 물건을 훔치지 않으며, 음행하지 않고, 거짓말하지 않으며, 술 마시고 실수하지 않았다. 이런 사람을 보면 누구든지 '어느 곳에 사는 아무개는 계율이 청정하고 진실한 법을 성취했다'고 말하는 것이다. 이것은 그 사람에게서 나는 향기다. 이 향기는 바람을 따라서도 풍기고 거슬러서도 풍기며, 바람이 불거나 불지 않거나 관계없이 풍기는 것이다."

이 말씀처럼 최고의 깨달음 자리에 이른 사람이 갖추어야 할 다섯 가지 법신을 오분법신(五分法身)이라 하고 이 오분법신을 향(香)에 비유한 것을 오분향이라고 합니다. 스님들과 불자님들은 매일 예불을 하면서 이 다섯 가지 향기 나는 몸을 성취하여 온 누리를 마침내 향기로 가득 채울 것을 다짐합니다. 그런 불교 의식을 '오분향례(五分香禮)'라고 합니다.

계향(戒香) 정향(定香) 혜향(慧香) 해탈향(解脫香) 해탈지견향(解脫知見香)
이 몸 가다듬어 위 없는 계체(戒體)를 세우고, 이 마음 거두어서 맑고
고요한 정신으로 밝은 슬기 갖추어서 무명의 속박에서 벗어나 이 세상
과 저 세상을 장엄하여지이다.

이처럼 오분향을 태워서 부처님께 공양을 올리는 이유는 향을 피우
는 행위가 진리 자체를 상징하며 모든 더러운 냄새를 물리치고 진리
에 대한 무지의 악업을 끊어서 모두 소멸시킨다는 뜻을 담고 있기 때
문입니다.

첫 번째로 나오는 계향(戒香)은 불자들이 계율을 청정하게 지켜서
그 향기를 부처님께 올리겠다는 뜻입니다.

정향(定香)은 편안하고 안정된 선정(禪定)의 향기를 부처님께 올리
는 것을 뜻하며 혜향(慧香)은 지혜의 향기를 부처님께 올리겠다는 뜻
입니다. 해탈향(解脫香)은 고통의 원인인 무지의 결박을 끊겠다는 것
이며 해탈지견향(解脫知見香)은 모든 존재의 실상을 알아차려, 무명의
장애에 걸림 없고 나아가 모든 중생을 해탈의 경지로 이끄는 것을 뜻
합니다.

열심히 마음을 닦아 향기로운 사람이 되시길 기원합니다.

재물은 거름과 같다

천석군(千石君), 만석군(萬石君)이라고 할 때의 '군'은 임금 군(君)자를 씁니다. 이것은 옛날부터 부자들이 임금과 같은 대접을 받았다는 것을 뜻합니다. 하지만 군(君)이 제구실을 못할 때는 노름꾼, 사기꾼, 투기꾼처럼 '꾼'으로 부르게 됩니다.

부자들이라 해도 다 똑같은 부자가 아니라 졸부(猝富)도 있고 명부(名富)도 있으며 의부(義富)도 있습니다. 졸부는 갑자기 생긴 일확천금으로 부자가 된 것이니 '꾼'에 해당하는 사람들입니다. 이런 사람들은 죽을 때도 돈을 관속에 가져가려고 합니다. 그리고 죽으면 뱀으로 태어나는 일이 많다고 합니다.

실제로 이런 일이 있었습니다. 부산 범어사에서 오랫동안 주지를 지내면서 재물에 탐착해 많은 재산을 모았던 스님이 어느 날 세상을 떠났습니다. 제자들이 은사 스님이 돌아가셨다는 말을 듣고는 곳곳에서 모여들었습니다.

제자들 중에는 멀리 떨어진 토굴에서 수행 정진을 하던 명각 스님도 있었습니다. 명각 스님은 어느 날 선정에 들었다가 은사 스님이 돌아가신 걸 알게 되었습니다. 그래서 급히 범어사로 갔더니 다른 제자들이 경계를 했습니다. 평소엔 자주 찾아뵙지 않다가 은사가 돌아가셨다니 재산을 상속받으러 왔느냐며 의심했던 것입니다. 명각 스님은 그런 시선엔 아랑곳없이 은사의 다비장 영전 앞에 흰죽을 끓여놓고 은사를 천도하는 기도를 올렸습니다. 그러자 얼마 후 큰 구렁이가 그 죽을 먹고는 다비장 기둥에 스스로 대가리를 찧어 죽어있었다고 합니다.

도반 스님들은 그제야 깜짝 놀랐습니다. 돌아가신 스승이 인과(因果)를 믿지 않고 재물과 명리에만 탐착하다 구렁이로 태어났다가 죽은 것을 보았기 때문입니다.

반면 많은 재산을 이웃들에게 나누어 굶주림을 면하게 한 부자 이야기도 있습니다. 조선 후기, 3백 년 넘게 부를 이었던 경주 최부자 댁은 이름난 부자인 명부에 해당합니다. 최부자 댁의 시조는 임진왜란과 정유재란 때 큰 공을 세운 최진립으로 그 자손들이 계속 선행을 베풀어 오늘날과 같은 명성을 얻게 되었습니다.

최진립의 손자인 최국선은 할아버지와 아버지로부터 물려받은 넓은 땅에서 생긴 재산을 이웃들에게 나누어 자선을 베풀기 시작했습니다. 여기엔 한 스님을 만난 게 계기가 되었습니다. 그 스님은 "재물은 거름과 같습니다. 재물을 나누면 세상을 이롭게 하지만, 움켜쥐면 썩습니다."라고 말했다고 합니다. 이 말에 큰 교훈을 얻은 최국선은 그때부터 이웃들을 위해 수많은 선행을 베풀어 '최부자댁'의 전통을 세웠습니다.

그 뒤 최부자댁에선 아무리 흉년이 들어도 100리 안에 굶어 죽는 이가 없게 곡식을 나눠 주었으며, 만약 어떤 가난한 이가 돈이 급해 땅을 헐값에 내놓으면 그 땅을 절대 사지 않고 그냥 도와주었다고 합니다.

한편 의로운 일에 돈을 쓰는 부자들이 있는데 그런 사람을 의부라고 합니다.

부처님 당시에 죽림정사 토지와 건축물을 지어 부처님께 보시한 마가다 국의 카란다 장자(長者)와 빔비사라 왕, 기원정사를 보시한 코살라 국의 제타 태자와 수닷타 장자, 500비구들이 칠엽굴에서 제1차 경전 결집을 할 때 그 모든 경비를 지원한 마가다 국의 아자타삿투 왕, 불교를 전 세계적으로 전파하기 위해 곳곳에 불교 유적지를 세운 아쇼카 대왕 등을 비롯해 불국사와 석굴암 등을 세운 신라의 김대성, 근대에 독립군 자금을 지원한 부자들과 각급 학교를 세워 인재를 양성한 교육사업가 등은 모두 의부들이라 할 수 있습니다. 이런 사람들의 명성과 복덕은 세세생생 이어질 것입니다.

열심히 일해 돈을 모으고 부자가 되는 것을 비난해선 안 됩니다. 다만 그 돈과 부귀를 어떤 방법으로 쓰는가에 따라 그 사람이 졸부에 지나지 않는지, 아니면 명부나 의부로 두고두고 존경받으며 이름을 남길지 결정됩니다.

그런 뜻에서 대원군이 남겼다는 시를 감상해봅니다.

부귀가 하늘을 흔들었지만
예로부터 다 죽어갔고
가난이 뼛속까지 이르렀어도
지금까지 살아왔네
천만년이 가도 산은 오히려 푸르고
보름밤이 오면 달은 다시 둥글다네.

『채근담(菜根譚)』에는 이런 시도 전하고 있습니다.

화간반개(花看半開) 꽃은 반쯤 핀 것을 보고

주음미취(酒飲微醉) 술은 조금만 취하게 마시는 것에

대유가취(大有佳趣) 참된 아름다움 있으니

약지란만모도(若至爛漫酕醄) 흠뻑 취하면 도리어 추악해지나니

이영만자의사지모(履盈滿者宜思之侮) 잔이 가득 찬 사람은 신중히 생각

할 일이다.

이 시에서처럼 무엇이든 정도(正道)를 벗어나면 화를 부르는 것입니다. 재물을 모으는 것은 좋지만 계속 움켜쥐고 있으면 추악해지고 화를 당하게 됩니다. 또 인과의 법칙에 따라 나쁜 과보를 받게 됩니다. 재물을 모으되 정의롭고 명예롭게 쓰시길 바랍니다.

있음과 없음

중국 명나라 때의 정치가이자 교육가, 사상가로 명성이 높은 왕양명(王陽明)은 지행합일설(知行合一說)을 주창한 양지양능(良知良能)의 실천 철학의 대가였습니다. 왕양명의 본명은 왕수인(王守仁)이며 양명은 호입니다. 그가 양명학(陽明學)을 창시한 사상가여서 흔히 왕양명으로 불리고 있습니다.

본래 지행합일이란 지성인이 갖춰야 할 중요한 덕목으로 "알았으면 반드시 행동으로 옮겨야 한다."는 뜻입니다. 왕양명은 여기서 한발 더 나아가 "앎〔지(知)〕은 행(行)의 시작이고, 행은 앎의 완성이다."라고 했습니다. 다시 말해 관념적인 지행합일이 아니라 실천적인 지행합일을 주장했던 것입니다.

왕양명은 유학자였으나 그의 전생은 선사(禪師)였다고 하며 다음과 같은 일화가 전해집니다.

어느 때 왕양명은 절강성(浙江省) 현감으로 부임하게 되었습니다. 그런데 막상 절강성으로 가 보니 처음 본 강산인데도 매우 낯이 익어 마치 고향을 찾은 느낌이었습니다. 얼마 후 그는 천년 고찰로 유명한 금산사(金山寺)를 방문했는데 한 법당의 문이 굳게 잠긴 걸 보았습니다. 금산사 스님들에게 이유를 물으니 50년 전 금산(金山)대사가 남긴 준엄한 분부 때문이라고 합니다.

그 이야기인즉, 50년 전 깨달음을 얻고 생사와 해탈을 자유자재로 할 수 있는 금산대사가 하루는 점심 공양을 한 뒤 목욕을 했습니다. 그리고 가사장삼을 갖춰 입고는 한 법당으로 들어가면서 안으로 문을 꼭 잠갔습니다.

금산대사는 문밖에 있는 제자들에게 "이 법당문을 절대로 열지 말라."고 일렀습니다. 그런 다음 며칠이 지나도록 금산대사가 나오지 않자 제자들은 무슨 일인가 싶어 법당문을 열고 들어가 보려고 했으나 큰스님의 분부를 감히 어길 수가 없어 그대로 놓아두는 게 어느덧 전통이 되어 어언 50년이 지났다는 것입니다.

그 말을 듣고 난 왕양명이 뭔가 짚이는 바가 있어 그 법당문의 문고리를 힘껏 잡아당기니 안으로 잠겼다는 방문이 활짝 열렸습니다. 왕양명이 법당으로 들어가 보니 한 스님이 선정삼매에 든 모습으로 미이라가 되어 있었고 벽에는 이런 글이 적혀 있었다고 합니다.

오십년전왕수인(五十年前王守仁)　오십년 전의 왕수인이여!
개문인시폐문인(開門人是閉門人)　문을 여는 사람이 문을 닫은 사람일세
정령박락환귀복(精靈剝落還歸復)　정령이 얇게 깎여 본래대로 돌아오니
시신선문불괴신(始信禪門不壞身)　비로소 선문에 무너지지 않는 몸이
　　　　　　　　　　　　　　　　　있음을 믿겠네.

그 시를 읽고 난 왕양명 자신은 물론 금산사 대중들은 왕양명이 바로 금산대사의 후신이란 것을 알고는 깜짝 놀랐다고 합니다. 깨달음을 얻고 난 금산대사가 자신이 열반한 뒤의 일까지 정확히 내다본 신

통력이 대단합니다.

이런 일화를 남긴 전생의 왕양명, 다시 말해 금산대사는 누가 어떤 질문을 하면 "없다."고 답하기 일쑤였습니다. 이를테면 "지옥이 있습니까?"라고 하면 "없다."라고 답했으며 "그럼 극락은 있습니까?"라고 물으면 역시 "없다."고 답하는. 식입니다.

그런데 당나라 때의 선승이던 설봉(雪峰)선사는 누가 무엇을 물어봐도 "있다."라고 답했다고 합니다.

이처럼 유(有) 또는 무(無)로 답한 것은 있는 가운데 없고 없는 가운데 있다, 이것은 있음도 없음도 아니다라는 뜻입니다. 여기서 있다고 대답한 것은 당신의 경계를 답한 것이며, 없다고 대답한 것은 깨달은 이의 경계를 답한 것이라고 합니다.

다시 말해 세상의 모든 이치는 있다가도 없고 없다가도 있다는 것입니다.

불교의 가장 근본적인 교리인 삼법인(三法印)으로 불리는 제행무상(諸行無常), 제법무아(諸法無我), 열반적정(涅槃寂靜)도 그런 경우에 해당합니다.

내 자성 속의 지옥과 천당

『화엄경』「보현행원품」에는 이런 말씀이 있습니다.

소재지처(所在之處) 상거승족(常居勝族)
제가 가는 곳마다 항상 으뜸 되는 가문에 태어나게 하시며

실능파괴일체악취(悉能破壞一切惡趣)
모든 악한 갈래를 능히 깨뜨리고

실능원리일체악우(悉能遠離一切惡友)
모든 나쁜 이들을 능히 멀리하고

실능제복일체외도(悉能制伏一切外道)
모든 외도로부터 능히 항복 받아서

실능해탈일체번뇌(悉能解脫一切煩惱)
모든 번뇌망상으로부터 능히 벗어나이다.

매 순간 정성을 다해 살겠다는 의지가 담긴 발원입니다. 『육조단
경』에는 이런 말씀이 있습니다.

사량즉시자화(思量卽是自化)

생각이 곧 자신을 변화시키는 것이니

만법재자성사량(萬法在自性思量)

만법은 모두 내 자성과 사량에 있네.

일체악사즉생악행(一切惡事卽生惡行)

모든 나쁜 것들을 생각하면 악행을 저지를 것이며

일체선사즉생선행(一切善事卽生善行)

모든 선량한 것을 생각하면 선행을 하게 되느니라.

이런 말씀은 이상세계(理想世界)를 밖에서 찾지 말라는 메시지를 담고 있습니다.

제임스 힐튼의 소설 『잃어버린 지평선』에는 이른바 '지상낙원'으로 묘사된 마을이 있습니다. 그 마을은 '샹그릴라'로 불리는데 일종의 유토피아나 이상세계로 알려진 상상 속의 지명입니다. 그런데 이 소설이 발표된 후 베스트셀러가 되자 소설 속의 샹그릴라와 비슷한 곳에 자리잡은 마을들이 여러 근거를 들며 자신들의 마을이 샹그릴라라고 주장했습니다. 그러더니 2002년에는 중국 정부가 관광객 유치를 위해 중국 윈난성(雲南省) 디칭(迪慶)의 티베트족자치주의 정식 행정명칭을 '샹그릴라현(縣)'으로 바꾸었다고 합니다.

티베트에는 삼신산(三神山)으로 일컬어지는 세 개의 큰 산봉우리가 있습니다. 관세음보살산, 문수보살산, 금강수보살산이 그 삼신산인데 오래전부터 티베트 사람들은 마음속 설산을 넘고 넘은 그곳에 샹그릴

라(이상세계)가 있다고 믿어왔습니다. 그러니까 천당과 지옥, 극락과
육도가 모두 내 마음속에 있는 것입니다.

사량악법화위지옥(思量惡法化爲地獄)
악법을 생각하면 지옥이 되는 것이며

사량선법화위천당(思量善法化爲天堂)
선법을 생각하면 천당이 되는 것이다.

동지(冬至) 이야기

해마다 12월 22일~23일 무렵이면 일년 중 낮이 가장 짧고 밤이 가장 긴 동지(冬至)가 됩니다. 동지라는 한자는 말 그대로 '겨울에 이르렀', '본격적인 겨울이 시작되었다'는 뜻입니다. 동지를 기점으로 하지(夏至)까지 낮이 조금씩 길어집니다.

고대인들은 동지를 태양이 죽음으로부터 부활하는 날로 보았습니다. 그래서 생명과 광명의 주인(비로자나 법신), 태양신에 대한 축제를 했습니다. 새해가 시작되는 날로 보았기에 동지를 아세(亞歲) 또는 '작은 설'로 부르기도 했습니다.

고대 동양의 여러 나라에서는 동지 때 임금이 천지(天地)에 제사를 지냈으며 신하들의 조하(朝賀)를 받았다고 합니다. 이런 풍습과 관념은 오늘날까지 계승되어 "동지를 지나야 한 살 더 먹는다.", "동지팥죽을 먹어야 진짜 나이를 한 살 더 먹는다."는 말이 생겼으며 날씨가 춥고 밤이 길어 호랑이가 교미를 한다고 하여 동지를 '호랑이 장가가는 날'로 부르기도 했습니다.

신라 · 고려 시대에는 동지 때 중동팔관회(仲冬八關會)를 열었습니다. 또한 『동국세시기(東國歲時記)』에 따르면 관상감(觀象監)이란 관청에서 새해의 달력을 만들어 궁에 바쳤다고 합니다. 이때 나라에서는 이 책에 동문지보(同文之寶)라는 어새를 찍어 백관에게 나누어 주었습니다.

이 달력은 표지 색깔에 따라 황장력(黃粧曆), 청장력(靑粧曆), 백장력(白粧曆) 등으로 구분되었는데 달력을 받은 관원들은 이를 친지들에게 나누어주었습니다. 이렇게 동지 때 달력을 나눠주는 풍습은 단오 때 부채를 주고받는 풍속과 아울러 하서동력(夏扇冬曆)이라 불렀습니다. 이같은 동지의 의미와 풍속을 알려주는 시도 전해집니다.

동지는 명절이라 일양(一陽)이 생(生)하도다
시식(時食)으로 팥죽 쑤어 이웃과 즐기리로다
새 책력 반포하니 절후가 어떠한고
해 짧아 덧없고 밤 길어 지루하도다.

이 시에서처럼 동지 때 먹는 음식으로는 팥죽을 대표적으로 들 수 있지만 그 밖에도 메밀국수, 생면, 잡채, 배, 밤, 쇠고기, 돼지고기 등도 즐겨 먹었다고 합니다. 특히 동지 때는 팥죽을 뿌리는 풍습이 있는데 『삼국유사』에는 이와 관련된 다음과 같은 이야기가 전하고 있습니다.

신라 선덕여왕은 황룡사와 분황사를 찾아가 조석(朝夕)으로 예불을 드렸습니다. 그런데 선덕여왕을 짝사랑하던 지귀(志貴)라는 청년이 하루는 여왕의 행차길에 뛰어들어 한 번만 만나 달라고 애원했습니다. 그때 선덕여왕은 황룡사에 참배하고 돌아올 때까지 기다리라고 분부한 뒤 법당으로 들어갔습니다.

하지만 아무리 기다려도 여왕이 나오지 않자 지귀는 애가 탄 나머지 홧병으로 죽어 지귀(志鬼)가 되었다고 합니다. 총각귀신이 되어 민가에 마구 행패를 부리자 그때부터 사람들은 그 행패를 막기 위해 절에 불공을 드렸고 팥죽을 뿌려 악귀의 작폐를 막았다고 합니다.

그 뒤로 각 사찰에서는 동지 때 불공을 하고 불전에 올렸던 팥죽을 나눠 먹으면서 악귀를 물리치고 액땜하는 풍습이 생겼다고 합니다.

동지팥죽에 얽힌 이야기는 이 밖에도 여러 가지가 있는데 그 중 마곡사 응진전 나한님과 팥죽이야기를 소개합니다.

마곡사의 한 사미승이 동지가 되어 팥죽을 끓이려고 했습니다. 그런데 불씨가 꺼져 산내 암자로 불씨를 얻으러 가니 그곳 스님이 "조금 전에도 불씨를 얻어갔다."고 말하는 것입니다. 사미승이 불씨를 얻어 급히 큰절로 돌아가 보니 가마솥 아궁이에 장작이 훨훨 타고 가마솥에서는 팥죽이 펄펄 끓고 있었습니다.

사미승은 고개를 갸우뚱하며 '신기한 일도 다 있군. 누가 나 대신 팥죽을 끓였을까? 어쨌든 다행이다.'라고 생각하며 팥죽을 퍼 법당 등에 차례대로 올린 다음 응진전에도 공양을 올리려고 들어갔습니다. 그런데 그곳 나한님 입가에 팥죽이 묻어 있었다고 합니다. 응진전 나한님이 사미승을 대신해 팥죽을 끓여주었던 것입니다.

동지는 우리 불자님들에게 여러 가지 교훈을 줍니다.

낮이 가장 짧은 것은 우리 인생도 이처럼 짧다는 것을 말합니다. 또 밤이 가장 긴 것은 우리 인생도 고난과 시련의 연속이라는 것을 뜻합니다. 팥죽을 끓여 액땜을 하는 것은 기도와 참회로 해원(解冤)한다는 의미가 있습니다.

잡귀와 악신이 팥을 두려워하는 것처럼 삿된 업을 기도와 불공으로 쫓아내며 복을 짓고 지극한 정성으로 공덕을 쌓기 바랍니다.

인생은 생각의 산물

우리가 세상을 살아가는 데는 여러 가지 장애가 따릅니다.

예를 들어 생명의 위협을 받다 죽는다거나 부당한 손실, 강도, 강탈을 당해 직장이나 재물, 사람을 잃거나 빼앗기게 됩니다. 때로는 잘못된 길, 삿된 길로 빠져 인생을 망치거나 몸과 마음이 탁하고 어두워 삿된 삶을 살게 됩니다. 남에게 이용당하거나 사기를 당하는 것도 인생의 장애라 할 수 있습니다.

이와 같은 여러 가지 불신의 요소는 혼탁한 사회와 가정을 만듭니다. 남을 위협하거나 사회를 혼탁하게 만드는 사람과 함께 하면 자신도 그렇게 됩니다. 무식한 사람이 부패하면 자신을 망치고 권력자가 부패하면 나라를 망친다는 말이 있습니다.

따라서 부귀공명을 누리면서 살고자 한다면 먼저 후덕한 마음을 가져야 하며 부지런히 일하고 검소하게 살면서도 남에게 베풀 줄 알아야 합니다.

언제나 긍정적으로 생각하십시오. 항상 원하는 바를 생각하십시오. 무의식은 모든 사고(思考)의 집합체입니다. 생각이 행동과 결과를 만듭니다.

만약 '나는 지금 행복하다. 사랑으로 가득 차 있다. 따라서 나는 이 세상에 꼭 필요한 사람이다.'라고 생각하면 그대로 이루어집니다. 마음의 지시대로 움직이는 것입니다. 자신도 모르게 무한대의 잠재력이 솟아 뜻대로 이루어집니다.

인생의 모든 현상은 생각의 결과입니다. 마음속에 떠올린 그대로 이뤄집니다. 마음 속으로 간절히 바라면 반드시 실현됩니다. 마음이 그리는 대로 됩니다.

태양이 선악을 가리지 않듯이 법칙은 차별이 없습니다. 우주를 지배하는 위대한 힘, 즉 붓다는 곧 무한대의 잠재능력입니다. 이것이 바로 불성광명(佛性光明)입니다. 잠재력은 바라는 소망을 이루어줍니다.

좋은 일을 생각하면 좋은 일이 생기고, 나쁜 일을 생각하면 나쁜 일이 생깁니다. 그러니까 성공의 이미지, 행복의 이미지, 감사의 이미지를 가져야 합니다. 긍정적인 사고와 좋은 습관을 길러야 합니다.

필요하면 무엇이든 충족됩니다. 우린 본래 풍요롭게 살도록 태어났습니다. 풍요로운 생활, 행복한 인생, 자신의 소망을 성취할 수 있다고 믿는 게 성공의 시작입니다.

다시 말하자면 인생의 모든 것은 생각의 산물입니다. 반드시 원하는 게 생깁니다. 누구나 자기 곁에 풍요로운 부귀가 있습니다. 공기와 물, 태양처럼 풍부하게 있습니다.

땅속에 금, 은, 보석, 석유 등 헤아릴 수 없는 자원이 있듯이 내 안에는 무엇이든 다 있습니다. 꺼내쓰기만 하면 됩니다.

나는 불보살님의 충만한 법기(法器)로 모두 내게 감명받고 축복받으며 치유되고 발심하여 용기를 갖게 될 것입니다. 용기와 활력, 축복으로 기뻐하게 될 것입니다.

우주의 법칙은 올바르고 건강합니다. 잘못된 생각이 재난을 부릅니다. 믿어야 할 것은 신(神)이 아니라 생명의 신념이며 마음의 법칙입니다. 우주를 지배하는 힘을 믿는다면 그 힘은 언제나 여러분과 함께 하고 있습니다. 이것이 부처님 말씀입니다.

설날과 동이족

　우리 민족은 음력 1월 1일을 설날이라고 부릅니다. 한자로는 원조(元朝) 또는 원단(元旦)이라 부르는 이 날을 설날이라고 부르게 된 몇 가지 이야기가 있습니다. 이를테면 나이 먹기가 서러워서, 새해 첫날이라, 낯이 설어서 설날이라고 부른다는 것입니다.

　설날이 되면 집집마다 음식을 차려놓고 조상님들께 새해 인사의 차례를 올리고 집안 어른들께 세배하며 이때 어른들은 덕담을 해줍니다.

　우리나라는 예로부터 동방예의지국(東方禮儀之國)으로 불려왔습니다. 동방예의지국이란 고대 중국인들이 우리나라를 예의가 밝은 민족의 나라라고 평했다는 데 근거한 말입니다.

　『산해경(山海經)』에 의하면 중국인들은 우리나라를 해 뜨는 동방의 예의지국 또는 군자국(君子國)으로 일컬어 왔다고 합니다. 공자(孔子)도 자신의 평생소원이 뗏목이라도 타고 조선에 가서 예의를 배우는 것이라고 하였다는 이야기도 전하고 있습니다.

　또한 후한(後漢)의 역사를 기록한 『후한서(後漢書)』「동이열전(東夷列傳)」과 발해 고왕(高王)의 아우인 대야발(大野勃)이 편찬한 『단기고사(檀奇古史)』 등에도 동방예의지국의 유래에 얽힌 다음과 같은 기록이 있습니다.

- 동이(東夷)는 단군(檀君)이 나라를 세우니 중국의 요(堯)와 같다.
- 중국의 황제가 동이의 자부선인(紫府仙人)에게서 배우고 내황문(內皇文)을 받아와 염제(炎帝) 다음 임금이 되어 생활문화를 일으켰다.
- 동이의 순(舜)이 요(堯)의 다음 임금이 되어 오교(五敎)와 오륜(五倫)을 가르쳤다.
- 동이는 크고 강했지만 교만하거나 남의 나라를 침범하지 않았다.
- 동이의 소련(少蓮)과 대련(大蓮) 형제가 효성이 극진하여 공자가 칭찬했다.
- 풍속순후(風俗淳厚) 행자양로(行者讓路) 식자추반(食者推飯) 남녀이처(男女異處) 이부동성(而不同席) 가위(可謂) 동방예의지(東方禮儀之) 군자국야(君子國也) : 풍속이 순후해서 길을 양보하며, 밥을 미루고 남녀가 섞이지 않으니 동방에 있는 예절의 군자국이라 할 것이다.
- 공자가 칭찬해 "동이에서 살고 싶다."고 하면서 누추하지 않다고 했다.

　기원전 5세기 초 공자가 엮은 것으로 알려진 역사서인 『춘추(春秋)』에는 중화의 사방에 있는 이민족을 동이(東夷), 서융(西戎), 남만(南蠻), 북적(北狄)이라고 표현했습니다. 동쪽 민족은 큰 활〔대궁(大弓)〕을 잘 쏘고, 서쪽 민족은 창칼〔과도(戈刀)〕을 잘 쓰며, 남쪽 민족은 벌레〔충(虫)〕가 많고, 북쪽 민족은 고기를 구워 먹는〔육화(肉火)〕다는 각 민족의 특징을 적었던 것입니다.
　여기에서 유래해 동이족은 서융, 남만, 북적과 함께 '동쪽의 오랑캐'로 인식되었습니다. 하지만 동이(東夷)의 이(夷)는 오랑캐란 의미가 아닙니다. 맹자(孟子)는 "문왕(文王)은 서이지인(西夷之人), 순(舜)은 동이지인야(東夷之人也)."고 했습니다. 즉 동이는 동쪽에 사는 사람이란

뜻으로 해석할 수 있으며 사람다운 사람의 대(大)와 활을 잘 만들고
잘 쏘기 때문에 궁(弓)자를 합쳐 이(夷)라고 불렀습니다. 또 이(夷)는
어질 인(仁)의 옛글자이기도 합니다.

따라서 동이는 오랑캐가 아니라 동쪽나라 사람, 어진 사람, 온화하
다, 안온하다, 평평하다, 기뻐하다, 크다, 평정하다, 무리, 떳떳하다, 쉽
다, 명백하다, 편하다 등의 뜻으로 쓰였습니다. (『동이열전』, 경전 문헌,
『서전』, 『논어』, 『맹자』, 『소학』, 『통감』, 『후한서』 등 참조)

한편 중국 후한 때 허신(許愼)이 편찬한 자전 『설문해자說文解字』에
는 동이에 대해 다음처럼 풀이하고 있습니다.

'이(夷)'는 동방의 사람이다. '큰 대(大)'와 '활 궁(弓)'에서 유래하였다.
사람은 대개 그 사는 땅에 따라서 성격이 결정된다. 오직 동이(東夷)만
이 '큰 대(大)'에서 유래하였고, 큰 성품을 가지고 있는 사람들이다. 동이
(東夷)의 풍속은 어질고(仁) 어질면 장수하므로 군자가 끊이지 않는 나
라이다. 생각컨대, 하늘은 크고 땅도 크며 사람도 역시 그 성품이 크다.
'큰 대(大)'는 사람의 형상을 본 뜬 것인데, '이(夷)'의 옛 전자(篆字)는
'큰 대(大)'에서 유래하였다. 즉, 동이는 하(夏)나라 사람과 더불어 다르
지 않다. 하나라 사람은 옛 중국 사람이다. '활 궁(弓)'에서 유래되었다
는 것은 숙신씨(肅愼氏)가 고시(楛矢) 또는 석노(石砮) 같은 종류를 헌납
한 것을 말한다. 이지절(以脂切), 즉 발음이 '이'이며, 15부(部)이다.
동이가 하나라 사람과 더불어 다르지 않다는 것은 하나라 사람이 동이
의 후예라는 뜻이다.
시경(詩經)의 『출차(出車)』, 『절남산(節南山)』, 『상유(桑柔)』, 『소민(召旻)』

등에서 모두 전하기를, '이(夷)'는 '평(平)'이라 하였다. 이와 더불어 군자는 '이(夷)'와 같다.

『공이전(孔夷傳)』에는 '이(夷)'를 행하면 복을 받는다라고 기록되어 있다. '이(夷)'와 '이(易)'는 같은 뜻이다. '이(夷)'는 '평등할 이(易)'의 가차자이다. '이(易)' 역시 '평등할 평(平)'의 뜻이다. 따라서 '이(夷)'자를 빌려 써서 '평등함'이 되었다.

군자는 공평하고 사사로움이 없으며, 모두를 평등하게 대한다는 뜻이다. (이하 생략)

이처럼 이(夷)자는 오랑캐라는 뜻이 아니라 동쪽에 사는 사람, 어진 사람, 어질다, 평평하다, 온화하다, 안온하다, 기뻐하다, 크다, 평정하다, 무리, 떳떳하다, 쉽다, 명백하다, 편하다 등의 뜻으로 쓰입니다. 따라서 오랑캐라는 해석은 우리나라 사람만 쓰는 자기비하적인 표현입니다.

질병을 치유하는 올바른 신행

인과법(因果法)을 중시하는 불교에서는 '선인선과(善因善果) 악인악과(惡因惡果)'라고 했습니다. 이 세상에 인과 아닌 게 없습니다. 남을 때리면 맞을 일이 생기고 속이면 속을 일이 생깁니다. 주고받으며 빚을 지고 빚을 갚는 것입니다.

사백사병(四百四病)은 모두 몸과 마음으로 나타납니다.

사람들은 본래 병(病)이라는 게 없었습니다. 하지만 업보로 인해 갖가지 병을 앓게 되는 것입니다. 만약 전생에 다른 사람을 때리거나 물건을 빼앗고 가두고 훔치는 등 여러 가지로 남을 괴롭혔다면 금생에는 그 업보로 인해 갖가지 병고를 앓게 되며 온갖 장애로 고생하게 됩니다.

우리가 앓게 되는 병들을 크게 나누면 호흡과 음식, 한열(寒熱)과 외상(外傷), 정신 관계, 세균 등이 그 원인입니다. 그런데 이 병들은 모두 지수화풍(地水火風)의 사대(四大)가 불순하여 생기는 것입니다. 그렇기에 우리가 가진 업보를 참회와 기도, 청정한 마음, 바른 마음으로 씻어내야 합니다. 올바른 신행을 하면 질병도 사라집니다.

화난 마음, 우울한 마음, 미움, 분노, 걱정하는 마음으로 음식을 먹으면 소화도 잘 안 되며 병이 됩니다. 그러나 기쁜 마음, 감사한 마음, 즐거운 마음을 가지고 있으면 병도, 재앙도 사라집니다.

불평불만을 가지면 질병이 생기는데 이것은 마음의 파장이 나빠지기 때문입니다. 따라서 받는 것보다 주는 일에 익숙해야 합니다. 과거의 불행을 마음속에 되풀이하지 마십시오. 화를 내고 짜증낼 때 마음에 독심(毒心)이 일어납니다.

성내는 마음, 즉 진심(嗔心)에서 재앙이 일어납니다. 어떤 연구에 따르면 사람이 화를 한번 내면 백혈구가 5만 개나 파괴된다고 합니다. 그러니까 진심이나 삼독심(三毒心)은 만병의 원인이라고 할 수 있습니다. 또 육신에 대한 애착이 심하면 몸에 병이 옵니다.

반대로 몸이 아프더라도 마음을 잘 바치면 건강해집니다. 모든 생각, 모든 것을 부처님께 바치고 위하면 복이 찾아옵니다. 우리에게 다치는 모든 재앙은 전생이나 금생에 지은 업에서 비롯됩니다. 마음에 좋고 싫음이 남아있으면 업이 남게 됩니다. 그리고 어떤 사람이 선심 또는 악심을 내면 그 파장이 주위에 확산되는 것입니다.

『천수경』에는,

소원종심실원만(所願從心悉圓滿)
원하는 바 이 마음 따라 모두 원만하여지이다.

라는 말씀이 있습니다.

또 『법화경』「여래수량품」에는 다음과 같은 말씀이 있습니다.

자종시래(自從是來) 아상재차사바세계(我常在此娑婆世界)
이때부터 지금까지 나(석가모니 부처님)는 항상 이 이 사바세계에 있으

면서

설법교화(說法敎化)
설법교화했느니라.

역어여처(亦於餘處) 백천만억나유타아승지국(百千萬億那由陀阿僧祇國)
또한 다른 곳, 백천만억나유타아승지의 무수한 나라에서도

도리중생(導利衆生)
중생을 이끌고 이익하게 했다.

이 말씀처럼 부처님께서는 언제, 어디서나, 누구에게든 끊임없이 중생들을 이롭게 해주셨습니다. 부처님은 복과 지혜가 구족하시고 신통력이 자유자재하신 분이니 부처님께 귀의한 우리는 두려워하거나 걱정할 게 아무것도 없습니다. 그렇기에 우리가 행복하고 안정된 삶을 살고 소원을 이루려면 부처님께 기도해야 합니다. 정법에 의지해 희망을 갖고 정진하며 기도한다면 소원을 성취할 수 있습니다.

바른 생각과 바른 언행, 바른 생활, 바른 믿음을 가지고 살면 행복하고 성공할 것이며 장수를 누릴 것입니다.

원망을 원망으로 갚지 말라

　불교에서는 '예수공덕재'라는 의식이 있습니다. 쉽게 말하면 죽은 뒤의 자신을 위해 공덕을 미리 닦는다는 뜻입니다. 이런 의식은 가을에 열매를 거두기 위해 봄부터 씨를 뿌려 가꾸는 이치와 같습니다.
　『불설관정경』 11권, 『지장본원경』 등에는 예수공덕재를 할 때 다음과 같은 공덕을 쌓게 된다는 말씀이 나옵니다.

- 빈곤의 고통에서 벗어남.
- 장수함.
- 선망부모가 극락왕생함.
- 생사의 공포가 없음.
- 건강하게 생활할 수 있음.
- 지혜와 인품을 갖출 수 있음.
- 권속이 화합할 수 있음.
- 재물이 풍요하게 됨.
- 지혜와 인품을 갖추게 됨.
- 명예가 높아짐.
- 명부의 저승사자가 공경함.

이처럼 예수재를 지내면 세세생생 아미타불, 관세음보살, 대세지보살의 옹호를 받게 됩니다. 따라서 그 어떤 천도보다 자신의 천도가 시급합니다. 준비하지 않으면 미래세가 캄캄해지기 때문입니다.

사람이 죽을 때 원한이나 탐욕, 집착에 빠지면 그대로 실행된다고 합니다. 욕심냈던 것들을 자기 것으로 생각하게 되어 그것을 남이 쓰는 것으로 여겨 악행을 저지르게 됩니다. 그 결과 부도가 나거나 도적을 맞는가 하면 사고와 재난이 생기며 재산을 낭비하고 방탕한 생활을 하게 됩니다. 따라서 산사람이든 죽은 사람이든 업장을 녹여야 합니다. 해원(解冤)을 해야 합니다.

『법구경』에 이런 말씀이 있습니다.

불호책피(不好責彼)　남의 허물을 꾸짖지 말고
무자성신(務自省身)　힘 써 자신을 되살펴 보라
여유지차(如有知此)　사람이 만일 이것을 안다면
영멸무환(永滅無患)　영원토록 근심 걱정 없으리라.

해원의 중요함을 일깨우는 일화가 있습니다.

중국 수나라 때 천태종(天台宗)을 개창한 천태지의(天台智顗) 대사는 지관(止觀)을 닦아 삼세의 인과를 깨달은 분입니다. 하루는 지의대사가 지관삼매에 잠겼을 때 멧돼지 한 마리가 몸에 화살을 맞고 피를 흘리면서 지나갔습니다. 곧이어 사냥꾼이 쫓아와서 스님을 보고 물었습니다.

"스님, 방금 전 멧돼지 한 마리가 이곳으로 지나가는 것을 보지 못했습니까?"

그러자 천태 스님은 이렇게 답했습니다.

"그대는 멧돼지를 찾지 말고 그 활을 버리시오."

사냥꾼이 어이없다는 표정을 지으며 그 이유를 물었습니다. 그때 천태 스님이 이런 이야기를 들려주었습니다.

"내가 방금 전 피를 흘리며 지나가는 멧돼지와 당신을 보니 그대들의 삼세인과가 훤히 보였습니다. 옛날에 한 까마귀가 배나무에 앉아 배를 쪼아 먹고 무심코 날아갈 때 나무가 흔들리는 바람에 배가 떨어졌습니다. 그때 마침 그 나무 아래서 볕을 쬐고 있던 뱀이 떨어진 배에 머리를 맞아 죽고 말았습니다.

그렇게 죽게 된 뱀은 다음 생에는 멧돼지로 환생했고, 까마귀는 꿩으로 환생했습니다. 어느 날 그 꿩이 숲속에서 알을 품고 있었는데 때마침 그 멧돼지가 흙을 캐어 먹다가 돌멩이를 건드려 그 돌멩이가 굴러떨어졌고 새끼를 품고 있던 꿩이 돌멩이에 치어 죽고 말았습니다.

그처럼 어처구니없이 죽게 된 꿩은 그 다음 생에 사람으로 태어나 사냥꾼이 되었으며 자신을 죽게 만든 멧돼지를 활로 쏘아서 죽이려 했던 것이오. 그것이 그 멧돼지와 그대 사이에 얽힌 전생의 악연이라오.

서로 모르고 저지른 죄라 해도 인과(因果)란 이런 것이니 더 큰 원한과 악연을 저지르지 않으려면 이제 그만 당신의 활을 버려야 한단 말이오."

이 말을 듣고 난 사냥꾼은 크게 느낀 바가 있어 활을 꺾어 멀리 버리고 천태 스님에게 "다시는 살생을 하지 않겠습니다."라고 다짐했습니다. 이때 천태 스님이 남긴 게송이 다음처럼 전해지고 있습니다.

오비이락파사두(烏飛梨落破蛇頭)

까마귀 날자 배가 떨어져 뱀을 죽였네

사변저위석전치(蛇變猪爲石轉雉)

죽은 뱀 멧돼지 되어 돌 굴려 꿩을 죽였네

치작엽인욕사저(雉作獵人欲射猪)

그 꿩 사냥꾼 되어 멧돼지를 잡으려 하나

도순위설해원결(導順爲說解怨結)

이제 내가 그 인연을 밝혀 원한 풀어주리라.

또 이런 실화(實話)도 있습니다.

어떤 처사가 상처(喪妻) 후 재혼을 했습니다. 그런데 죽은 부인이 보니 다른 여자가 남편과 집을 모두 차지한 채 살고 있으니 그냥 두고 볼 수가 없었습니다. 그래서 그 집에 병난과 재난을 일으켰습니다.

그 결과 재혼한 새 부인은 얼마 후 시름시름 앓다가 죽었으며 남편은 충격을 받아 몸져눕게 됩니다. 뿐만 아니라 시동생은 교통사고로 병원에 입원했고 사업장 창고에는 불이 나서 전소되었다고 합니다. 이 모든 일은 죽은 전처의 원한 때문에 일어난 것입니다.

그래서 내가 천도재를 지내줄 때 영가에게 이렇게 말한 바 있습니다.

"영가여! 무상하고 허망한 것을 있는 것으로 알고 집착하니 사랑하는 사람은 마음에서 놓아버리고 일생 동안 애지중지하던 육신도 놓아버리고 마음을 허공같이 비워야 합니다. 눈에 보이는 현상에 집착 말고 모두가 무상한 줄 알고 초연해야 해탈할 수 있습니다. 아무리 소중한 것도 내 것이 아니니 초연하소서."

『법구경』에는 원망을 원망으로 갚지 말라는 부처님 말씀이 있습니다.

불가원이원(不可怨以怨)　원망을 원망으로 갚으려 하면
종이득휴식(終以得休息)　원망은 끝내 그치지 않으리
행인득식원(行忍得息怨)　오로지 참는 것만이 원망을 쉬게 하나니
차명여래법(此名如來法)　이것이 바로 여래의 가르침이니라.

행복의 조건

　한국의 2018~2020년 평균 국가 행복지수는 10점 만점에 5.85점을 기록했습니다. 전체 조사 대상 149개국 중 62위이며, OECD 37개국 중 35위에 해당하는 수치입니다. KDI 경제정보센터는 '세계 10위 경제 대국인 한국이 국민 삶의 만족도는 OECD 최하위권'이라고 분석했다고 합니다. 다시 말해 한국인들은 대체로 자신들이 불행하다고 생각한다는 것입니다.

　이와 같은 행복지수란 국내총생산(GDP) 등 경제적 가치뿐 아니라 삶의 만족도, 미래에 대한 기대, 실업률, 자부심, 희망, 사랑 등 인간의 행복과 삶의 질을 포괄적으로 고려해서 측정하는 지표를 말합니다. 한국이 경제 강국이라지만 삶의 만족도나 미래에 대한 기대 등이 낮으니 행복지수가 떨어지는 것입니다.

　유럽 각국을 침략해 세력을 팽창했으며 프랑스의 군인, 제1통령, 프랑스 최초의 황제를 지냈던 나폴레옹은 '내 일생 중 행복한 날은 고작 1주일 정도'라고 말한 적이 있습니다. 나폴레옹이 러시아 원정에 실패해 엘바 섬에 유배되었고, 워털루 전투에서 패배해 세인트 헬레나 섬에 유배되었다가 쓸쓸하게 세상을 떠났으니 그런 말을 했을법도 합니다.

　반면 미국의 작가이자 사회복지사업가, 그리고 시각·청각 장애인으로서 세계 최초로 대학교육을 받았던 헬렌 켈러는 자신이 '날마다 행복하다'고 말했습니다. 헬렌 켈러는 한평생 장애인들을 위한 교육과 사회복지시설의 개선을 위해 앞장섰고, 여성과 노동자 등 소외된 사람들의 인권을 위해 사회운동을 펼쳤기에 행복한 나날을 보냈던 것입니다.

또한 독일의 유복한 집안에서 태어나 24세 때 철학박사와 신학박사 학위를 취득했고 음악에도 조예가 깊었던 슈바이처는 대학교수직에서 물러난 뒤 30세에 다시 의학박사 학위를 취득했습니다. 그런 다음 아프리카의 오지로 떠나 90세까지 원주민 치료에 전념하다가 세상을 떠났습니다. 슈바이처는 아프리카에서 봉사한 일에 대해 "나는 내가 받은 행복에 대한 보답으로 그들을 행복하게 해야 할 의무가 있다."고 말했습니다.

이처럼 헬렌 켈러나 슈바이처 등 극히 일부 사람들을 빼면 일반적으로는 자신이 행복하다고 생각하는 사람보다는 불행하다고 생각하는 사람들이 많은 게 현실입니다. 그렇기에 불행과 죽음에 대한 공포심에서 벗어나는 게 행복의 조건이라고 합니다.

사실 행복의 조건은 문화나 시대에 따라 조금씩 차이가 있습니다.

유교에서는 장수하는 것(수(壽)), 물질적으로 넉넉하게 사는 것(부(富)), 몸이 건강하고 마음이 편안한 것(강령(康寧)), 도덕 지키기를 좋아하는 것(유호덕(攸好德)), 명대로 살다가 편히 죽는 것(고종명(考終命)) 등의 오복론(五福論)을 제시하고 있습니다.

일반 서민들은 치아가 좋은 것, 자손을 많이 둔 것, 부부가 해로하는 것, 손님을 대접할 만한 재산이 있는 것, 명당에 묻히는 것 등을 행복의 조건으로 삼았습니다.

현대인들은 건강한 몸, 서로 아끼면서 지내는 배우자 복, 자식에게 의지하지 않을만한 재산복, 생활의 리듬과 삶의 보람을 가질 수 있는 적당한 소일거리, 나를 알아주는 친구를 가지는 복 등을 행복의 조건으로 생각한다고 합니다.

사람들은 누구나 돈으로는 살 수 없는 행복을 원합니다. 행복은 성격이나 습관에 따라 오갈 수 있습니다. 다시 말하면 마음을 어떻게 쓰느냐에 따라 행복을 느끼는 지수가 달라집니다.

불교의 육바라밀(六波羅密)과 행복을 대비하면 이런 서원을 세울 수 있습니다.

- 보시(布施)로써 따뜻한 세상을,
- 지계(持戒)로써 정의로운 세상을,
- 인욕(忍辱)으로써 평화로운 세상을,
- 정진(精進)으로써 성숙한 세상을,
- 선정(禪定)으로써 맑은 세상을,
- 지혜(智慧)로써 밝은 세상을 만들어 가도록 보살펴 주소서.

태아도 생명이다

요즘 젊은이들의 결혼율이나 출산율이 현저하게 떨어진 가운데 양심적인 가책도 없이 낙태가 자행되고 있습니다. 태중의 아기도 엄연한 생명이기에 낙태를 쉽게 생각하는 것은 큰 죄악입니다.

충남 서산시의 한 산부인과 청소부가 자신이 겪은 이야기를 털어놓았습니다. 그 병원에선 하루에도 10건 이상의 낙태 수술이 있었는데 그럴 때마다 그 청소부는 낙태를 당한 핏덩이들을 치워야만 했습니다. 그냥 쓰레기통에 담아 버렸다고 하는데 하루는 핏덩이가 아니라 사람의 몸을 완전히 갖춘 어린 생명도 낙태를 하여 큰 충격을 받았습니다.

그때부터 그 청소부는 낙태된 태아를 그냥 버릴 수가 없어 하얀 천을 구입해 태아의 시신을 돌돌 말아 산기슭에 묻어주었다고 합니다. 그러자 그날 밤 꿈에 발가벗은 아기들 수십 명이 나타나 "아줌마, 나도 그렇게 천에 싸서 묻어주세요."하면서 울며 보챘다고 합니다. 할 수 없이 그 청소부는 병원 일을 그만두고 식당에 취직했다고 합니다.

1970년 초, 울산시에서 있었던 일입니다.

당시 48세였던 한 부인의 꿈에 죽은 막내 시누이가 나타나 "언니야, 나하고 살자."하고 보챘다고 합니다. 얼마 후 그 부인은 임신을 하게 됐는데 오십이 다 된 나이에 아이를 낳는 것도 창피하고 키울 일도 걱정이 되어 그만 낙태 수술을 하게 되었습니다.

그리고 며칠이 지나 마을 공동 우물에 물을 길러 갔습니다. 그때 우물 속에서 죽은 시누이가 솟아올랐는데 머리를 산발하고 피를 뚝뚝 흘리면서 그 부인에게 고함을 질렀다고 합니다. 부인은 그만 기절해 그 자리에서 쓰러진 뒤 계속 시름시름 앓게 되었습니다. 그러다가 울산 해남사에서 죽은 시누이를 위해 천도재를 올리고서야 차츰 건강을 회복했습니다.

이런 예화들처럼 낙태는 무서운 원결(怨結)을 맺는 행위입니다. 태아들은 양수 속에 있다가 수술기구가 들어오면 깜짝 놀라 자궁의 벽 쪽으로 피해 달아난다고 합니다. 아무리 태아라 해도 세상에 태어나 살고자 하는 애착이 있는 생명체입니다. 따라서 함부로 낙태를 해선 안 되며 만약 불가피하게 낙태한 경우라면 최소한의 격식을 갖춰야 합니다.

일본의 경우 작은 용기에 태아를 담아 전문처리 용역회사에 맡겨 정중히 화장(火葬)하고 지정사찰에 모신다고 합니다. 태아의 영가를 천도하고 불공을 올리거나 유골을 봉안하는 사찰이 2천 곳이 넘는다는 통계도 있습니다.

사람들은 조상을 천도하거나 49재 등을 곧잘 지내지만 낙태된 영가를 천도하는 경우는 드뭅니다. 태아의 영가도 천도해야 합니다.

울산 학성선원의 조실이신 우룡 스님의 경험담입니다.

우란분재 때 천도재를 지내던 우룡 스님에게 40대 중반쯤 되는 보살에게 7~8명의 아이들이 달라붙어 끌고 꼬집으며 잡아당기는 모습이 보였습니다. 그 보살은 큰아들이 아파 많은 걱정을 하고 있었습니다.

그 뒤 2년이 지나 그 보살이 우룡 스님을 찾아와 힘든 일을 하소연 했습니다. 그때 스님이 "혹시 낙태수술을 했습니까?"하고 물으니 결혼 전에 한 번, 결혼 후에 일곱 번의 낙태수술을 한 뒤 지금의 아들을 낳 았다고 대답했습니다.

우룡 스님은 그 아이들의 영가가 보살의 몸에 달라붙어 우환이 끊 임없다는 것을 알고는 태아의 영가천도재를 올리도록 했습니다. 그러 자 부인과 장남의 병이 모두 깨끗이 나았다고 합니다.

이런 일도 있었습니다.

어떤 보살이 여섯 번의 낙태수술을 했는데 그만 자궁암에 걸렸습 니다. 하루는 그 보살이 이상한 꿈을 꾸었습니다. 절 입구에서 아이 들이 배고프다고 아우성을 치며 먹을 것을 달라며 따라다니는 꿈이었 습니다.

이튿날 아침 보살은 다니던 절에 백중기도 접수를 할 때 이름 모를 영가, 낙태된 영가를 천도하는 위패도 모시고 집에 돌아와 기도를 했 습니다. 그러자 꿈속의 아이들이 말끔한 모습으로 법당 앞에 줄을 서 더니 한 명씩 위패 앞에서 사라져 갔습니다. 그런 일이 있은 뒤 보살 의 자궁암은 저절로 치유되었다고 합니다.

이 밖에도 태아 영가를 천도하여 우환을 없애고 앓던 병을 씻은 듯 낫게 된 사례는 수없이 많습니다. 태아도 생명임을 명심하고 함부로 낙태하지 말 것이며 만약 불가피하게 낙태를 했다면 반드시 그 영가 를 천도해줄 것을 거듭 당부합니다.

당신은 부처입니다

『화엄경』「여래출현품」에 이런 말씀이 있습니다.

불자들이여, 어느 곳이든 여래의 지혜가 이르지 않는 곳이 없다.
그 어떤 한 중생도 여래의 지혜를 갖추지 않은 사람이 없기 때문이다.
다만 스스로 그렇지 못하다는 잘못된 생각,
부처님과 중생은 다르다는 전도(顚倒)된 생각,
또 그것이 집착이 되어 깨닫지 못할 뿐이다.
만약 그와 같은 잘못된 생각만 버린다면
일체 존재의 실상을 아는 지혜,
자신에게 본래부터 저절로 갖춰져 있는 지혜,
무엇에도 걸림이 없는 지혜가 앞에 나타나게 되리라.

『화엄경』은 세상의 모든 존재, 특히 사람에 대한 바른 견해를 설파하신 경전입니다. 여기서 사람에 대한 바른 견해란, 사람은 누구의 종도 아니요, 죄업으로 뒤덮인 몹쓸 중생도 아니며 모두가 여래의 지혜를 그대로 간직하고 있는 완전무결한 부처님들이라는 견해를 말합니다. 그렇기에 부처님도 "신기하고 또 신기하여라."라고 하셨습니다.
이와 같이 사람은 매우 존귀하고 소중한 부처님입니다.

사람은 살아 있는 부처님이자 성현이며 하느님이고 신(神)입니다. 그렇기에 사람을 받들어 섬기면 상대방도 행복하고 나도 행복해집니다. 이것이 세상 모든 사람들이 다 함께 행복하게 사는, 유일한 길입니다. 따라서 사람에 대한 올바른 견해를 먼저 가져야 합니다. 사람은 누구의 종이나 피조물이 아닙니다. 완전무결한 부처님이자 신이라는 것을 정견(正見)해야 합니다.

청정한 지혜는 미묘하고 원만하여서 그 자체가 스스로 공적(空寂)하니 이와 같은 공덕은 세상의 일로 구할 수가 없습니다. 중국에 선(禪)을 전하러 온 달마대사에게 양 무제가 물었습니다.

"어떤 것이 가장 성스러운 진리입니까?"

달마대사가 답했습니다.

"진리는 넓고 텅 비어서 성스러움이란 없습니다."

이 답변은 양 무제의 눈을 뜨게 할만한 것이지만 양 무제는 아직 그 뜻을 이해할 수가 없었습니다. 그래서 "내 앞에 서 있는 당신은 누굽니까?"라고 묻습니다. 이때 달마대사의 답변은 "오직 모를 뿐입니다."라고 했습니다.

이런 답변도 사람이 부처라는 인불사상(人佛思想)입니다. 육조혜능 스님도 "내 성품이 본래 청정하다는 사실을 내 어찌 알았으랴?"라고 말했습니다.

하루는 대주(大珠) 스님이 마조(馬祖) 스님을 찾아갔습니다. 마조 스님이 물었습니다.

"그대는 무엇을 구하려 여기까지 왔는가?"

"불법(佛法)을 구하고자 합니다."

대주 스님이 답하자 마조 스님이 다시 물었습니다.

"자기 집의 보배창고는 돌아보지 않고 집을 떠나 사방으로 돌아다니면서 무엇을 구하려 하는가? 나에게는 한 물건도 없는데 어떤 불법을 구하려 하는가?"

그러자 대주 스님이 절을 한 뒤 여쭸습니다.

"어떤 것이 대주 자신의 보배창고입니까?"

"지금 내게 묻고 있는 것이 너의 보배창고이다. 일체가 구족하여 조금도 모자람이 없고 사용(使用)이 자재한데 왜 밖에서 구하려 하는가?"

이 말을 듣고 난 대주 스님은 크게 깨닫고 본래의 자기 마음을 깨달았습니다.

삿된 견해의 폐해는 핵폭탄보다 무서운 것입니다. 탐욕, 무명과 같은 오염된 마음이 악업을 짓게 만듭니다.

한 사형수가 사형집행일이 다가오자 갑자기 살고 싶은 마음이 간절해졌습니다. 그런 나머지 감방 안을 기어 다니는 작은 벌레를 보고 부러워하며 '벌레가 되더라도 살고 싶다.'라는 글을 남겼다고 합니다.

이처럼 삶의 가치는 참으로 소중한 것입니다. 서로 상처를 내거나 죽이고 죽는 행위는 절대 해서는 안 될 일입니다. 부처님께서 첫 번째 계율을 불살생계(不殺生戒)로 정하신 것도 삶을 절대적인 가치로 여기셨기 때문입니다.

범부는 범부가 아니라 성인이요, 중생은 중생이 아니라 부처인 까닭에 무량공덕 생명입니다. 탐진치 안에 불법(佛法)을 모두 갖췄습니다. 탐진치가 모든 사람들의 평상심이며 평상심시도(平常心是道)라고 했습니다. 또한 일체법개시불법(一切法皆是佛法), 일체법이 모두 불법이라고 했습니다. 삶을 떠나서 달리 불법(佛法)이 없습니다. 그래서 당신은 부처님입니다.

부처님 은혜는 한량이 없다

부처님 탄생게는 익히 알려져 있습니다.

천상천하(天上天下)   하늘 위 하늘 아래,
유아독존(唯我獨尊)   나 홀로 존귀하네
삼계개고(三界皆苦)   삼계가 모두 고통스러우니
아당안지(我當安之)   내가 편안케 하리라.

이 게송은 세상 모든 중생들은 불성을 가지고 있으며 그 불성이 밝고 빛남을 선언하신 말씀입니다. 다시 말해 우리 인간은 인성과 신성 (神性), 불성을 모두 갖추고 있다는 뜻입니다.

부처님과 함께하면 나날이 좋은 날입니다. 정성과 간절한 마음만 있으면 됩니다. 부처님은 우리를 병고에서 구하시어 건강케 하시고 가난에서 구원하시어 풍요롭게 하시며 온갖 재난에서 구원하시어 행복하게 하십니다.

『법화경』「비유품」에는 "여래는 일체중생의 아버지이니 너희 모든 사람들은 모두 내 아들이요, 나는 곧 아버지이니라."는 말씀이 있습니다.

「방편품」에는 "이 사람은 내 아들이요, 나는 그의 아버지이니라."고 하셨으며 「여래수량품」에도 "나는 중생의 아버지이다."라고 하셨습니다. 따라서 천주교나 기독교에서 말하는 '아버지 하나님' 또는 '하나님 아버지'는 모두 『법화경』의 대목을 차용한 것으로 볼 수 있습니다.

「여래수량품」에는 "나는 항상 이 사바세계에서 법을 설하며 교화하고, 백천만억나유타 아승지국에서도 중생을 인도하여 이익케 하노라."는 말씀도 있습니다.

당나라 때 의정 스님이 번역한 『일백오십찬불송(一白五十讚佛頌)』에는 다음과 같은 게송이 있습니다.

세존최수승(世尊最殊勝)　　세존은 가장 높고 거룩하시어
선단제혹종(善斷諸惑種)　　모든 번뇌의 종자를 잘 끊으신다
무량승공덕(無量勝功德)　　한량없이 훌륭한 온갖 공덕이
총집여래신(總集如來身)　　부처님의 한 몸에 두루 갖추어졌네
유불가귀의(唯佛可歸依)　　오직 부처님께 의지할 것이며
가찬가승사(可讚可承事)　　찬탄하고 받들어 섬길지어다.

우리는 이처럼 부처님께 실이청정(悉以淸淨) 신어의업(身語意業) 상수예경(常修禮敬), 즉 청정한 몸과 말과 뜻으로 항상 예배하고 공경해야 합니다.

또한 여래의 크고 깊은 가르침을 배우고 익혀서 모든 이를 복되고 이익되게 하며 착한 마음, 바른 신심으로 인도하여 보리심을 여의지 않아야 합니다.

참으로 부처님 경계는 한량없으시고 그 덕은 끝이 없으니 스스로

큰 이익을 얻게 하시며 구원하십니다.

복혜급위광(福慧及威光)	복덕과 지혜, 위엄과 광명
수능지수량(誰能知數量)	뉘라서 그 수효를 헤아려 알 수 있을까
기아득인신(記我得人身)	생각컨대 내가 이제 사람 몸 얻어
문법생환희(聞法生歡喜)	법문 듣고 환희하는 마음 내는 일
비여거해내(譬如巨海內)	비유하면 큰 바다에 살고 있는
맹구우사혈(盲龜遇槎穴)	눈먼 거북이 나무등걸 구멍을 만난 것 같네
망념항수축(妄念恒隨逐)	허망한 마음 언제나 따라다니며
혹업수심갱(惑業隨深坑)	업과 번뇌 구렁에 빠지게 하니
고아이언사(故我以言詞)	내 이제 말과 노래 의지하여서
탄불실공덕(歎佛實功德)	부처님 참된 공덕 찬탄하리라.

부처님의 무량하신 은덕은 한량없으십니다. 부처님은 우리에게 지혜와 자비의 길을 열어 스스로 깨닫게 해주셨습니다. 따라서 부모님 은혜는 한 생의 은혜이지만 부처님 은혜는 영생의 은혜라 할 수 있습니다.

법공양의 공덕

　조선 시대의 일입니다. 유학자였던 이 진사는 평소에 불교와 스님들을 자주 비난하던 사람이었습니다.

　그러던 이 진사가 어느 날 길을 가다가 갑자기 소나기를 만나게 되었습니다. 마침 가까운 곳에 절이 있어 그곳으로 달려가 법당 처마 밑에 서서 비를 피했습니다. 법당 안에서는 무슨 경을 읽고 있었는데 가만히 귀를 기울여보니 "나무『대방광불화엄경』"이라는 말이 또렷이 들렸습니다.

　"『대방광불화엄경』이 다 무슨 헛소리야? 중들은 참으로 한심하군."

　이렇게 혼자 비아냥거리던 이 진사는 얼마 후 비가 그치자 자기 집으로 돌아가 낮잠이 들었습니다. 그때 그 집 머슴이 장작을 패고 있었는데 그 소리에 크게 놀란 이 진사는 세상을 떠나고 말았습니다. 그가 갑자기 숨지자 온 집안 식구가 엎드려 통곡했습니다.

　그 시간에 이 진사의 혼백은 저승을 맴돌게 되었습니다. 그러던 중 무사(武士)도 만나고 기생도 만났으며 신선들도 만나게 되었습니다. 그때 신선들은 흰 도포를 입고 마주 앉아 바둑을 두고 있었는데 이 진사는 그 모습이 참으로 보기 좋았습니다. 때마침 한 신선이 옷을 벗어 주기에 이 진사가 무심코 그것을 받아 입으려는 순간 허공에서 "나무『대방광불화엄경』!"하는 소리가 들려왔습니다. 그러더니 누군가가

이 진사를 꾸짖었습니다.

"부처님 경전을 한 번만 듣고 외워도 축생보(畜生報)를 면할 수 있는데 너는 왜 축생의 옷을 입으려 하는가? 냉큼 돌아가거라!"

그 호통에 깜짝 놀란 이 진사가 눈을 떠보니 온 가족이 둘러앉아 곡을 하고 있었습니다. 이 진사는 그제야 안도의 한숨을 내쉬었습니다. 통곡하던 가족들이 기함을 할 정도로 놀라며 이 진사가 다시 살아난 것을 기뻐했습니다.

이 진사가 저승길에서 본 기생은 뜰앞 연못에 있던 청개구리였으며 무사는 벌이었다고 합니다. 또 신선들은 그의 집에서 기르던 개가 낳은 강아지들이었습니다.

나중에야 그런 사실을 알게 된 이 진사는 크게 깨달은 바가 있어서 불교에 입문하기 위해 절로 출가해 남은 생을 경전을 독송하고 수행하는 데 바쳤다고 합니다.

이런 예화와 같이 생전에 부처님 경전은 물론 그 제목만이라도 한 번만 듣고 외워도 그런 공덕으로 축생의 과보를 면한다고 합니다. 따라서 매일처럼 독경과 예불을 게을리하지 않는 우리 불자님들은 모두 좋은 곳에서 극락왕생하실 것입니다.

불자님들은 지옥, 아귀, 축생의 삼악도(三惡道)에 떨어질 일이 결코 없습니다. 하지만 이 진사처럼 불교를 비난하고 비방하는 사람들에게 부처님 법문과 진리를 알려주어야 합니다. 그런 일도 공양이라고 할 수 있습니다. 여러 경전에는 보시와 공양의 공덕에 대해 자세한 말씀이 기록되어 있는데 다음의 『화엄경』「보현행원품」을 독송하며 공양하는 목적과 방법에 대해 한번 고찰해보시기 바랍니다.

기심신해(起深信解) 현전지견(現前知見)

깊은 믿음과 분명한 지견을 일으켜

실이상묘제공양구(悉以上妙諸供養具) 이위공양(而爲供養)

여러 가지 으뜸가는 묘한 공양구로 공양하되

제공양중(諸供養中) 법공양최(法供養最)

모든 공양 가운데는 법공양이 가장 으뜸이니,

소위여설수행공양(所謂如說修行供養)

이른바 부처님 말씀대로 수행하는 공양이며

이익중생공양(利益衆生供養)

중생들을 이롭게 하는 공양이며,

섭수중생공양(攝受衆生供養)

중생을 섭수하는 공양이며,

대중생고공양(代衆生苦供養)

중생의 고를 대신 받는 공양이며,

근수선근공양(勤修善根供養)

선근을 부지런히 닦는 공양이며,

불사보살업공양(不捨菩薩業供養)

보살업을 버리지 않는 공양이며,

불리보리심공양(不離菩提心供養)

보리심을 여의지 않는 공양이니라.

행법공양(行法供養) 즉득성취(則得成就) 공양여래(供養如來)

법공양을 행하면 곧 여래께 공양하기를 성취하나니,

여시수행(如是修行) 시진공양고(是眞供養故)

이러한 수행이 참된 공양이 되는 까닭이니라.

복덕을 누리는 길

예로부터 전생에 많은 공덕을 쌓고 현생에 큰 복덕을 누리는 이들이 많습니다. 그들의 재산과 행복, 권세를 보면 부러운 마음이 드는 게 인지상정입니다. 그렇다면 어떻게 해야 그런 복덕을 누릴 수 있을까요?

첫째는 무주상보시입니다.

중국 복건성 보전현에 임씨 집안의 노파가 있었습니다. 그 노파는 평소에 선행(善行) 베푸는 것을 좋아해 경단을 만들어 배고픈 이들에게 나눠주었다고 합니다. 언제, 어디서, 누가 찾아오든 사람을 가리지 않으며 조금도 싫어하지 않고 경단을 주었습니다.

그러자 어떤 선인(仙人)이 일반인처럼 변장하고 매일처럼 찾아와 경단을 구걸했습니다. 할머니는 무려 3년을 하루같이 정성을 다해 경단을 주었습니다. 그러자 선인이 본래의 모습을 하고는 노파에게 일렀습니다.

"내가 3년간 경단 공양을 받았기에 노파에게 보답하는 뜻으로 한 가지 알려주겠소."

선인은 그때 어떤 장소를 알려주면서 그곳에 노파의 묘소를 쓴다면 자손들이 대대손손 벼슬을 할 것이라고 귀띔해주었습니다.

그 뒤 노파는 임종할 때가 되자 아들을 불러 선인이 알려준 곳에 자신의 무덤을 만들라고 당부한 뒤 세상을 떠났습니다. 그 아들이 노파의 유지를 받들어 그 자리에 묘를 쓰자 첫 대에만 9명이 과거에 급제했고 이후 대대손손 할머니의 후손들이 높은 관직에 올랐는데 그 숫자가 헤아릴 수 없을 정도로 많았다고 합니다.

지금도 중국 복건성에는 그 노파의 후손들이 모두 관직을 가지고 있다고 합니다. 가난하거나 어려운 이웃을 아무런 대가 없이 도와주는, 무주상보시의 공덕은 이처럼 큰 것입니다.

이 이야기는 중국 정토종의 13대 조사인 인광대사(1861~1940)의 법문집에 소개된 내용입니다.

둘째는 사람의 목숨을 구하는 공덕입니다.

중국 송나라 때의 재상이자 문학가, 교육가로 알려진 범중엄(范仲淹)이란 사람은 두 살 때 아버지를 여의어서 어린 시절을 힘들게 보냈습니다. 그런데 범중엄이 태어나기 전 그 아버지는 얼어서 죽어가는 사람을 살려냈습니다. 그 뒤 태몽을 꾸고 얻게 된 아들이 바로 범중엄입니다.

범중엄은 비록 어려서 아버지를 여의었지만 열심히 노력해 결국 재상의 지위까지 올라갔으며 지금도 사대가(四大家)의 모범적인 인물로 손꼽히고 있습니다. 뿐만 아니라 그의 후손들은 무려 8백 년이 넘도록 그 명맥을 이어오고 있습니다.

불가에서는 사람 목숨을 구하는 공덕이 7층 불탑을 쌓는 공덕보다 크다고 했습니다. 불교 교육은 지혜와 자비의 교육이며 사랑과 평화의 교육입니다.

셋째는 하심(下心)의 공덕입니다.

마음을 겸허히 비우고 자신을 낮추는 일은 복을 받는 기초가 됩니다. 우리가 선행을 닦고 공덕을 쌓는 것은 바로 천지신명과 불보살의 마음과 계합하는 일입니다.

우리가 어느 자리에 있든, 어떤 사람을 대하든 스스로 조금 다가가고 스스로 조금 숙이면 그런 자세가 복을 받는 기초가 되는 것입니다. 겸양지덕을 갖춰야 한다는 말입니다.

스스로 잘난 척하고 자만하면 덕을 잃게 되어 이익을 얻지 못하며 윤택하지 못하게 됩니다.

겸손하고 겸허한 사람은 누구나 좋아합니다. 잘난 척하고 오만한 사람은 누구나 싫어합니다. 이것이 사람이 살아가는 중요한 원칙입니다.

자신의 허물과 잘못을 성찰해 참회하여 맑히고 적선공덕(積善功德)을 쌓아가면 복락이 증장하여 운명이 열리게 됩니다.

불교에서 말하는 자비심이란 부모가 자식을 사랑하는 것과 같은 마음입니다. 하염없이 주는 사랑이 자비심입니다. 그리고 하심(下心)이란 말 그대로 자기 마음을 내려놓는 것입니다. 헌신하는 것입니다. 부모에게는 자식이 가장 소중합니다. 무엇이든 주려 하고 남겨줍니다. 부처님이 중생을 사랑하는 마음도 그와 같습니다.

그런 뜻에서 우리에게 익숙한 문수보살 게송을 한번 독송해봅니다.

면상무진공양구(面上無瞋供養具) 성 안내는 그 얼굴이 참다운 공양구요
구리무진토묘향(口裡無瞋吐妙香) 부드러운 말 한마디 미묘한 향이로다
심리무진시진실(心裡無瞋是眞實) 깨끗해 티가 없는 진실한 그 마음이
무염무구시진상(無染無垢是眞常) 언제나 한결같은 부처님 마음일세.

인도불교의 전말

2011년 통계에 따르면 인도 국민 중 힌두교 신자는 80.5%, 이슬람 신도는 13.4%, 기독교 신자는 2.3%, 시크교도는 1.9%, 불교 신도는 0.7%, 자이나교도는 0.4%라고 합니다.

불교가 인도에서 발생했음에도 이렇게 교세가 약해진 것은 뜻밖의 결과이며 한편으로는 참담한 실정이기도 합니다.

부처님이 열반하신 뒤 인도에서 불교가 비약적으로 발전한 것은 마우리아 왕조의 제3대 왕인 아소카 대왕(재위 기간 서기전 265년 ~ 238년) 때였습니다.

마우리아 왕조는 아소카 왕의 할아버지였던 찬드라굽타가 마케도니아 알렉산더 왕의 인도 침입과 헬레니즘의 조류가 들어오는 것을 막아내면서 성립되었습니다.

그 뒤 제3대 왕인 아소카 왕은 인도 최대의 통일 제국을 마련했습니다. 마우리아 왕조의 제2대 왕인 빈두사라 왕은 아소카를 비롯해 모두 101명의 자식을 두었습니다. 그런데 아소카는 자기의 친동생 한 명을 남겨놓고 이복동생 99명뿐만 아니라 그들을 따르던 신하와 궁녀들까지 모조리 죽인 뒤 마침내 제3대 왕위에 올랐습니다. 그만큼 아소카의 성격은 잔혹하고 냉정했으며 그때만 해도 불교는 전혀 모르고 있었습니다.

아소카가 불교에 귀의한 것은 즉위 8년 째 되던 해에 칼링가 왕국을 정복하고 난 뒤였습니다. 이 전쟁에서 마우리아 왕조는 칼링가에 크게 승리했는데 칼링가 병사 10만 명이 전사했고 칼링가인 15만 명이 포로가 되었습니다. 또한 칼링가 곳곳에서 무수한 시체들과 고아가 된 아이들이 미쳐서 돌아다녔는데 그런 모습을 본 아소카는 큰 충격을 받고 무력 전쟁에 회의를 느껴더 이상 마우리아 제국의 영토를 확장하지 않기로 결심했다고 합니다.

그때부터 무력이 아니라 법으로 인도를 다스리겠다고 선언했으며 불교를 마우리아 왕조의 통치 이념으로 삼았습니다. 이에 따라 인도 전역에는 수많은 불탑과 사원이 생겨났고 신도가 급증했습니다. 그 결과 인도 동북방의 일개 종파에 불과했던 불교 교단과 그 가르침이 마침내 세계 종교로서 도약할 수 있는 중요한 발판이 마련되었습니다.

아소카 왕은 불교의 4대 성지를 순례하며 도로를 닦았고 길거리에 가로수를 심었으며 곳곳에 휴게소를 지었습니다. 또 부처님 열반 후 8 등분 되어 모셔졌던 불사리탑 중 7개의 사리탑을 해체하여 사리를 가루로 만들어 8만 4천 개의 불탑을 세우고 그곳에 사리를 나눠 봉안했습니다.

아소카는 스리랑카, 시리아, 이집트, 마케도니아 등에 불교를 전하기 위해 전법사를 파견해 불교를 국제화하는 데도 크게 이바지했습니다. 이런 전법 활동에 따라 간다라 등의 북인도를 통해 중국에 불교가 전파되는 경로가 마련되었으며 스리랑카를 중심으로 한 남방불교가 형성되는 계기가 마련되었습니다. 결국 아소카의 왕성한 전법으로 불교는 인도뿐만 아니라 전 세계로 발전할 수 있는 토대가 마련된 것입니다.

하지만 아소카 왕이 왕위에서 물러난 뒤 50년 만에 마우리아 왕조는 바라문 출신의 장군 푸샤미트라에 의해 멸망했습니다. 푸샤미트라는 마우리아 왕조의 군사령관이었으나 쿠데타를 일으켜 숭가 왕조를 세우고 왕이 되었습니다. 그는 브라만교를 신봉하고 있었으며 쉬바 신을 깊이 숭배하던 사람이었습니다.

당시 숭가 왕조는 그리스와 적대적인 관계였는데 그리스인들이 불교에 대해 호감을 가지고 있으며 아소카 왕 이후 마우리아 왕조가 불교를 보호하자 그에 대한 반발로 불교 탄압을 시작했습니다. 푸샤미트라는 군대를 동원해 쿡크따라르마[계원사(雞園寺)]를 파괴한 데 이어 수많은 사찰과 불탑을 파괴했고 승려들을 몰살시켰습니다. 역사상 처음으로 기록된 불교 탄압이자 박해였습니다.

그 대신 푸샤미트라는 힌두교 사원을 곳곳에 세우며 불교의 발자취를 지워나갔고 그 뒤에도 인도에 이슬람교가 전파되었습니다. 그런 영향으로 앞에서 소개한 것처럼 현재 인도에서는 전 국민의 0.7%만 불교 신도로 남게 된 것입니다.

하지만 아소카 왕의 전법으로 불교가 스리랑카를 비롯한 남방국가들과 중국, 한국, 일본 등 동북아시아에 전파되어 오늘날 세계적인 종교로 자리 잡게 된 것이니 이것은 경전에 기록된 '전륜성왕(轉輪聖王)'으로 일컬어지는 아소카 왕이 세운 큰 공덕이라 할 수 있습니다.

부처와 마음과 중생은 하나

　중국 당나라 말기의 영명연수(永明延壽)선사는 아미타불의 화신으로 일컬어집니다. 또한 선교일치(禪敎一致)와 선정쌍수(禪淨雙修)를 강조했던 고승으로 잘 알려져 있습니다.

　여기서 선정(禪淨)이란 선과 정토사상을 일컫는데 영명연수선사는 "유심정토(唯心淨土)는 마음을 깨달아야 비로소 날 수 있는 곳이니,『여래부사의경계경(如來不思議境界經)』에 이르기를 삼세의 모든 부처님이 따로 있는 바가 없고 오직 자심(自心)에 의지한다. 보살은 이와 같이 모든 부처님과 모든 법이 오직 마음의 현상임을 분명히 알아야 한다."라고 하여 정토에 왕생하는 것이 깨달음의 경지와 같다고 했습니다.

　한편『수보살계법서(受菩薩戒法序)』라는 책을 편찬했던 영명연수선사는 불자들이 보살계를 받는 수행에 대한 근본 뜻과 그 공덕, 보살계의 위대함을 설명하면서 "보살계는 문수보살이나 보현보살과 같은 가장 훌륭한 보살들만 받는 게 아니다."라고 하며 다음처럼 덧붙였습니다.

　"만약 자신을 범부라고 집착하여 문수보살이나 보현보살이 아니라고 하는 사람은 곧 일불승(一佛乘)의 종자를 말살하는 것과 같다. 그렇다면 옛 성인이 결코 '많고 많은 번뇌와 업과 미혹들이 모두 다 보현보살의 참다운 진리의 세계다'라고 말하지 않았을 것이다. 만약 중생이라는 것에 집착하여 자신이 부처가 아니라고 하는 사람은 곧 시방의 부처님을 비방하는 것이다. 그렇다면 결코『화엄경』에서 '부처와 마음과 중생, 이 셋이 차별이 없다'라고 말하지 않았을 것이다."

이처럼 영명연수선사는 보살계의 중요한 의미를 설명하면서 '범부는 범부가 아니라 성인이요, 중생은 중생이 아니라 부처인 까닭에 만약 범부를 보현보살, 문수보살, 관세음보살, 지장보살이 아니라고 생각하는 사람이 있다면 그는 일불승의 종자, 즉 자신의 부처인 무량공덕생명을 말살하는 일'이라고 했습니다. 쉽게 말하면 '자기 자신이 부처임을 자각하라'는 것입니다.

영명연수선사는 또『제법무행경(諸法無行經)』이라는 경전을 인용하여 다음 게송을 소개하고 있습니다.

탐욕즉시도(貪慾卽是道)　탐욕이 곧 도이며
진치역부연(嗔痴亦復然)　성냄과 어리석음도 도다
여시삼법중(如是三法中)　이와 같은 세 가지 법 안에
구일체불법(具一切佛法)　일체의 불법이 모두 갖춰졌다.

이것은 사람의 가치에 대한 바른 견해를 촉구하는 내용입니다. 일체법(一切法) 개시불법(皆是佛法), 즉 모든 법이 부처님 법이라고 했으니 일상의 삶을 떠나서 달리 불법이 없다는 뜻입니다.

『제법무행경』에는 위의 게송이 지어진 일화가 소개되어 있습니다.

어떤 사찰에 계율만 숭상하는 스님이 있었고, 또 보살 정신을 갖추고 보살행을 실천하는 다른 스님이 있었습니다. 보살행을 실천하는 스님은 날마다 시내에 나가 부처님 법을 전하고 사람들의 어려운 일들을 돌보아 주느라고 늘 바쁘게 지냈습니다. 그것을 본 율사 스님은 그 보살행 스님을 비방하고 꾸짖는가 하면 그를 돕는 그의 제자들까지 절 밖으로 나가지 못하도록 방해를 했습니다.

그래서 보살행 스님이 율사 스님을 위해 위의 게송을 설하게 되었다고 합니다. 하지만 율사 스님은 이 게송을 듣자마자 삿된 법이라고 비방한 나머지 지옥에 떨어졌는데 이 게송과 같은 최상승의 법문을 들은 그 공덕으로 마음을 돌이킨 뒤 지옥에서 벗어나 깨달음을 얻게 되었다고 합니다.

이 게송에서는 우리 중생이 버려야 할 탐진치 삼독심이 도라고 했습니다. 그렇다면 어째서 탐욕을 부리며 성내고 어리석은 것을 도라고 하느냐는 의문이 생깁니다.

평상심(平常心)이 도(道)라는 뜻의 '평상심시도(平常心是道)'라는 말이 있습니다. 그런데 우리 중생이 탐내고 성내며 어리석은 것은 하나의 평상심입니다. 따라서 탐진치 삼독은 도라는 논리가 성립됩니다. 『금강경』에도 '일체의 법이 모두 부처님 법이다'라는 뜻의 '일체법(一切法) 개시불법(皆是佛法)'이란 구절이 있습니다. 위에 소개된 게송은 이런 이치를 담고 있는 것입니다.

다보탑(多寶塔)은 금과 은, 칠보 등 온갖 보배로 만들어졌다고 해서 붙여진 이름이지만 실은 인간이 갖추고 있는 위대함을 표현한 말입니다. 수많은 보석으로 장엄한 아름다운 탑, 그것은 사람들 저마다 본래 갖추고 있는 참으로 미묘하고 불가사의하며 무한한 능력을 상징하니다. 또 한량없는 공덕과 지혜와 자비, 온갖 신통묘용을 뜻하고 있습니다. 그렇기에 중생이 그대로 부처다, 당신이 곧 부처님이다라는 것을 다보탑이 말하고 있는 것입니다.

그렇기에 사람을 부처님처럼 섬기면 그도 행복하고 나도 행복하게 됩니다.

선가(禪家)에는 '직지인심(直指人心) 견성성불(見性成佛)'이란 말이 있습니다. 조계종의 교지이기도 한 이 말은 자신의 본성을 바로 볼 때 본래의 면목이 나타나 자기 마음이 부처라는 것을 깨닫게 된다는 뜻입니다. 마음 밖에 부처가 없다, 사람이 곧 부처다라는 뜻입니다. 그렇기에 직지는 번뇌와 죄업으로부터 인간을 완전하게 해방시킨 가르침입니다. 삶의 매 순간순간이 축복임을 가르친 것입니다. 사람의 마음이 부처님입니다.

영가현각(永嘉玄覺) 스님이 지은 『증도가(證道歌)』에는,

무명실성즉불성(無明實性卽佛性) 환화공신즉법신(幻化空身卽法身)
무명의 참 성품이 그대로 깨달음의 성품이고 허깨비 같은 텅 빈 몸이 그대로 진리의 몸이다.

라는 말씀이 있습니다.

이 마음이 부처이며 이 몸이 그대로 부처입니다. 이 몸, 이 마음 외에 달리 무엇이 있겠습니까?

따라서 사람이 부처라는 말은 이 세상에서 가장 완벽한 가르침입니다.

인생을 사는 몸가짐과 마음가짐

구마라집(鳩摩羅什)의 수제자였던 승조(僧肇) 법사는,

천지여아동근(天地與我同根) 만물여아일체(萬物與我一體)
하늘과 땅이 나와 같은 뿌리요, 만물이 나와 더불어 한 몸이다.

라고 했습니다. 이 세상 만물은 모두 유기적인 관계이며 서로 인연을
맺고 있다는 뜻입니다.

승조 법사는 천재적인 재주와 인품을 가지고 있었기에 후진(後秦)의
2대 황제 요흥(姚興)이 궁궐로 불러 재상의 자리에 앉히려고 했습니
다. 하지만 승조는 세상의 부귀영화와 권력은 허망한 것이라며 황제
의 제안을 몇 번이나 사양했습니다. 그러자 황제는 크게 노여워한 나
머지 승조 법사를 사형시킬 것을 명했습니다. 이에 승조 법사가 자신
의 죽음을 기꺼이 받아들이며 다음과 같은 열반게송(涅槃偈頌)을 남겼
습니다.

사대원무주(四大元無主)　이 몸에는 본래 주인이 없고
오온본래공(五蘊本來空)　오온 또한 본래 공한 것이네
장두임백도(將頭臨白刃)　저 흰 칼로 내 목을 자른다 해도

244

흡사참춘풍(恰似斬春風)　봄바람을 베는 것과 같다네.

이처럼 죽음을 초연히 받아들이며 역사상 최고의 임종게를 남긴 것입니다.

사람들은 세상에 태어나 살다가 원인 모를 재앙이나 병고를 겪다가 죽는 사람도 있고 그냥 평범하게 살다가 죽는 사람도 있습니다. 그와 같은 병고와 재앙, 죽음 등은 모두가 전생 또는 금생에 지은 업보가 좌우하는 것입니다. 따라서 업보를 참회하고 맑히며, 기도하고 발원해야 합니다. 삼생(三生)의 업보가 돌고 돈다고 했습니다. 선업(善業)이든 악업(惡業)이든 모두 스스로 짓고 스스로 받는 인과(因果)입니다.
　자신의 구업(口業)을 스스로 받게 된 다음과 같은 이야기가 있습니다.

1960년대 말, 월남전에 참전했던 한 미군 병사가 하루는 고국의 어머니에게 전화를 했습니다. 뜻밖의 전화를 받은 어머니는 매우 기뻐하며 물었습니다.
　"아들, 귀국한 거니?"
　"아직 귀국하지 않았어요."
　"그럼 언제 돌아올 거야? 보고 싶으니 빨리 오렴."
　그러자 아들이 잠시 머뭇거리다 말했습니다.
　"어머니, 실은 매우 친하던 전우가 작전을 나갔다가 한 팔과 한 눈을 잃었거든요. 그런데 그 친구는 부모님도 안 계시고 의지할 곳도 없답니다. 그래서 제가 이번에 귀국할 때 함께 가서 우리 집에서 같이 살면 어떨까요?"

그 어머니가 대답했습니다.

"그 친구의 일이 안타깝지만 우리 집에서 몇 달 정도 지내는 건 몰라도 평생 함께 돌보며 살 수는 없지 않겠니?"

그 말을 듣고 난 아들이 힘없이 대답하고 전화를 끊었습니다.

"알겠어요, 어머니. 그럼……."

그 뒤 아들은 건물 옥상으로 올라가 몸을 던졌습니다. 아들이 자살했다는 소식을 듣게 된 어머니는 크게 슬퍼했습니다.

그런데 한 팔과 한 눈을 잃은 병사가 실은 아들의 친구가 아니라 아들 본인이었습니다. 그 사실을 뒤늦게 알게 된 어머니는 더욱 비통해했습니다.

그 어머니는 불구가 된 아들의 친구를 보살필 수 없다고 말한 업보를 받아 금쪽같은 아들을 잃게 된 것입니다.

미국의 한 통계에 따르면 금실이 좋은 부부가 매일 아침 출근길에 사랑의 키스를 나누게 되면 그렇지 않은 부부보다 교통사고가 거의 일어나지 않는다고 합니다. 반대로 부부싸움을 자주 하며 아침부터 사소한 일로 다투게 되면 서로 감정이 상해, 사고 비율이 높아집니다.

어떤 부인은 출근하던 남편에게 "교통사고나 나서 죽어라!"하고 악담을 퍼부었습니다. 그런데 그 남편은 정말 그날 교통사고로 죽었다고 합니다. 이런 경우처럼 미움보다 더한 재앙은 없습니다.

우리 불자님들은 부처님 가르침에 의지하고 정의롭게 사는 사람이 되길 바랍니다. 그런 뜻에서 인생을 살아가는 아홉 가지 마음가짐과 몸가짐을 소개합니다.

- 긍정적인 생각을 하며 밝은 것을 보라.
- 말하기보다 듣기를 하라.
- 항상 밝은 생각, 밝은 표정을 지어라.
- 누구를 대하든 상대를 존중하라.
- 나를 욕하는 소리에 흔들리지 말라.
- 언행에 언제나 신중하라.
- 정심(正心)으로 임하라.
- 정행(正行)으로 당당하라.
- 정당하고 정의로운 이익을 추구하라.

4

마음과 운명

출가의 참뜻

음력 2월 8일은 부처님이 깨달음을 얻기 위해 카필라 국의 왕궁을 떠나 수행자가 되신 출가재일입니다. 일반적으로 '출가(出家)'라는 용어는 두 가지 의미로 사용됩니다. 하나는 집을 나간다는 뜻이며 다른 하나는 수행자의 길에 들어서는 것을 뜻합니다.

출가란 버리고 떠나는 것입니다. 감각적 욕망을 버리고 자애심으로 사는 것을 출가라고 합니다.

『심지관경(心地觀經)』과 『유교경(遺敎經)』에는 "출가란 세속의 생활을 벗어나 깨달음의 길로 들어가는 것이다."라는 말씀이 있습니다.

『출가공덕경(出家功德經)』에 따르면 "높이가 삼십삼천에 백천(百千)의 탑을 세우는 것보다도 하루 출가의 공덕이 뛰어나다."며 출가의 공덕을 설하고 있습니다.

또한 출가자가 갖게 되는 권위에 대해서는 "출가하여 그 행위가 모자라더라도 머리를 깎고 가사(袈裟)를 걸친 모습에는 천마(天魔)도 두려움을 갖는다."고 합니다.

『대집경(大集經)』에는 "머리를 깎고 가사를 입으면, 천인이 공양한다."는 구절도 있습니다.

"오늘의 문제는 젊음이며 내일의 문제는 늙는다는 것이다. 그리고 모든 날의 문제는 죽어간다는 것이다."라는 말이 있습니다. 이 세상 사람들 누구나 늙고 병들어 죽는 것인데 이와 같은 생로병사에서 영원히 벗어나는 것을 출가라고 합니다.

일기일회(一期一會)라고 했습니다. 즉, 모든 것은 생에서 단 한 번뿐이라는 말입니다. 그렇기에 지금 이 순간을 놓치지 말아야 합니다. 삶이란 매 순간이 아름다운 마무리이자 새로운 시작입니다. 그래서 선택이 중요한 것입니다.

출가는 크게 심출가(心出家)와 신출가(身出家), 심신출가(心身出家)의 세 가지로 나눌 수 있는데 이 중 심신출가를 온전한 출가라고 합니다.

고타마 싯다르타 태자는 출가 직후, 당시 이름 높은 수행자들을 찾아 이곳저곳 다니며 도를 묻고 배우며 고행하셨습니다. 그러나 인생문제와 진리를 터득하는 것은 배워서 되는 것이 아니고 깨달아야 한다, 다시 말하면 스스로 증명하고 해결해야 한다는 사실을 알았습니다. 이 과정에서 마왕의 유혹이나 갖가지 욕망의 도구와 애욕, 의욕상실, 굶주림, 의존적 갈망, 공포 등 온갖 부정적인 생각을 극복하는 과제가 있다는 것도 알게 되었습니다. 그처럼 부정적인 것을 항복시켜 극복한, 해탈의 상태를 견성(見性)이라고 합니다.

오직 깨달음을 위해 처음에 뼈를 깎는 듯한 고행(苦行)에 몰두하셨던 부처님은 그런 고행이 깨달음을 얻는데 이렇다 할 도움이 안 된다는 걸 아셨습니다. 그래서 수자타 소녀가 공양한 우유죽을 드시고 차츰 심신의 기력을 되찾았으며 니련선하 강물에 목욕하시고 보리수 아래에 정좌하여 용맹정진하셨습니다.

그러던 중 35세 되던 12월 8일, 동방에 떠오르는 샛별을 보고 마침내 깨달음을 얻으셨습니다. 출가하신 지 6년 만의 일입니다. 출가할 때만 해도 고타마 싯다르타로 불렸던 부처님은 인생에 대한 모든 의혹과 우주의 진리, 만법의 실상을 확연히 깨닫고 체험하셨습니다. 이로써 가장 완전한 분, 여래가 되신 것입니다.

성불하신 석가모니 부처님은 깨달음의 장소인 부다가야에서 삼칠일(21일) 이상 명상에 들었습니다. 그 뒤 석 달 동안 당신이 깨달으신 진리를 이 세상 모든 사람들에게 어떻게 알려야 하는지 사유하셨습니다. 처음엔 그 깨달음의 세계가 너무나 깊고 오묘하여 중생들에게 알리는 것을 망설였습니다. 그러다가 여러 천인(天人)의 건의를 받아들여 마침내 법을 설하시기로 결정했습니다.

그때 부처님은 부다가야에서 함께 고행하던 교진여 등 다섯 비구들을 첫 번째 설법의 대상으로 삼으셨습니다. 그들은 부처님이 고행을 포기하고 수자타 소녀가 공양한 우유죽을 드시는 모습을 보고는 부처님을 맹비난하며 곁을 떠나간 수행자들이었습니다.

부다가야에서 그 다섯 비구들이 수행하던 녹야원까지는 직선 거리로 약 250킬로미터인데 부처님은 그 먼 길을 걸어가셔서 마침내 그들에게 처음으로 법을 설하셨으며 깨달음을 얻게 하셨습니다. 이 일을 두고 처음으로 진리의 수레바퀴를 굴리셨다, 법을 설하셨다는 뜻에서 초전법륜(初轉法輪)이라고 부르게 되었습니다.

이 초전법륜으로 인해 비로소 불교 교단이 성립했고 부처님과 다섯 비구들의 전법이 시작되어 불교 교단은 차츰 세력을 넓혀 어느덧 1,250명의 제자들로 불어났습니다. 그 일로 대부분의 경전은 '나는 이렇게 들었습니다. 어느 때, 어느 곳에서 부처님이 1,250명의 제자들과 함께……'라는 내용으로 시작됩니다.

부처님이 출가하신 뒤 교단이 만들어지기까지의 과정을 다시 정리하자면 출가의 목적은 진리를 깨닫는 데 있는 것이며, 그 뒤 6년간의 수행 끝에 진리를 완전히 깨달으셨고, 그 깨달음을 모든 중생들에게 전하시기로 뜻을 세운 뒤 녹야원으로 가셔서 함께 고행하던 다섯 비구들에게 처음으로 법을 설하시면서 불교 교단이 성립된 것입니다.

여러 경전에는 "부처님은 새벽 별이 빛날 때 탄생하셨고, 새벽 별이 빛날 때 출가하셨으며, 새벽 별이 빛날 때 성도(成道)하셨고, 새벽 별이 빛날 때 열반하셨다."고 기록되어 있습니다.

새벽 별은 한자로 명성(明星), 효성(曉星), 금성(金星), 불성(佛星), 비성(沸星) 등으로 표기하는데 이 새벽이란 말은 새로움, 위대함, 거룩함, 새 출발을 상징합니다.

중국 유학자들의 불교 개종

중국의 문인이나 유학자들 중에서는 불교를 배척하거나 조롱하려다가 오히려 그 가르침에 매료되어 불자가 된 사람들이 많습니다. 백낙천(白樂天), 장상영(張商英) 등을 대표적으로 들 수 있습니다.

백낙천은 당송(唐宋) 시대의 6대 시인의 한 사람으로 손꼽히며 한림학사, 형부상서 등의 벼슬을 지냈습니다. 주요 저서로는 『장한가(長恨歌)』, 『비파행(琵琶行)』 등이 있는데 오늘날까지 읽히는 명작들입니다.

백낙천은 29세 때 진사로 급제했고 36세 때는 한림학사가 되었습니다. 그 후 40세 때에 어머니를 여윈 데다 그 이듬해에는 어린 딸마저 잃자 삶과 죽음의 문제를 깊이 생각하게 되었다고 합니다. 아울러 불교에 대한 관심이 커졌습니다. 그러면서도 유교적 이상주의의 입장에서 정치·사회의 결함을 비판하던 그는 고급 관료들의 반감을 산 나머지 사마(司馬)로 좌천되는 등 시련을 겪었습니다.

그 뒤로 정치가들의 권력 다툼을 피하기 위해 스스로 항주(杭州)의 자사직을 자청해 한적한 지방으로 내려가게 되었습니다.

어느 날, 항주 관내에 법력이 높은 도림(道林)선사가 한 절에 주석한다는 이야기를 듣게 된 백낙천은 도림선사의 법력을 시험하기 위해 그 절로 찾아갔습니다. 그런데 과연 도림선사는 절 앞의 나무 위에 올라가 참선하고 있었습니다.

"스님, 나무 위에 계시면 너무 위험합니다. 빨리 내려오시는 게 좋겠습니다."

그러자 도림선사가 태연히 웃으며 대답했습니다.

"내가 보기엔 태수가 있는 곳이 더 위험한 것 같소."

백낙천이 어리둥절한 표정으로 되물었습니다.

"저는 땅을 밟고 있으며 조정의 관리로서 강산을 제압하는 권력을 가졌는데, 무슨 위험이 있겠습니까?"

선사가 대꾸했습니다.

"번뇌의 불이 그치지 않고 생각이 서로 다투고 있으니 어찌 위험하지 않겠습니까?"

그 말에 깜짝 놀란 백낙천이 다시 물었습니다.

"스님, 무엇이 불교의 지혜입니까?"

이때 도림선사는 칠불통계게(七佛通戒偈)를 들려주었습니다. 이 게송은 석가모니부처님을 비롯해 그 이전의 일곱 부처님이 한결같이 강조하셨다는 불교의 요체입니다.

제악막작(諸惡莫作) 일체의 악을 범하지 않고
중선봉행(重善奉行) 모든 선을 받들어 행하며
자정기의(自淨其意) 스스로 그 마음을 깨끗이 하는 것
시제불교(是諸佛敎) 이것이 모든 부처님의 가르침이네.

"스님, 그것은 세 살짜리도 알 수 있는 평범한 말씀이 아닌가요?"

"세 살 먹은 아이도 알지만 백 세 노인도 실천하긴 어렵습니다."

이와 같은 선사의 답변에 백낙천은 크게 느끼는 바가 있어 불교에

귀의했습니다. 그 뒤 개인의 사재를 모두 보시해 '서방극락도'를 만들었으며 『서방탱기(西方幀記)』를 지었습니다. 또 말년에는 자신의 집을 팔아 절로 만들었습니다. 백낙천은 다음과 같은 왕생발원문을 지었습니다.

내 나이 일흔하나인데 다시는 풍월로 일삼지 않으리라.
책을 보자니 안력(眼力)만 소모되고 복을 짓자니 세파에 휩쓸릴까 두렵네.
그렇다면 무엇으로 심안(心眼)을 제도할까?
한 구절 '아미타불'이 계시지 않는가.
앉으나 서나 아미타불, 자나 깨나 아미타불. 아무리 바빠도 아미타불은 놓지 않겠네.
날은 저물고 길은 머니 나의 삶은 이미 그르쳤도다.
이제 아침, 저녁 청정한 마음으로 오직 아미타 부처님만 생각할 뿐이네.
달인들은 마땅히 나를 보고 웃을 테지. 그들은 아미타 부처님을 알지 못하니까.
통달하면 대관절 무엇이며 통달치 못하면 또한 어떤가.
통달과 부달(不達)을 말하지 말고 널리 원컨대 법계 중생을 위하여 다 함께 아미타 부처님만 생각하라.
그리고 다시 요컨대 윤회의 고통에서 벗어나려거든
마땅히 언제나 아미타 부처님을 염하라.
유정, 무정의 일체종지가 이뤄지이다.
참으로 거룩하신 부처님, 우리들의 큰 스승께 거듭 귀명하옵니다.

중국 송나라 때 승상을 지낸 무진거사(無盡居士) 장상영(張商英)은 관직에 있으면서도 불심이 깊었습니다. 하지만 처음부터 그랬던 것은 아닙니다.

장상영은 젊어서 과거에 급제한 뒤 통주의 주부로 임명되었는데 그 벼슬은 서적과 관련된 일이었습니다. 그가 하루는 어떤 절을 찾아가 방대한 대장경 목록을 보고는 속으로 탄식했습니다.

'내가 섬기는 공자님의 책들이 오랑캐의 책보다 못하단 말인가?'

부처님과 그 제자들을 오랑캐로 여긴 것이 장상영의 인식 수준이었습니다. 그날 집으로 돌아간 장상영은 낮에 보았던 대장경의 정교한 목록을 생각하며 잠을 이루지 못했습니다. 이때 그의 부인 상 씨가 물었습니다.

"당신 무슨 고민이 있습니까? 왜 잠을 이루지 못하고 뒤척이세요?"

그러자 장상영은 낮에 있었던 일을 설명한 뒤 이렇게 말했습니다.

"아무래도 '무불론(無佛論)'을 지어야겠소."

"이미 부처가 없다면 굳이 '무불론'을 지어야 무슨 소용인가요?"

장상영이 그 물음에 답하지 못하자 부인이 한마디 덧붙였습니다.

"당신은 대학자이시니 먼저 불교 경전을 한 번이라도 읽어본 뒤 불교의 모순을 지적하는 게 옳지 않을까요?"

장상영은 아내의 말이 옳다고 여겨 '무불론'을 쓰기 전에 경전을 읽어보기로 했습니다. 며칠 뒤 장상영은 우연히 친구의 집을 방문했다가 『유마경(維摩經)』을 읽게 되었습니다. 그러다가,

차병비지대(此病非地大)
이 (유마거사의) 병은 지대로부터 온 것이 아니며

역불리지대(亦不離地大)

지대를 여읜 것도 아니다.

라는 대목을 읽고는 크게 감탄하여 『유마경』을 빌려 집으로 돌아가
완전히 숙독했습니다. 그리고 큰 감동을 받아 독실한 불자가 되었다
고 합니다.

얼마 후에는 '무불론'이 아니라 '호법론(護法論)'을 쓰게 되었습니다.
불교를 말살하는 게 아니라 잘 지켜야 한다는 주장을 펼쳤으니 입장
이 정반대로 바뀐 것입니다.

훗날 장상영은 무진거사란 법명을 갖게 되었으며, 당대의 선지식으
로 추앙받던 동림상총(東林常總), 회당조심(晦堂祖心), 대혜종고(大慧宗
杲)선사 등과 깊이 교류했습니다. 또한 진정극문(眞淨克文)선사를 스승
으로 모셔서 깨달음을 얻었다고 합니다.

다음은 장상영이 쓴 왕생발원문(往生發願文)입니다.

서방정토에 나기를 원합니다.
스스로 재상(宰相)이 된 것을 한탄하고 뜻은
공문(空門)¹을 즐기지만 오탁(五濁)에 마음 어지럽고
뭇 사나운 것이 본성에 뒤섞여 정시(正視)하고
요인(了因)할 것이 없습니다.
본성이 미타요, 오직 마음이 정토인 줄 깨닫지 못해

---

1 공문(空門) : 일체법이 공함을 관조하여 해탈에 이르는 불교 수행법.

삼사 세존의 금구(金口) 교법에 따라 서방 극락정토의 아미타불을 오직 염(念)하여서 세존의 크신 원력으로 이 몸 섭수하시어 이 몸 구하소서.

크신 은혜 보답할 때 배로 강을 건너듯이

부처님이 상주하시는 아미타불 극락세계에 왕생하길 발원합니다.

영원한 대자유

『화엄경』「십지품(十地品)」은 보살이 수행을 통해 도달하는 경지를 단계적으로 설명하고 있습니다. 십지(十地)란 용어 중 땅 지(地)자는 어머니의 사랑과 같이 무한한 공덕이 그곳에서 나온다는 뜻에서 붙인 것입니다. 십지는 모든 부처님 법의 근본으로서, 보살이 이 십지를 갖추어 행하면 능히 일체의 지혜를 얻는다고 합니다.

이 십지의 경지를 바다의 열 가지 특징과 비유해 다음처럼 설명하고 있습니다.

- 환희지(歡喜地) : 크고 큰 환희심을 내는 경지. 바다는 점점 더 깊어짐.
- 이구지(離垢地) : 번뇌의 더러운 때를 버리고 청정한 계율을 지키는 경지. 바다는 송장을 받아주지 않음.
- 발광지(發光地) : 열 가지 깊은 마음의 경지. 바다에 들어오는 물은 본래의 이름을 잃음.
- 염혜지(焰慧地) : 지혜의 불이 번뇌를 태워버리는 경지. 바다는 모두가 한 맛으로 짬.
- 난승지(難勝地) : 끊기 어려운 무명을 끊을 수 있는 경지. 바다에는 한량없는 보물이 있음.
- 현전지(現前地) : 보살 또는 음악을 연주하는 천녀들이 부처님의 공덕

을 찬탄하는 경지. 바다는 깊음.

- 원행지(遠行地) : 성문과 연각의 이승(二乘)의 경지를 멀리 떠날 수 있다. 바다는 넓고 커서 한량이 없음.
- 부동지(不動地) : 수행이 완성되어 더 이상 흔들림이 없이, 저절로 보살행을 행하는 경지. 바다에는 큰 고기가 삼.
- 선혜지(善慧地) : 지혜가 뛰어나서 어떠한 곳에서도 가르침을 설할 수 있는 경지. 바다의 밀물과 썰물은 때를 어기지 않음.
- 법운지(法雲地) : 지혜의 구름이 널리 감로를 내리는 경지. 바다는 아무리 큰 비가 와도 넘치지 않음.

부처님은 모든 중생은 불성을 가지고 있다고 말씀하셨습니다. 불성이란 부처가 될 수 있는 성품, 가능성을 뜻합니다. 즉 모든 유정(有情), 무정(無情)의 중생은 언젠가 깨달음을 얻고 부처가 될 수 있다는 것입니다.

이런 말씀과 같은 의미로 만공(滿空) 스님은 '백초시불모(百艸是佛母)'라고 하셨습니다. '백 가지 풀이 모두 부처님의 어머니'라는 뜻이니 우리는 세상에 널린 풀 한 포기, 돌멩이 하나라도 하찮게 보아서는 안 됩니다.

한편 불교에는 '수처작주(隨處作主) 입처개진(立處皆眞)'이라는 말이 있습니다. 어떤 곳에 처하든 주인공으로 살면, 서 있는 그곳이 항상 진실하게 된다는 가르침입니다.

이런 말씀들처럼 우리 불자님들은 자신의 참다운 존재 가치를 깨닫고 더 낳은 인격, 인간으로 승리의 삶을 살아야 합니다. 대자유와 영원한 행복, 평화의 삶을 살아야 합니다.

만족한 줄 알고 감사하며 항상 기뻐하십시오. 인과응보를 알고 쉬지 않고 정진해야 합니다. 그러면 부처님은 언제나 우리와 함께 하실 것입니다. 믿음과 신심은 기적을 이룹니다. 부처님은 중생을 저버리지 않으십니다. 그러니까 포기하지 말고 자신의 참다운 존재 가치를 깨닫기 위해 노력하시기 바랍니다.

『선가귀감(禪家龜鑑)』에는,

비불지언불언(非佛之言不言) 비불지행불행야(非佛之行不行也)
부처님 가르침이 아니면 말하지 말 것이며, 부처님 가르침이 아니면 행하지 말라.

는 말씀이 있습니다.

불자님들은 위 없는 발심으로 부처님처럼 큰 깨달음을 얻기 위해 사는 것입니다. 그렇게 하려면 부처님 가르침대로 말하고 부처님 가르침대로 실천해야 한다는 뜻입니다.

풍경에 담긴 뜻

인생은 소중한 것이며 그렇기에 삶의 진실을 깨쳐야 합니다. 존재의 실상을 깨치는 공부는 부처님 가르침을 통해서 가능합니다. 우리 모두 서로 소중한 존재임을 알고 삶의 진실에 눈 떠야 합니다.

사찰에 가면 대웅전 추녀 끝에 풍경(風磬)이 매달린 것을 쉽게 볼 수 있습니다. 풍경은 작은 종 안에 열 십(十) 자 모양의 쇠뭉치가 있고 그 밑에 물고기처럼 조각된 장식이 매달려 바람이 불 때면 그 물고기 장식이 흔들려 쇠뭉치로 맑은 소리를 내게 만든 법구(法具)입니다.

절에 웬 물고기 조각이 있을까 궁금해하실 분도 있을 것입니다. 물고기는 당연히 물에 살거나 물과 관련 있는 장소에 어울리는 중생이니 그런 의문을 가질 법도 합니다.

여기엔 두 가지 목적이 있는데 하나는 법당에 일어날지 모를 화재를 미연에 방지한다는 상징적인 의미가 있으며 다른 하나는 수행자를 경책한다는 의미가 있습니다. 물고기는 잠을 잘 때도 눈을 뜬다고 하여 수행자를 상징합니다. 그래서 수행자는 항상 눈을 뜨고 있으라는 뜻에서 대웅전 추녀에 풍경을 매단 것입니다. 범종각에 목어를 매달거나 목어를 작고 간략하게 본뜬 목탁도 같은 의미입니다.

수행자는 물고기처럼 항상 눈을 떠야 하며 깨어 있어야 합니다. 졸립거나 흐리멍텅함에서 깨어나 살아 있는 정신으로 부지런히 정진해야 합니다.

　불자님들이 가진 신심(信心)은 맹목적인 믿음이 아니라 부처님과 하나가 되려는 바른 마음이어야 합니다. 신심은 도의 근원이며 공덕의 어머니로서 일체 선법(善法)을 잘 길러내며 의혹의 그물을 끊고 애착의 그물에서 벗어나게 하며 열반의 무상도(無上道)를 열게 합니다.

　부처님을 믿고 따르면 사는 동안 복을 받고 사후에는 극락에 간다는 믿음은 기복(祈福) 신심입니다. 부처님 가르침을 배우고 수행하는 것이 바른 신심입니다. 부귀영화를 누리는 것보다 생로병사의 괴로움에서 벗어나는 길이 더욱 가치가 있습니다. 부처님도 그런 목적으로 출가를 하신 것입니다.

　급고독 장자는 기원정사를 세울 때 가진 재산을 모조리 내놓고 금화로 기원정사를 덮을 정도의 믿음을 가졌던 것이며, 이차돈은 신라에 불교를 전파하기 위해 순교할 정도의 믿음이 있었습니다. 이것이 신해행증(信解行證)입니다. 일체 근본을 확연히 깨닫고 부처님과 하나 되는 믿음, 즉 신심불이(信心不二)입니다.

　정극광통달(淨極光通達)　청정함이 극에 이르면 광명이 걸림 없으니
　적조함허공(寂照含虛空)　온 허공을 머금고 고요히 비출 뿐이라
　각래관세간(却來觀世間)　물러 나와 세상 일을 돌아보니
　유여몽중사(猶如夢中事)　모두가 마치 꿈속의 일과 같네.
　―『능엄경(楞嚴經)』 중에서

　설통급심통(說通及心通)　말로 통하고 마음이 통함이여

여일처허공(如日處虛空)　태양이 허공에 있는 것과 같도다.
　—『육조단경(六祖壇經)』중에서

욕득견진도(欲得見眞道)　참된 도를 보고자 하느냐
행정즉시도(行正卽是道)　바르게 행하는 것이 곧 도이다.
　—『육조단경』중에서

불법재세간(佛法在世間)　불법은 세간 가운데 있으니
불리세간각(不離世間覺)　세간을 떠나서 깨닫지 못하네.
　—『화엄경』중에서

내 몸은 법당이고 내 마음은 부처라네

불자님들은 '원(願)을 세운다'는 말을 자주 합니다. 원을 세운다는 것은 원하는 목적을 정하고 그것을 이루기 위해 노력한다는 뜻으로 볼 수 있습니다. 이 원을 세우는 것에는 네 가지가 있습니다.

- 소원(所願) : 소망하는 것을 간절히 원함.
- 서원(誓願) : 인생의 목표를 세워 실천함.
- 행원(行願) : 간절한 마음으로 실천함.
- 발원(發願) : 끊임없이 기도하여 이룸.

사람들에겐 영원한 행복도 없고 영원한 불행도 없습니다. 그렇기에 행복해도 교만하지 말고 불행해도 절망할 필요가 없습니다. 행복은 마음에 있으며 꿈은 이뤄지는 것입니다.

원성취(願成就)란 소원하고 발원하면 이룬다는 말입니다. 이것이 연속성의 법칙이며 인과의 법칙입니다. 또 끌어당김의 법칙이기도 합니다.

중등학교 시절에 열심히 공부하면 좋은 대학에 가는 것처럼 금생을 잘 살면 내생은 더 좋은 법입니다. 모두가 인과응보이며 콩 심은 데 콩 나고 팥 심은 데 팥 나는 법입니다.

하늘은 모두에게 열려 있습니다. 타종교인들은 하늘나라를 죽어서만 가는 곳이라고 생각하지만 불자님들은 살아서도 수시로 '일주문'이라는 하늘문을 지납니다. 그러니 우리 마음도 하늘처럼 써야 합니다.

하늘의 인격이 곧 불격(佛格)입니다. 여래십호(如來十號) 중 조어장부(調御丈夫)란 호칭이 있는데 이것은 곧 대장부란 말입니다. 우리도 하늘과 같은 대장부 살림살이가 되어야 합니다.

예로부터 학인들은 부처님 말씀이 아니면 말하지 않고 부처님 행실이 아니면 행하지 않는다고 했습니다. 즉, 항상 마음먹고 말하며 행동할 때의 기준은 부처님으로 삼아야 합니다. 그러면 우리 모두 우주 법계와 천지만물을 품은 하늘이 됩니다.

나의 삶은 이웃에 기쁨을 주기 위함이고 나의 삶은 부처님과 하나 되기 위함입니다.

『천수경(千手經)』에는,

수지신시광명당(受持身是光明幢)
불법을 받드는 이 몸은 밝고 빛나는 깃발이요,

수지심시신통장(受持心是神通藏)
불법을 받드는 이 마음 신통함을 갖추었네.

라는 말씀이 있습니다.

다시 말해 우리 몸에는 부처님 광명이 가득하며 우리 마음은 부처님처럼 자유롭다는 것입니다. 내 몸이 법당이고 내 마음이 부처님입니다. 내 몸이 법당이라면 아름답게 장엄하고 내 마음이 부처라면 진리와 광명으로 빛나야 합니다. 온갖 지혜와 신통력이 세상을 밝게 합니다.

『화엄경』「입법계품」은 선재동자가 53선지식을 찾아다니며 수행하는 내용을 담고 있습니다. 그중 26번째 선지식은 바수밀다(Vasumitra)라는 이름의 창녀입니다. 사실 선재동자가 만난 53선지식은 고명한 수행자에서부터 바수밀다와 같은 창녀에 이르기까지 그 직업이 다양합니다.

선재동자는 바수밀다에게 보살도 수행에 대해 법을 청했습니다. 그러자 바수밀다가 이렇게 대답했습니다.

"선남자여, 나는 보살의 해탈을 얻었으며 애욕의 근본을 여의었다. 그래서 나는 온갖 중생들이 좋아하는 애욕을 따라 여러 가지 몸을 나타내노라. 하늘 사람이 나를 볼 때는 나도 하늘 아가씨가 되어 얼굴과 광명이 훌륭해 견줄 데가 없으며, 사람과 사람 아닌 신장들이 나를 볼 때는 나도 그들의 형상대로 아름답게 꾸며 제각기 욕망을 따라 나를 보게 되노라. 어떤 중생이 애욕에 끌리어 나의 몸을 보고 불타는 애정을 참지 못해 술 취한 듯 덤비면 나는 그를 위해 여러 가지 법문을 말하노라. 그러면 그는 어느덧 애욕을 여의고 경계에 애착하지 않는 보살의 삼매를 얻게 되느니라."

이처럼 바수밀다는 관세음보살님처럼 중생의 욕망에 따라서 몸을 나타내는 선지식입니다. 그렇기에 바수밀다는 이렇게 말합니다.

"어떤 중생이 잠깐만 나를 보더라도 애욕을 여의고, 잠깐만 나와 이야기를 나누거나 내 손을 잡거나 내 자리에 앉거나 나를 살펴보거나 나의 몸짓을 보거나 눈 깜빡이는 것을 보거나 나를 끌어안거나 내 입술에 입을 맞추더라도 곧 애욕을 여의고 보살의 온갖 중생들의 복덕을 길러주는 삼매를 얻게 될 것이다."

바수밀다는 중생제도를 발원한 보살들처럼 오탁악세(五濁惡世)에 물들지 않고 중생을 제도하는 대승의 선지식입니다.

다음은 『화엄경』 법성게의 한 구절입니다.

우보익생만허공(雨寶益生滿虛空)
부처님 지혜와 자비의 보배로운 비는 허공에 가득한데

중생수기득이익(衆生隨器得利益)
중생은 마음 그릇에 따라 이익을 얻는구나.

관세음보살의 열 가지 서원

『법화경』「약초유품」에 이런 말씀이 있습니다.

아시일체지자(我是一切知者) 일체견자(一切見者)
나는 모든 것을 아는 이며, 모든 것을 보는 이니라.

지도자(知道者) 개도자(開道者) 설도자(說道者)
도를 아는 이며, 도를 열어 보이는 이며, 도를 설하는 이니라.

부처님은 모든 병고를 치유하시고 우리를 건강하게 만들어주십니다. 생사까지 뛰어넘어 영생불멸의 삶과 진리를 깨우쳐 주십니다. 부처님을 믿는 근본은 선행(善行)이며 정행(正行), 지혜행(智慧行), 자비행(慈悲行)입니다. 이것을 보시(布施), 애어(愛語), 이행(利行), 동사(同事)의 사섭법(四攝法)이라고 합니다.

『화엄경』「보현행원품」에 다음 말씀이 있습니다.

상득안락(常得安樂) 무제병고(無諸病苦)
항상 안락하며 모든 병고가 없게 하며

욕행악법(欲行惡法) 개실불성(皆悉不成)
나쁜 짓을 하려는 것은 모두 이룩되지 않고

소수선업(所修善業) 개속성취(皆速成就)
닦고자 하는 선업은 빨리 이루어질 것이다.

제악귀신(諸惡鬼神) 개실원리(皆悉遠離)
몹쓸 귀신들이 모두 멀리 떠나거나

혹시발심(或時發心) 친근수호(親近守護)
혹은 발심할 때가 있어 가까이 수호할 것이니라.

다음은 우리가 매일 독송하는 『천수경』의 10원문(願文)입니다.

원아속지일체법(願我速知一切法)
일체법을 속히 알기를 원하오며

원아조득지혜안(願我早得智慧眼)
지혜의 눈 속히 얻어지길 바랍니다.

원아속도일체중(願我速度一切衆)
모든 중생 속히 제도하길 원하오며

원아조득선방편(願我早得善方便)
좋은 방편 속히 얻어지길 원합니다.

원아속승반야선(願我速乘般若船)

272

지혜의 배에 속히 오르길 원하오며

원아조득월고해(願我早得越苦海)
고통의 바다 속히 건너길 원합니다.

원아속득계정도(願我速得戒定道)
계정혜를 속히 얻어지길 원하오며

원아조등원적산(願我早登圓寂山)
열반 언덕 속히 올라지길 원합니다.

원아속회무위사(願我速會無爲舍)
무위의 집에 속히 들어가길 원하오며

원아조동법성신(願我早同法性身)
진리의 몸 속히 이뤄지길 원합니다.

이 10원문은 관세음보살의 열 가지 서원으로 천광왕정주여래께 서원한 발원문입니다. 이것은 대승불교의 이념을 함축한 것이라 볼 수 있으며 진언행자(眞言行者)의 마음가짐을 표현하고 있습니다. 즉, 자비심과 자리이타(自利利他)의 정신을 나타낸 것입니다.

본래 원(願)은 소원, 원함 등의 뜻을 가지고 있습니다. 불교에서는 원이란 말을 많이 쓰는데 이를테면 네 가지 큰 서원이란 뜻의 사홍서원(四弘誓願)을 비롯해 약사여래 12원, 아미타불 48원, 석가여래 500원 등이 있습니다.

『천수경』에는 앞에 소개한 10원문에 이어 여섯 가지 큰 서원인 육향문(六向文)이 나옵니다.

아약향도산(我若向刀山) 도산자최절(刀山自崔折)
제가 칼산 지옥 향하면 칼산 절로 꺾이고

아약향화탕(我若向火湯) 화탕자소멸(火湯自消滅)
제가 화탕 지옥 향하면 화탕 절로 사라지며

아약향지옥(我若向地獄) 지옥자고갈(地獄自枯渴)
제가 지옥 세계 향하면 지옥 절로 없어지고

아약향아귀(我若向餓鬼)   아귀자포만(餓鬼自飽滿)
제가 아귀 세계 향하면 아귀 절로 배부르며

아약향수라(我若向修羅) 악심자조복(惡心自調伏)
제가 수라 세계 향하면 악한 마음 절로 선해지고

아약향축생(我若向蓄生) 자득대지혜(自得大智慧)
제가 축생 세계 향하면 지혜 절로 얻어지이다.

여기서 말하는 지옥(地獄)이란 말 그대로 지하 감옥처럼 고통이 가득한 곳입니다. 팔열지옥(八熱地獄), 팔한지옥(八寒地獄) 등이 있는데 팔만사천 번뇌 따라 팔만 사천 가지 지옥이 있다고 합니다. 금생에 악업을 지은 자가 사후에 받는 벌로는 삼악도(三惡道), 오취(五趣), 육도(六道), 십계(十界) 중 하나입니다.

한편 아귀(餓鬼)는 늘 굶주리고 목마른 고통을 받는 귀신입니다. 아귀가 머무는 곳은 음식이 불이 되어 타버리는데 탐욕이 원인이 되어 죄를 지은 사람이 받는 형벌입니다. 아귀에는 전혀 아무것도 먹을 수 없는 무재(無財) 아귀, 피나 고름을 먹고 허기를 달래는 소재(小財) 아귀, 사람이 먹다 버린 음식이나 사람이 주는 것만 먹을 수 있는 다재(多財) 아귀가 있다고 합니다.

아수라(수라)는 성내는 마음, 오만심으로 죄를 짓고 받는 형벌로 시기와 질투 등 투쟁, 다툼이 계속되는 귀신입니다.

축생(畜生)은 어리석은 마음, 무지, 무명심의 결과로 받는 과보입니다. 포유동물을 비롯해 새, 물고기, 파충류 등 성품이 어리석고 탐욕과 음욕이 가득해 부모형제의 구별 없이 고통과 괴로움은 많고 즐거움은 아주 적은 과보입니다. 훔치고 빼앗고 파괴하고 살생하며 거짓으로 진실을 외면한 사람이 받는 과보입니다.

말과 마음의 법칙

『천수경』 첫머리에 정구업진언(淨口業眞言)이 나옵니다. 말 그대로 풀이하면 '입으로 지은 업인 구업(口業)을 맑히는 참된 말'이라는 뜻입니다. 불교 경전에는 수많은 진언이 소개되는데 가장 대표적으로는 『천수경』을 예로 들 수 있습니다.

『천수경』은 정구업진언으로 시작되며 여기에는 매우 깊은 뜻이 담겨 있습니다. 맑고 깨끗한 언어, 바른 말, 진실한 말, 착한 말, 간절한 말, 금구언설(金口言說)이 우리의 인생을 좌우하는 첫걸음이라는 걸 뜻합니다.

사소한 대화도 생각하고 신중히 해야 합니다. 무심코 뱉은 말 한마디가 상대에게 상처를 줍니다. 배려와 덕담은 상대에게 감동과 희망을 줍니다. 마음속에 심어 넣은 상념(常念)에 의해 운명이 결정되고 상념을 심어 넣는 힘이 바로 말이 됩니다.

일상생활에서는 사념(思念)과 발성음, 표정들이 좋든 나쁘든 간에 운명을 좌우하게 됩니다. 소리 내어 좋은 말을 하면 곧 좋은 생각을 하게 되며 좋은 생각은 좋은 표정을 만듭니다. 따라서 정사념(正思念), 좋은 발성음, 좋은 표정은 일체인 셈입니다.

좋은 말은 좋은 운명의 파동이고 나쁜 말은 나쁜 운명의 파동이 됩니다. 설사 불행한 상황에 처하더라도 정당한 자기 암시의 말로 행복의 씨를 심으면 행복은 다가옵니다. 마음에 좋은 상념을 그려야 합니다.

자신만 들을 수 있는 낮은 소리로 자신 있게 20회 이상 되풀이하며 자신에게 들려주십시오. 예를 들어 자신의 처치가 아주 불행하게 느껴지더라도 "나는 행복합니다."와 같은 말을 되풀이하여 자신에게 들려줍니다. 이것은 참 나 속에 내포되어 있는 행복을 알게 하는 방법입니다.

인정한 것만이 존재한다는 마음의 법칙이 작용하는 것입니다. 참나의 실상은 영원하고 행복한 것임을 일러주어 인정하게 하면 그것이 행복의 씨가 되어서 행복의 열매를 거두게 됩니다. 이것은 불교에서 경전을 독송하거나 암송하고 다라니, 진언, 불보살 명호를 되풀이 반복하게 하는 원리입니다. 진언보다 큰 힘은 없습니다.

부처님은 우리에게 무한한 가능성을 일깨워주셨습니다.

누구나 무한한 가능성, 즉 불성광명(佛性光明)을 가지고 있으므로 그것을 인식하는 힘이 필요합니다. 인식하는 힘이란 곧 믿고 인정하는 것입니다. 내 안에 잠재된 무한한 가능성을 끌어내기 위한 진언, 말, 언행에 힘써야 합니다.

자기 자신은 물론 누구에게도 결코 나쁜 말을 하지 말고 바르고 좋은 말을 해야 합니다. 바르고 좋은 말, 언행이 무한한 능력을 끌어내고 그 힘이 새로운 행복과 운명을 열어가는 것입니다. 언행이 그 사람의 운명을 지배합니다. 사소한 대화라도 신중히 해야 합니다.

상념(常念)의 힘이 곧 언행(言行)입니다. 이 같은 언행이 곧 운명을 지배하게 됩니다. 세상에는 라디오 전파와 같이 눈에 보이지 않는 파동이 있는데 이것이 상념의 파동입니다.

따라서 생각, 말, 표정은 좋은 운명이나 나쁜 운명을 만듭니다. 좋은 생각, 좋은 말, 좋은 표정은 좋은 운명을 만들고 나쁜 생각과 말, 나쁜 표정을 반복하면 그것이 씨가 되어 나쁜 운명을 만듭니다.

모든 것은 생각한 대로 이뤄집니다. 부처님은 삼계유심(三界唯心)이라고 말씀하셨습니다. 즉 이 세상 모든 것은 오직 마음에서 이뤄진다는 말씀입니다.

말이 씨가 된다는 것을 명심해야 합니다. 생각이든 말이든 노래든 건설적이며 좋고 밝은 노래를 불러야 합니다. 슬픈 노래, 이별의 노래 등은 피해야 합니다. 특히 오래 함께 있는 가족, 친구, 직장 동료들에게 "당신은 운이 없어." "당신처럼 운 나쁜 사람도 없어." 등의 말은 절대로 하지 말아야 합니다.

하루는 24세의 미혼 여성이 찾아와 "저는 본래 체질이 약해 아무것도 할 수 없고 결혼도 못할 거예요."라고 자학하는 말을 했습니다. 그 이유를 알고 보니 모두 그 여성의 어머니가 했던 말 때문이었습니다. 어머니가 걸핏하면 "너는 팔삭동이고 타고난 허약체질이라 병을 달고 사는 것이니 시집도 못 갈 거야."라고 말했다고 합니다. 그게 원인이 되어 그 여성의 머릿속에 그런 생각이 세뇌되어 신념처럼 굳어진 것입니다.

이 여성의 어머니처럼 잘못된 언행을 하는 것은 무지에서 비롯된 것입니다. 만약 딸이 그런 약점을 갖고 있더라도 용기를 북돋아주고 긍정적인 말을 자꾸 해주었다면 자신감을 확립하고 긍정적인 사고를 하게 될 것이며 결국 행복하게 살았을 것입니다.

마음은 운명을 바꾼다

　배우자를 선택할 때 가장 먼저 고려할 부분이 무엇인가를 묻는 설문조사를 했더니 성격이 좋아야 한다는 답변이 가장 많았습니다. 거꾸로 이혼 사유도 성격 차이가 가장 많았습니다. 이런 결과는 부부가 성격이 맞지 않으면 그만큼 함께 살기 힘들다는 것을 말하고 있습니다. 부부뿐만 아니라 직장 동료나 친구 등 모든 인간관계에서 성격이 맞지 않으면 서로 화합할 수 없게 되어 함께 하는 게 힘들어집니다.

　생각이나 사고(思考)가 바뀌면 행동이 바뀌고, 행동이 바뀌면 습관이 바뀌며, 습관이 바뀌면 성격이 바뀌고, 성격이 바뀌면 운명이 바뀐다는 말이 있습니다. 만약 나쁜 성격을 가지고 있다면 그것을 바꿔야 자신의 운명도 바뀌는 것입니다.

　자신의 성격에 결함이 있다고 여겨진다면 자신감이 없어져 소극적인 사람이 되며 의욕을 잃게 됩니다. 이런 사람에게는 자신감을 회복하는 일이 필요합니다.

　인간은 본래 거짓말을 하지 않는 잠재의식을 가지고 있습니다. 따라서 만족하고 행복한 삶이란 결국 자신이 만들어 가는 것입니다. 마음이 운명을 지배합니다. 마음은 어떤 형태로든 만들 수 있으니 자기 운명은 스스로 바꿀 수 있습니다.

　마음은 물처럼 자유롭고 얼굴은 마음의 거울입니다. 다시 말해 마음이 얼굴에 나타난다는 것입니다. 몸은 마음의 표현이며 마음은 자신의 행동을 결정합니다. 즉, 마음이 행동으로 나타나고 그 행동이 환경을 만듭니다.

어떤 사람이든 자신이 좋아하는 사람을 기쁘게 하려고 노력하는 게 인지상정입니다. 내가 변하면 상대도 변합니다. 많은 이를 기쁘게 할수록 자신에게 돌아오는 기쁨도 큽니다. 행복과 불행은 대인 관계에서 오는 것입니다. 그렇기에 먼저 마음을 다스려야 합니다. 적극적으로 생각하고 행동하십시오. 밝은 생각이 밝은 행동을 낳는 것입니다. 용기는 운명을 바꿉니다. 결단은 신속하고 명확하게 하십시오. 그럴 때 거대한 힘을 발휘합니다.

누구나 마음속으로는 스스로 왕이 될 수 있습니다. 그러니까 왕도(王道)를 걸어야 합니다.

어리석은 마음은 그 사람을 천빈(賤貧)하게 하고 지혜는 그 사람을 부귀(富貴)하게 합니다. 지혜로운 사람이 되도록 노력하십시오.

성내는 마음은 모든 복덕을 불태웁니다. 따라서 화를 잘 내는 사람은 추하고 거칠게 보여 다른 사람들의 혐오를 받게 됩니다. 더 나아가 병고와 장애에 시달리고 외롭게 삽니다.

『법구경』에는 "입안에 말이 적고, 마음에 생각이 적으며, 배속에 밥이 적어야 한다."는 말씀이 있습니다. 자비 · 보시의 삶, 부처님 가호도 이와 같습니다.

행복한 사람은 만족할 줄 알고 불행한 사람은 만족할 줄 모릅니다.

조계종 총무원장을 역임하셨던 법장(法長) 스님은 다음의 열반송(涅槃頌)을 남겼습니다.

아유일발랑(我有一鉢囊)　　나에게 바랑이 하나 있나니

무구역무저(無口亦無底)　　입도 없고 밑도 없도다

수수이불람(受受而不濫)　　담아도 담아도 넘치지 않고

출출이불공(出出而不空)　　주어도 주어도 비지가 않네.

몇 가지 일화들

'보살은 원(願)으로 살고 중생은 업(業)으로 산다'는 말씀이 있습니다.

고려의 보조지눌 스님이 국사(國師)가 되어 세상의 존경을 받게 되자 속가의 누님 되시는 분이 수행은 별로 안 하면서 "나는 큰스님을 아우로 두었으니 극락 가는 것을 걱정 안 해도 된다."며 주변 사람들에게 말하고 다녔습니다. 이런 말을 전해 듣게 된 보조국사가 하루는 그 누님을 절에 초청했습니다.

마침 공양 때가 되었는데 보조국사는 밥상을 받아 혼자 공양을 하기 시작했습니다.

맞은편에 앉았던 누님이 서운해하며 따졌습니다.

"스님은 왜 누이를 불러놓고 혼자만 공양을 하십니까?"

스님이 대답했습니다.

"제가 이렇게 밥을 먹으면 누님도 배가 부르지 않습니까? 듣자 하니 누님께선 저를 아우로 두어 극락에 갈 일은 걱정하지 않는다고 하셨다던데……."

그 말을 듣고 난 누님은 크게 깨닫는 바가 있어 그날부터 열심히 수행을 하였다고 합니다. 그때 스님은 다음의 '아미타불 게송'을 부지런히 암송하시라며 공부 방법을 일러주었습니다.

아미타불재하방(阿彌陀佛在何方) 아미타불 계신 곳은 어디인가
착득심두절막망(着得心頭切莫忘) 마음머리에 붙들어 놓침 없이 생각하되
염도염궁무념처(念到念窮無念處) 생각이 다한 끝, 생각 없는 곳에 이르면
육문상방자금광(六門常放紫金光) 여섯 문에서 언제나 금빛 광명을 놓으리.

어린 나이에 부모님을 잃고 의지할 곳 없이 거지 생활로 하루하루 연명해가는 한 아이가 있었습니다. 아이는 너무나 춥고 배가 고파 차라리 죽는 게 낫겠다며 몸을 던지려 하는데 마침 지나가던 스님이 그 아이를 구해주며 말했습니다.

"너는 아직도 고생을 더 해야 한다. 하지만 네가 치르고 받아야 할 고생을 달게 받고 기쁘게 치른다면 크게 성공하여 복되게 살 것이다. 누구도 원망하지 말고 열심히 살아라. 그렇게 하면 과거의 나쁜 업이 다 녹아 죄가 없어지고 복이 생길 것이며〔죄멸복생(罪滅福生)〕, 복이 깃들면 마음이 신령스러워질 것이다〔복지심령(福之心靈)〕. 그래서 훗날 크게 성공할 것이다. 만일 지금처럼 어려운 일이 있으면 관세음보살을 계속 염하여라."

그때부터 아이는 열심히 살기 시작했고 훗날 스님의 말씀대로 크게 성공해 지금은 몇백억 자산가로, 사회적으로나 가정적으로 아주 다복하게 살고 있습니다. (민경학 회장 일화)

이런 이야기처럼 미움과 욕심을 버리고, 받아야 할 인과(因果)는 기꺼이 받아야 합니다. 인과를 믿고 주어진 현실을 받아들이는 자세가 난관을 극복하는 길이 되는 것이며 참되고 복된 삶, 성공의 삶으로 이어집니다. 행복과 평화가 충만한 삶은 지난 과거의 모든 잘못된 업보

를 바꾸는 데 있습니다.

옛날 단왕이란 분이 격언을 수집하기 위해 여행을 떠났습니다. 하루는 어떤 고을에서 과일나무를 심는 노인을 만나 물었습니다.

"실례지만 어르신께선 춘추가 어찌 되시는지요?"

노인이 대답했습니다.

"이제 네 살밖에 안 됐습니다."

단왕은 뜻밖의 대답을 듣고는 깜짝 놀라 되물었습니다.

"그게 대체 무슨 말씀이신지요?"

"여태 뜻 없이 살았던 세월을 빼고 불법(佛法)을 알고 뜻있게 살게 된 세월이 이제 겨우 네 해밖에 안 되었다는 말씀입니다."

노인의 답변을 듣고 난 단왕은 크게 공감하여 고개를 끄덕였습니다.

이런 이야기처럼 진리인 부처님 말씀을 믿고 살면 사람다운 사람이며, 진리를 모르고 사는 것은 짐승같은 삶이라고 할 수 있습니다. 올바른 믿음을 배반하면 가장 추한 짓이며, 죄인이 참회를 하면 가장 아름다운 일입니다.

무게에 따라 저울의 추가 달라지듯이 인간의 운명도 상황에 따라 끝없이 변화하는 것입니다.

노나라의 왕이 서쪽에 궁전을 더 지으려고 하니 한 신하가 그것을 강하게 반대했습니다.

"임금이시여, 그리하면 큰 재앙이 따를 것입니다."

이에 왕이 크게 분노하며 재절추라는 신하에게 물었습니다.

"그대도 저 사람의 말이 옳다고 여기는가?"

"세 가지 재앙이 따르긴 하겠지만 그것은 서쪽에 궁궐을 더 짓는 것과는 관계가 없습니다."

이와 같은 답변을 듣고 난 왕은 한결 누그러진 목소리로 다시 물었습니다.

"그 세 가지 재앙이란 무엇인가?"

"첫째는 정도(正道)의 예를 행하지 않는 것이며, 둘째는 끝없는 사치와 욕심이며, 셋째는 진실하고 간절한 충언을 외면하는 것입니다."

재절추의 답변을 듣고 난 왕은 서쪽에 궁전 짓는 것을 포기했습니다.

조나라 왕이 윤택이란 신하에게 말했습니다.

"적궐은 충성스럽지만 그대는 불충하다. 적궐은 충언(忠言)을 할 때면 사람이 없는 때를 골라서 하는데 그대는 꼭 사람들이 있을 때 충언을 하여 짐을 부끄럽게 하기 때문이다."

윤택이 답했습니다.

"적궐은 폐하의 부끄러움을 감싸고 저는 폐하의 잘못을 감싸는 차이가 있을 뿐입니다. 폐하가 부끄러움을 당하지 않으면 잘못을 고치지 않으시니 소신은 여러 사람들이 있을 때 충언을 드리는 것입니다."

러시아의 대문호 톨스토이의 작품 중에는 이런 대목이 있습니다.

"죄는 많이 지은 사람일수록 반성할 줄 모른다."

한 여인이 한 남자와 부도덕한 일을 큰 죄라 생각하는 데 비해 다른 한 여인은 자신은 도덕적으로 살아 죄가 없다고 생각했습니다. 노인이 심판하길 죄를 지었다고 생각하는 여인에게는 강변에 큰 돌 하나를 옮겨 왔다 도로 가져다 놓게 한 반면, 죄가 없다고 생각하는 여인에겐 작은 자갈들을 치마에 가득 담아 갖고 왔다 제자리에 갖다 놓게 했습니다. 하지만 그 여인은 자갈이 너무 많아 제 자리를 찾을 수가 없었습니다.

이 이야기는 '반성 없는 삶은 더 깊은 죄에 빠지는 길이니 참회의 삶을 살아야 한다'는 교훈을 주고 있습니다.

전생에 하던 일, 생각한 것을 금생에 하게 되고 금생에 하던 일, 생각들이 내생으로 연결된다는 종연생(從緣生) 종연멸(從緣滅)이 인과의 원리입니다.

부처님은 복 받고 벌 받는 원리, 사람답게 사는 법, 역경과 재앙 소멸법, 운명을 바꾸는 법, 참 삶의 길, 행복의 길, 영생의 법을 가르쳐 주셨습니다. 막힌 운 열리고 소원성취하니 법문을 듣고 염불합시다. 기도합시다. 진실합시다. 참회합시다.

보시와 공양

우리 불자들이 가장 중요하게 여기는 실천수행법은 여섯 가지가 있으며 이를 통틀어 육바라밀이라고 부릅니다. 육바라밀은 보시(布施)·지계(持戒)·인욕(忍辱)·정진(精進)·선정(禪定)·반야바라밀(般若波羅蜜)을 가리킵니다.

육바라밀 중에서도 보시바라밀을 가장 먼저 손꼽는 것은 자비의 마음으로 다른 사람에게 아무런 조건 없이 베푸는 일이 그만큼 중요한 까닭입니다. 석가모니 부처님은 "그대들은 나의 자녀들이다. 나의 입에서 태어났고 진리에서 태어났다. 또한 진리에 의해 만들어졌다. 따라서 그대들은 재산의 후계자가 아니라 진리의 후손들이다."라고 하셨습니다.

우리는 보시에 대해 남을 위해 무언가 베푸는 것으로 생각하기 쉬운데 사실은 내 자신의 물욕과 탐욕, 이기심 등을 버리는 것이 보시의 참된 뜻이라고 할 수 있습니다.

일반적으로 보시는 크게 세 가지로 나누는데 재물을 베푸는 재시(財施), 부처님 가르침을 전해주는 법시(法施), 두려움과 어려움에서 상대를 구해주는 무외시(無畏施)가 그것입니다.

그런가 하면 돈이 들지 않는 일곱 가지 보시라는 뜻의 '무재칠시(無財七施)'라는 말도 있습니다.

무재칠시에는 얼굴에 화색을 띠고 부드럽고 정다운 얼굴로 남을 대하는 화안시(和顏施), 사랑의 말, 칭찬의 말, 위로의 말, 격려의 말, 양보의 말 등으로 상대방의 기분을 좋게 해주는 언시(言施), 마음의 문을 열고 따뜻한 마음을 전하는 심시(心施), 부드러운 눈빛으로 상대를 바라보는 안시(眼施), 자기 몸을 움직여 힘들어하는 상대를 도와주는 신시(身施), 자기의 자리를 내주어 양보하는 좌시(坐施), 상대의 속을 헤아려 알아서 도와주는 찰시(察施) 등을 가리킵니다. 이 무재칠시를 현대적인 개념으로 열거하면 다음과 같습니다.

- 상대하는 사람에게 마음을 주는 것.
- 몸으로 협력하고 봉사함.
- 상대의 좋은 면만 보는 것.
- 항상 밝은 웃음을 보여주는 것.
- 긍정적인 좋은 말만 하는 것.
- 겸양의 미덕을 보여줌.
- 무슨 일이든 최선을 다해 끝마무리를 잘함.

앞에서 보시를 크게 재시, 법시, 무외시로 구분할 수 있다고 했는데 그중에서도 법시(법보시)를 가장 중요하게 여깁니다. 그런데 불법승 삼보를 대상으로 올리는 공양(供養)도 법공양을 으뜸으로 여깁니다.

『화엄경』「보현행원품」에는 다음과 같은 말씀이 있습니다.

제공양중(諸供養中) 법공양최(法供養最)
모든 공양 가운데는 법공양이 가장 으뜸이 되나니

소위여설수행공양(所謂如說修行供養)

이른바 부처님 말씀대로 수행하는 공양이며,

이익중생공양(利益衆生供養)

중생들을 이롭게 하는 공양이며,

섭수중생공양(攝受衆生供養)

중생을 섭수하는 공양이며,

대중생고공양(代衆生苦供養)

중생의 고를 대신 받는 공양이며,

근수선근공양(勤修善根供養)

선근을 부지런히 닦는 공양이며,

불사보살업공양(不捨菩薩業供養)

보살업을 버리지 않는 공양이며,

불리보리심공양(不離菩提心供養)

보리심을 여의지 않는 공양이니라.

불자님들은 부처님의 공양구(供養具)로서 시방세계를 모두 채울 수 있어야 합니다. 따라서 여래의 법을 배우고 익히며 닦아서 모든 이를 복되고 이익되게 하며, 모든 이를 섭수·포용하고 사랑하며, 모든 이를 대신해 참고 견디며 감내하며, 모든 이를 발심시켜 부처님께 귀의토록 하며, 모든 이들로 하여금 착한 마음, 바른 신심을 잃지 않게 하며, 모든 이의 보리심을 여의지 않도록 공양하시기 바랍니다.

부처님을 찬탄합니다

부처님은 지혜와 자비의 빛으로 이 세상에 오셨습니다. 부처님은 인간의 절대적인 존엄과 평등한 모습을 깨닫게 하셨습니다. 모든 이의 안락과 행복을 위해 진리를 말하라는 전도선언(傳道宣言)에서 우리가 가야 할 길, 삶의 진리는 지혜와 자비의 실천임을 깨닫게 합니다.

무상심심미묘법(無上甚深微妙法)　위 없이 깊고 깊은 미묘한 법이여
백천만겁난조우(百千萬劫難遭遇)　백천만겁 오랜 세월 만나기 어려워라
아금문견득수지(我今聞見得受持)　이제 저희가 보고 듣고 받아 지니니
원해여래진실의(願解如來眞實意)　원컨대 여래의 진실한 뜻 알게 하소서.

이 개경게(開經偈)의 말씀처럼 부처님 법은 참으로 심심미묘하고 오묘합니다. 우주의 법칙, 대자연의 섭리 등 모든 가르침이 매우 과학적이고 철학적이며 논리적입니다. 부처님께서 설법하신 금구언설(金口言說)은 모든 것을 뛰어넘어 완벽하시며 경율론(經律論) 삼장의 내용이나 그 분량이 종교, 철학, 과학, 천문학 등 모든 것을 포용하고 있습니다.

부처님 생애는 참으로 희유하십니다. 제왕의 자리, 왕위를 버리시고 출가수행하시어 깨달음을 얻고 설법하신 그 발자취와 교리가 심심미묘하며 참으로 희유하십니다.

초전법륜(初轉法輪), 삼법인(三法印), 사성제(四聖諦)를 위시하여 육바라밀(六波羅密), 팔정도(八正道) 등 연기의 법칙은 매우 현실적이고 과학·철학·윤리·교육적으로 잘 설해져 있다는 것입니다.

부처님은 또한 모든 신을 부정하시는 대신 오직 인간의 마음으로 제반사를 해결할 수 있게 하셨습니다. 부처님의 32상 80종호는 희유하시며 모든 현상계의 사물을 있는 그대로 드러내 보이시고 사람과 국토, 천지 만물을 완벽하게 장엄하셨습니다.

부처님은 다음의 칠무상(七無上)을 갖추신 분입니다.

- 신무상(身無上) : 인천(人天)의 복혜(福慧)를 구족하시고 32상 80종호를 갖추신 것.
- 도무상(道無上) : 가장 높은 깨달음과 이타행(利他行)을 행하신 것.
- 정무상(正無上) : 행함이 완벽하고 수승하신 것.
- 지무상(智無上) : 무학(無學), 아라한 팔지(八智), 사무애지(四無礙智) 등을 갖추신 것.
- 신력무상(神力無上) : 육신통(六神通)을 완성하신 것.
- 단장무애무상(斷障無碍無上) : 번뇌장(煩惱障), 소지장(所知障) 등을 끊어 최상의 지(智)를 갖추신 것.
- 주무상(住無上) : 여래성주(如來聖住), 천주(天住)를 구현하신 것.

우리는 여러 경전이나 사찰의 주련(柱聯)을 통해 부처님을 찬탄하는 게송들을 종종 독송하게 됩니다. 여기에 그 말씀을 소개합니다.

삼계유여급정륜(三界猶如汲井輪) 삼계는 마치 우물의 두레박 같아서

백천만겁역미진(百千萬劫歷微塵) 백천만겁이 미진토록 지났도다

차신불향금생도(此身不向今生度) 이 몸을 금생에 제도하지 못하면

갱대하생도차신(更待何生度此身) 다시 어느 생에 제도하리요.

천상천하무여불(天上天下無如佛) 하늘 위 하늘 아래 가장 거룩하신 부처님

시방세계역무비(十方世界亦無比) 시방세계 무엇으로 견주어보리

세간소유아진견(世間所有我盡見) 이 세간 모든 것을 다 보았지만

일체무유여불자(一切無有如佛者) 부처님 같으신 어른 다시 없어라.

찰진신념가수지(刹塵信念可數知) 세계의 티끌 수 같은 마음 헤아려 알고

대해중수가음진(大海中水可飮盡) 큰 바다 물을 마셔 다 없애고

허공가량풍가계(虛空可量風可繫) 허공을 헤아리며 바람을 잡아맬 수
있으나

무능진설불공덕(無能盡說佛功德) 부처님의 공덕은 말로 다 할 수가 없네.

가사정대경진겁(假使頂戴經塵劫) 설령 경전 높이 이고 티끌 수만큼의
겁을 돈다 해도

신위상좌변삼천(身爲床座邊三千) 몸으로 법상이 되어 삼천대천세계를
덮는다 해도

약불전법도중생(若不傳法度衆生) 만약 법을 전하여 중생을 제도하지
않는다면

필경무능보은자(畢竟無能報恩者) 끝내 부처님 은혜 갚지 못한 것이라네.

아차보현수승행(我此普賢殊勝行) 제가 닦은 보현보살 거룩한 행원 닦아

무변승복개회향(無邊勝福皆回向) 가 없는 복을 모두 회향하오니
보원심익제중생(普願心溺諸衆生) 원컨대 고해에 빠진 모든 중생들
속왕무량광불찰(速往無量光佛刹) 어서 빨리 극락세계 얻어지이다.

아미타불재하방(阿彌陀佛在何方) 아미타부처님 계신 곳 어디인가
착득심두절막망(着得心頭切莫忘) 마음 깊이 새겨두고 간절하게 잊지 마라
염도염궁무념처(念到念窮無念處) 생각 생각 다 하여서 생각할 곳 없는
곳에
육문상방자금광(六門常放紫金光) 여섯 문 어디서나 자금색 빛나리라.

보화비진요망연(報化非眞了妄緣) 보신과 화신 참모습 아니라 허망하니
법신청정광무변(法身淸淨廣無邊) 청정한 법신은 가히 헤아릴 수 없네
천강유수천강월(千江有水千江月) 천강의 모든 물 위에 달빛 비치니
만리무운만리천(萬里無雲萬里天) 만리 구름 걷히면 만리 하늘 비추네.

원공법계제중생(願共法界諸衆生) 원컨대 시방법계 한량없는 모든 중생
동입미타대원해(同入彌陀大願海) 아미타불 원력 바다 다 함께 들어가
진미래제도중생(盡未來際度衆生) 미래세 다하도록 모든 중생 제도하고
자타일시성불도(自他一時成佛道) 너나없이 한꺼번에 성불하여지이다.

사문의 길

　세상의 모든 장애와 재앙은 과거 생의 업보의 결과입니다. 참회하고 수계하여 맑혀야 합니다.

　올바른 진리를 알아 지혜를 얻고 정법으로 중생을 일깨우며, 정법을 지키기 위해 몸과 마음을 바쳐 살겠다고 발원하십시오.

　부처님의 올바른 가르침으로 모든 불보살의 신통한 힘을 얻고 세간의 안온한 행복과 자유, 자재로 출세간의 안락함을 얻을 것입니다.

　『법화경』「약왕보살본사품」에,

　차경즉위(此經則爲) 염부제인(閻浮提人) 병지양약(病之良藥)
　이 경은 염부제 사람들의 좋은 약이다.

라고 했습니다. 또한,

　약인유병(若人有病) 득문시경(得聞是經)
　어떤 사람이 어떤 병에 걸린다 해도 만약 이 경을 들으면

　병즉소멸(病卽消滅) 불로불사(不老不死)

294

곧 모든 병고가 소멸하여서 늙지 않고 죽지 않는
영원불멸의 도를 얻을 것이다.

라는 말씀이 있습니다. 이런 말씀들처럼 부처님 가르침은 모든 인류의 삼독, 오욕과 사난팔고(四難八苦)의 병을 치유하는 명약입니다.

불교의 수행단체 특히 승가(僧伽)에는 육화경(六和敬)이라는 공동규칙이 있습니다. 육화경이란 화합하고 서로 공경하는 여섯 가지 커다란 원칙을 가리킵니다.

1) 계화경(戒和敬) : 절제된 삶을 영위하며 가정, 사회, 종교, 국가의 모든 면에서 계행으로 화합함.
2) 의화경(意和敬) : 뜻으로, 마음으로 서로 이해하고 화합하며 공경함.
3) 이화경(利和敬) : 이익을 함께 하여 고른 분배로 화합하며 공경함. (돈 있는 이가 돈 쓰는데 돈 없는 이 거스르면 돈을 잘못 쓰는 것입니다.)
4) 신화경(身和敬) : 특권의식을 버리고 몸으로 함께 함.
5) 구화경(口和敬) : 거짓말, 이간질, 양설(兩舌), 악구, 망어(공갈, 사기, 협박)를 하지 않으며 이어(利語), 애어(愛語), 정어(正語), 진어(眞語)를 함.
6) 견화경(見和敬) : 모든 법의 공(空)한 이치를 바로 보고 함께 실천함.

출가하여 수행자가 되는 것은 번뇌에 얽매인 세속 인연을 벗어나 성자의 길을 가는 것이며 수행과 전법(傳法)의 삶을 살겠다는 뜻입니다. 출가는 인간의 근본 문제를 해결하는 삶이며 끝없는 위기 상황에서 탈출하는 삶입니다. 또 삼독과 오욕에서 벗어나는 삶이며 생사윤회에서 벗어나 지혜와 자비행을 실천하는 삶입니다.

『출가공덕경』에는 "진리를 위해 모든 것을 버린 출가 · 재가 법사는 곧 나(여래)의 상속자이다."라는 말씀이 있습니다.

『법구경』 「범지품」에는,

해미묘혜(解微妙慧) 변도불도(辯道不道)
미묘한 지혜를 해탈해서 도와 도 아님을 분별하고

체행상의(體行上義) 시위범지(是謂梵志)
몸소 가장 으뜸인 의(義)를 행하면 이것을 일컬어 범지라 한다.

라는 말씀이 있습니다.

신라 때의 원효대사는 『발심수행장』에서,

이심중애(離心中愛) 시명사문(是名沙門)
마음에서 애욕을 여읜 사람을 사문이라 이름하며,

불연세속(不戀世俗) 시명출가(是名出家)
세속의 일을 그리워하지 않는 것을 출가라 부른다.

라고 말씀하셨습니다.

삼보에 귀의한 공덕

『금강정경(金剛頂經)』에는 "너희는 마땅히 붓다와 그 법(法)에 귀의할지어다."라는 말씀이 있습니다. 삼보(三寶)에 귀의하고 오계(五戒)를 수지하십시오. 백배〔승보(僧寶)〕, 천배〔법보(法寶)〕, 만배〔불보(佛寶)〕의 공덕이 있습니다. 다만 불법(佛法)에 귀의한 이는 신(神) 등 외도를 따르지 않아야 합니다.

부처님은 대도사(大導師)이시고 부처님 가르침인 법(法)은 양약(良藥)이며, 승(僧)은 승우(勝友)입니다. 그렇기에 부처님께 귀의하면 세세생생 귀인(貴人), 복록(福祿), 천상락(天上樂)과 길상복(吉祥福)을 얻는다고 합니다.

『보살정법경(菩薩正法經)』에는 "세존은 중생의 자부(慈父)이시므로 모든 얽매임에서 벗어나 깨달음을 얻게 하신다."라고 하셨습니다. 또 『심지관경(心地觀經)』에는 부처님이 부모·중생·나라·삼보의 네 가지 은혜를 설하시고 이에 보답하라고 하셨습니다.

정법(正法)인 불교에 귀의하면 세세생생 단정(端正), 호성(好聲), 다재귀보(多財貴寶), 장생화가(長生和家), 명종천상선생(命終天上善生) 등의 선보(善報)를 받게 됩니다.

그리고 삼보에 귀의하고 절하면 아상(我相), 인상(人相), 중생상(衆生相), 수자상(壽者相)의 사상을 버려 아만과 교만이 없고 겸손, 하심(下

心)하게 되므로 인의예지신(仁義禮智信)이 증장하여 탐진치 삼업이 청정해집니다. 이와 같이 절을 하는 것이므로 업장이 소멸하고 공덕이 증장하여 젊음과 건강, 그리고 행운이 옵니다.

행원(行願)을 닦는 이는 일체 죄업이 모두 소멸하고 따라서 일체의 광고(廣苦)가 모두 없어지고 일체의 마군(魔軍)이 모두 물러가며 일체의 선신(善神)이 다 수호하기 때문입니다.

「보현행원품」에는 다음의 게송(偈頌)이 있습니다.

보현신상여허공(普賢身相如虛空)　보현행원의 몸 모습은 허공과 같아서

의진이주비국토(依眞而住非國土)　진리에 의지하여 머물러 나투지 않는 국토가 없고

수제중생심소욕(隨諸衆生心所欲)　모든 중생 소망 따라 다 구원하시니

시현보신등일체(示現普身等一切)　보현보살의 넓은 몸 나타내어 일체에 평등하도다.

이것이 불보살님의 위신력입니다.

업보를 바꾸는 법

『제법집요경(諸法集要經)』에는 "정법을 등지면 모든 악이 그를 따르고 정법을 호지하면 세상에서 가장 거룩한 보(報)를 얻으리라. 부처님은 일체중생의 의지처이시기 때문이다."라는 말씀이 있습니다.

이것은 인과응보를 뜻하는 내용입니다. 좋은 인연은 좋은 결과를 낳는 것이며 지은 대로 받는 것입니다.

『명심보감(明心寶鑑)』에는 이런 구절이 있습니다.

치농음아가호부(癡聾喑啞家豪富)
못난 사람이 부귀영화를 누리기도 하며,

지혜총명각수빈(智慧聰明卻受貧)
지혜롭고 총명한 사람이 도리어 가난하게 살기도 한다.

이것은 우리의 운명이 모두 정해졌다고 보는 시각입니다.

하지만 불교에서는 현생의 일을 인과법으로 보고 있습니다. 말하자면 전생에 복을 많이 지은 사람은 못나게 태어났더라도 부자로 살 수 있지만 복을 짓지 못한 사람은 잘났더라도 가난하게 산다는 것입니다. 따라서 불자님들은 언제나 의롭고 당당하게 살아야 하며 언제 어디서나 꼭 필요하며 소중한 사람이 되어야 합니다.

농부가 농사를 짓고 어부가 고기를 잡는 것처럼 보살은 원력(願力)으로 살고 중생은 업보로 삽니다. 모든 물질계는 마음 법칙의 그림자이기 때문입니다.

사주 관상에 통달한 어떤 스승이 있었습니다. 그런데 그의 풍채는 썩어 비틀린 모과와 같고 키도 작으며 등이 굽은 곱추인데다 소아마비로 다리까지 절었습니다. 사주 또한 빈천한 거지팔자였습니다. 그런데도 다른 사람들의 사주 관상을 잘 보아주어 이름을 날렸고 돈을 잘 벌어 부자가 되었습니다. 또한 큰스승으로 공경받았으며 건강했습니다. 그것을 의아하게 여긴 제자들이 물었습니다.

"스승님의 관상이나 팔자는 형편없는데 어째서 그런 것들에 구애를 받지 않으시는지요?"

그 스승이 답했습니다.

"그것은 모두 부처님 덕택에 내가 인과를 배워 알기 때문이다. 내 얼굴과 몸이 이렇게 못난 것은 내가 전생에 아상이 높고 진심(嗔心)이 많아 남을 멸시해 흉보고 심술을 부렸기 때문이다. 그것을 깨닫고 참회, 인욕하며 자비심으로 하심하여 늘 감사하고 만족해하며 이렇게 노력한 것이다. 내가 타고난 병약하고 단명한 상은 전생에 살생을 저질렀고 남을 불구로 만들었으며 모진 짓을 했기 때문이었다.

나는 그런 전생의 업보를 알고 늘 부처님께 참회하고 방생(放生)과 적덕(積德), 불공을 하여 운명을 바꾼 것이다. 전생에 지은 빚으로 빈궁보(貧窮報)를 받았지만 그것을 금생에 갚고자 베풀고 나누는 삶을 살았으며 불전을 청소하고 근검절약, 불공하며 지냈기에 빈궁을 벗어날 수 있었다.

이처럼 모든 것을 전생 업보로 생각하되 남을 원망하지 않고 참회하며 하심하여 정법대도(正法大道)에 귀의하여 인과를 믿고 실천했기에 정해진 운명의 구애를 받지 않게 되었다. 너희들도 이렇게 정해진 운명도 피하거나 고쳐나갈 수 있으니 나처럼 살아야 한다.”

이런 이야기처럼 죄업이 녹아야 도업(道業)에 들어갈 수 있는 것입니다. 죄업을 녹이려면 선업을 쌓아야 합니다. 생활 습관을 바르게 고치며 불전(佛前)에 기도하고 근면하고 검소한 생활을 해야 합니다. 혹시 내가 고통을 준 이가 있다면 직접 참회하고 사과하시기 바랍니다. 살아생전에 원결(怨結)을 다 풀고 모든 빚을 갚으며 임종할 때라도 참회하여 다음 생으로 과보를 잇지 말아야 합니다.

어떤 사람이 실수로 집에 불을 냈습니다. 그런데 엉뚱하게 옆집 사람이 누명을 쓴 채 벌금 내고 감옥까지 갔다가 끝내 자살을 하고 말았습니다. 그런데 나중엔 불을 낸 집의 두 아들이 갑자기 죽었다고 합니다. 방화범으로 누명을 쓰고 자살한 사람의 원한 때문입니다.

인과응보는 이처럼 무서운 것입니다. 알게 모르게 꼭 돌아오는 것이 인과응보입니다.

모든 것은 마음으로 이루어진다

『천수경』은『반야심경』과 함께 불자님들이 가장 많이 읽고 외우는 경전입니다. 『천수경』이 '정구업진언淨口業眞言'으로 시작되는 것은 매우 깊은 뜻이 있습니다. 정구업진언은 말 그대로 풀이하면 '입으로 지은 업을 깨끗이 하는, 참된 말'입니다.

불교에서 말하는 구업은 크게 악구(惡口), 양설(兩舌), 기어(綺語), 망어(妄語)의 네 가지로 나눌 수 있습니다. 악구는 악담이나 나쁜 말을 뜻하며, 양설은 남을 서로 이간질하는 이중적인 말이고, 기어는 교묘하게 꾸며서 하는 말이며, 망어는 거짓말을 뜻합니다.

『천수경』을 독송하기 전 우리가 알게 모르게 짓게 되는 이런 구업을 깨끗이 닦아야 경전을 독송하는 효험과 공덕이 생긴다는 뜻에서 "수리 수리 마하수리 수수리 사바하"란 진언을 세 번 반복하는 것입니다.

이처럼 우리가 입으로 내뱉는 말은 행복과 불행을 좌우합니다. 다시 말해 불행한 상황에 처하더라도 자기 암시를 통해 행복의 씨앗을 심으면 행복이 다가오는 것입니다. 마음에 좋은 씨앗을 심으면 좋은 운명의 싹이 트게 됩니다. 설령 불행한 일이 닥쳐도 "나는 행복하다." 고 계속 자기 암시를 하면 결국 행복해집니다. 인정한 것만이 존재하는 게 마음의 법칙이기 때문입니다.

인간은 무한한 가능성을 가지고 있으므로 그것을 인식하는 힘이 필요합니다. 말은 운명을 지배하는 것이니 사소한 대화라도 신중히 해야 합니다. 좋은 말과 좋은 생각, 좋은 표정을 간직하시기 바랍니다. 삼계유심(三界唯心)이란 말처럼 모든 것은 생각한 대로 이루어지는 것입니다. 마음속에는 항상 묘안이 들어있습니다. 어떤 문제가 있다면 그것을 풀 수 있는 방법도 있습니다.

우리 마음에는 의식적인 것(이성적인 것)과 잠재의식적인 것(비이성적인 것)의 두 가지 형태가 있습니다. 그런데 어떤 암시이든 일단 잠재의식속에 들어가면 반응하여 즉각 실행하게 됩니다. 이 잠재의식은 마음이 가라앉고 긴장 상태가 풀어졌을 때가 씨앗을 뿌릴 적기라 할 수 있습니다. 잠재의식은 마음의 씨앗, 좋은 마음의 씨앗이 훌륭한 열매를 가져옵니다. 잠재의식에는 농담이나 거짓이 통하지 않습니다.

따라서 원하는 것을 이루는 상상을 반복하십시오. 만약 불치병을 앓고 있더라도 건강한 이미지를 계속 상상하다 보면 그 병을 고치게 됩니다. 그것이 잠재의식의 힘입니다. 잠재의식은 만능 기계와 같으니 긍정의 힘으로 성취하시기 바랍니다.

그런 뜻에서 마음의 힘을 키우는 불교 경구(警句)들을 소개합니다.

심조만유(心造萬有) 일체유심조(一切唯心造)
마음이 모든 것을 만들고, 모든 것은 마음으로 이루어진다.

수처작주(隨處作主) 입처개진(立處皆眞)
삶의 매 순간마다 주인 되어 진실하게 산다.

만법귀일(萬法歸一) 일귀하처(一歸何處)
만법이 하나로 돌아가니 그 하나는 어느 곳으로 돌아가는가?

죽어도 죽지 않는 생명, 그것은 빛으로 존재한다. 나무아미타불(南無阿彌陀佛)이다.

없는 병을 스스로 만들지 말라. 실상은 완전무결하다.

중생제병(衆生諸病) 전도망상생야(顚倒妄想生也)
중생의 모든 병고는 전도망상에서 생긴다.
──『유마경(維摩經)』 중에서

착한 일을 많이 하면
반드시 기쁜 일이 생긴다

『주역(周易)』에는,

적선지가(積善之家) 필유여경(必有餘慶)

착한 일을 많이 하여 선을 쌓은 집에는 반드시 기쁜 일이 생기고

적불선지가(積不善之家) 필유여앙(必有餘殃)

나쁜 일을 하여 선을 쌓지 못한 집에는 반드시 재앙이 따른다.

는 대목이 있습니다.

적선이란 글자 그대로 착한 일을 많이 하는 것을 가리킵니다. 이런 가르침처럼 마음을 착하게 잘 쓰면 복이 따르며 그런 교훈을 증명하는 실제의 예화들도 많이 있습니다. 여기서는 충남 공주 출신의 김갑순이란 사람의 이야기를 소개합니다.

구한말에 태어난 김갑순은 본래 공주 감영에서 잔심부름을 하던 관노(官奴)였습니다. 그런데 어릴 때 의남매를 맺게 된 여인이 충청감사의 첩이 되었고 그 여인의 청에 따라 김갑순은 노비 신분에서 해방되어 아전(衙前)이 되었습니다. 아전은 요즘 식으로 말하면 직급이 낮은

공무원과 비슷한 신분이었으니 관노였던 김갑순으로선 크게 출세를 한 셈이었습니다.

그러던 어느 날, 해가 질 무렵 허름한 옷을 입은 한 선비가 공주감영을 찾았습니다. 그 선비는 친구인 충청감사를 만나려고 면회를 신청했으나 충청감사가 만나주지 않자 그만 크게 실망하고 집으로 돌아가던 길이었습니다. 그때 김갑순이 그 선비에게 무슨 일로 찾아온 것인지를 물었습니다.

그러자 선비가 자신의 딱한 사정을 털어놓았습니다.

"내가 딸자식을 출가시키려고 하는데 혼수비용이 없어 어릴 적 친구였던 충청감사에게 도움을 받으려고 왔네. 그런데 아예 만나주지도 않으니 괘씸하고 섭섭하구먼."

이런 사정을 듣고 난 김갑순이 선비에게 말했습니다.

"여기서 잠깐만 기다려주십시오."

김갑순은 그렇게 선비를 앉혀놓고는 얼마 후 당나귀에 쌀과 광목, 엽전 등을 가득 싣고 다시 나타났습니다.

"이것은 약소하나마 소인이 마련한 것이니 따님 혼수비용에 보태시기 바랍니다."

선비는 크게 고마워하며 혼수가 넉넉히 실린 당나귀를 끌고 집으로 돌아갔습니다.

그런데 얼마 후 그 선비가 갑자기 호조판서가 되었습니다.

항상 김갑순의 도움을 잊지 않았던 그가 김갑순을 한양으로 불렀습니다. 그때부터 김갑순의 출셋길이 열려 충남 지역의 세무서장에 해당하는 봉세관(封稅官)을 비롯해 부여군수, 임천군수, 아산군수 등을 역임하며 많은 재산을 모으게 되었습니다.

그러더니 일제 강점기에는 경부선 철도건설 정보를 미리 입수하고 엄청난 땅을 사들이기 시작해 대전과 충남 지역의 땅 40%가 모두 그의 소유가 되었습니다. 1950년에 6·25전쟁이 일어나자 친일행각을 벌여 큰 재산을 모은 것으로 알려진 김갑순도 인민재판에 회부되었습니다.

꼼짝없이 죽게 된 김갑순이었으나 그가 베푼 적선 덕분에 극적으로 목숨을 건지게 되었습니다.

사실 김갑순은 친일하여 부자가 되었지만 그 뒤에도 어려운 사람들을 도우며 살았습니다. 그런 사람 중에는 그의 땅을 관리하는 마름들도 많았는데 그 인민재판 때 중요한 역할을 했던 인민군 장교가 김갑순의 적선을 많이 받은 적이 있는 한 마름의 아들이었습니다. 그 장교의 도움을 받아 김갑순은 목숨을 구하게 되었던 것입니다.

김갑순이 적선을 베푼 일은 불교에서 말하는 보시(布施)에 해당합니다.

보시는 육바라밀 중 첫 번째 실천덕목으로 다른 사람을 이롭게 하는 것을 중요하게 여기는 대승불교의 특징을 잘 나타내고 있습니다. 보시에는 돈이나 물건을 나누는 재시(財施), 부처님 말씀과 가르침을 다른 사람들에게 알려주는 법시(法施), 다른 사람들이 두려운 마음을 갖지 않게 하는 무외시(無畏施)의 세 가지가 있습니다.

공주 갑부 김갑순은 불자는 아니었지만 보시, 그 중에서도 재시를 많이 해 큰 재산을 모으고 자기 목숨까지 구한 사람입니다.

이런 사례처럼 사업할 때 이익을 보려면 먼저 주어야 합니다. 먼저 양보하고 배려하며 손을 내밀면 모두가 나를 좋아하게 됩니다. 나를 좋아하는 사람이 많을수록 성공하게 됩니다. 김갑순의 경우처럼 내가 배려하고 베푼 것보다 훨씬 큰 얻음이 있을 것입니다.

진정한 효도

우주의 무량한 자비 광명은 차별이 없어 빛과 소리, 향기, 감촉으로 감응하시니 이것이 지수화풍(地水火風) 사대(四大)의 원동력을 제공합니다.

『지장경』에 다음과 같은 말씀이 있습니다.

첨례찬탄(瞻禮讚嘆) 시인거처(是人居處) 즉득십종이익(卽得十種利益)
우러러 예배하고 찬탄하면, 이 사람은 사는 곳에서 곧 열 가지의 이익을 얻게 되리니

하등위십(何等爲十) 일자토지풍양(一者土地豊穰) 이자가택영안(二者家宅永安)
그 열 가지는 첫째, 토지에 풍년이 들고 둘째, 집안이 언제나 편안하며

삼자망생천(三者先亡生天) 사자현존익수(四者現存益壽)
셋째, 선망자가 천상에 태어나고 넷째, 살아있는 자는 수명이 더하며

오자구자수의(五者求者逐意) 육자무수화재(六者無水火灾)
다섯째, 구하는 것이 뜻대로 이루어지고 여섯째, 화재나 수재가 없으며

칠자허모벽제(七者虛耗僻除) 팔자두절악몽(八者杜絶惡夢)

일곱째, 헛되이 소모되는 것이 없고 여덟째, 흉악한 꿈이 끊어지며

구자출입신호(九者出入神護) 십자다우성인(十者多遇聖因)

아홉째, 출입할 때 신장이 보호하고 열째, 거룩한 인연을 많이 만나는 것을 가리킨다.

한편 『증일아함경』 선지식품에는 "효(孝)란 부모를 위하여 대승 경전을 읽고 참회하며 삼보에 공양하고 계법을 지켜 보시하고 복을 짓는 것이다."라고 했습니다. 또 "부모님께 공양하고 효순하며 그 시기를 놓치지 않게 하라."고 하셨으며, "진귀한 보물을 28천까지 쌓아놓고 공양해도 효도를 함만 못하리라."고 하셨습니다.

『42장경』에서는 "가장 큰 효는 부모님을 부처님께 귀의케 하는 것이다. 이 공덕은 백억의 벽지불께 공양하는 공덕보다 크다."고 하셨으며 『부모은중경』에는 "삼보에 귀의하지 못하게 하면 온전한 효가 될 수 없다."고 하셨습니다.

우란분절에 조상이나 부모님을 위해 기도하고 재를 올리는 것은 사후까지의 효행입니다. 아버지 은혜는 자은(慈恩), 어머니 은혜는 비은(悲恩)이라고 합니다. 따라서 우란분재를 베풀면 낳아주신 부모님 은혜와 과거 칠대 조상님들의 은혜에 보답하는 것이라고 합니다.

『부모은중경』에는 다음과 같은 말씀이 있습니다.

어느 때 부처님께서 사위국 왕사성의 기원정사에서
큰 비구 삼만팔천인과 보살마하살들과 함께 계셨다.

그때 세존께서는 대중을 거느리고 남방으로 가시다가
마른 뼈 한 무더기를 보시더니 오체를 땅에 엎드려
마른 뼈를 향하여 절을 하셨다.
이에 아난과 대중이 부처님께 여쭈었다.
"만인의 공경을 받는 위대하신 세존께서 어찌
마른 뼈에 절을 하시나이까?"
부처님께서 아난에게 말씀하셨다.
"이 한 무더기의 뼈는 혹 전생의 조부모나 오랜 세월에
걸친 부모의 뼈일 수도 있을 것이니 내 지금 예배하였느니라."
그리고 다시 아난에게 이르셨다.
"네가 한 무더기 마른 뼈를 가지고 둘로 나누어 보아라.
만일 남자의 뼈이면 희고 무거울 것이며,
여인의 뼈이면 검고 가벼우리라."
아난은 이에 의문을 품고 부처님께 다시 여쭈었다.
"죽은 후의 백골은 다를 바가 없사온데 제자로 하여금
어떻게 알아보라고 하시나이까?"
부처님께서 아난에게 말씀하셨다.
"만일 남자라면 세상에 있을 때 절에 가서 법문도 듣고,
경도 외우며, 삼보께 예배도 하며 부처님의 이름도 생각하였을 것이니라.
그러므로 그 사람의 뼈는 희고 무거울 것이다.
그러나 여인은 세상에 있을 때 정욕에 뜻을 두며,
아들을 낳고 딸을 양육함에 있어 한번 아이를 낳을 때마다
세 말 세 되나 되는 많은 피를 흘리며 여덟 섬 너 말이나 되는
젖을 먹여야 하느니 그런 까닭으로 뼈가 검고 가벼우니라."

이처럼 부처님은 부모의 깊은 은혜를 설하시고 그런 은혜에 깊이 보답할 것을 일깨워주셨습니다.

다음은 중국 당나라 때의 동산양개(洞山良价) 화상이 어머니에게 보낸 편지를 소개합니다.

엎드려 듣자오니, 모든 부처님이 세상에 나올 때는
모두 부모에 의탁하여 삶을 받았으며,
만물이 생겨날 때는 모두 하늘이 덮어 주고
땅이 실어 주는 힘을 빌었다 하였습니다.
그러므로 부모가 아니면 태어나지 못하고
천지가 없으면 자라나지 못하니,
모두가 길러주는 은혜에 젖어 있으며
모두가 덮어 주고 실어 주는 은덕을 받았습니다.
오호라, 일체중생과 만 가지 형상들은 모두
무상(無常)에 속하기에 태어나고 죽는 것을 여의지
못하는 것입니다. 어려서는 곧 젖을 먹여 준 정이
무겁고 길러 준 은혜가 깊으니 만약 재물을 가지고
공양하고 돕더라도 결국에는 보답하기 어려우며,
만약 베어 낸 살로 음식을 지어 시봉하더라도
어찌 오래도록 장수를 얻을 수 있겠습니까.
그러므로 『효경』에 이르기를,
"날마다 세 가지의 희생물을 잡아 봉양하더라도
여전히 효를 다하지 못한다."하였으니,
서로 끌어당기며 잠겨 들면 영원히 윤회의 길로

들어가게 되는 것이므로 망극한 은혜를 보답하고자
하면 출가하는 공덕 만한 것이 없을 것입니다.
삶과 죽음으로 이어지는 애증의 물줄기를 끊어버리고
번뇌로 가득 찬 고통의 바다를 뛰어넘음으로써
천 생의 부모에게 보답하고 만 겁의 자애로운 육친에게
보답한다면 삼계의 네 가지 은혜(어머니·아버지·여래·법사의 은혜)를
갚지 않음이 없을 것입니다.
그러므로 이르기를 한 아들이 출가하면
구족(九族)이 천상에 난다 했습니다.
양개는 금생의 몸과 생명을 버리더라도 맹세코
집으로 돌아가지 않고 영겁의 근진(根塵)으로
반야를 깨쳐 밝히려 합니다
엎드려 바라건대, 어머님께서는 마음으로 들으시고
기꺼이 버리시어 뜻으로 새로이 인연을 짓지 마시고
정반왕을 배우시며 마야 모후를 본받으십시오.
다른 날, 다른 때에 부처님의 회상(會上)에서 서로 만날 것이오니,
지금 이때에는 잠시 서로 이별하는 것입니다(이하 생략).

이처럼 효심 가득한 동산양개 화상의 편지를 읽은 어머니가 답장을
보냈는데 그 내용도 감동적입니다.

나는 너와 더불어 예로부터 인연이 있었는데
비로소 어미와 아들로 맺어짐에 애욕을 취하여
정을 쏟게 되었다.

너를 가지면서부터 부처님과 하늘에 기도를 드려

아들을 낳게 해 달라고 원하였더니,

임신한 몸에 달이 차자 목숨이 마치 실 끝에 매달린 듯하였으나

마침내 마음에 바라던 것을 얻게 되어서는

마치 보배처럼 아낌에 똥오줌도 그 악취를 싫어하지

않았으며 젖먹일 때도 그 수고로움을 게을리하지 않았다.

차츰 성인이 되면서부터 밖으로 보내어 배우고

익히게 함에 간혹 잠깐이라도 때가 지나

돌아오지 않으면 곧장 문에 기대어 바라보곤

하였다. 보내온 글에는 굳이 출가하기를

바라지만 아버님은 돌아가셨고

어미는 늙었음에, 네 형은 인정이 메마르고 아우도

성격이 싸늘하니 내가 어찌 기대어 의지할 수 있겠느냐.

아들은 어미를 팽개칠 뜻이 있으나

어미는 아들을 버릴 마음이 없다.

네가 훌쩍 다른 지방으로 떠나가고부터

아침저녁으로 항상 슬픔의 눈물을 뿌림에

괴롭고도 괴롭구나.

이미 맹세코 고향으로 돌아오지 않는다 하였으니

곧 너의 뜻을 따를 것이로다.

나는 네가 왕상이 얼음 위에 누운 것이나 정란이

나무를 새긴 것처럼 하기를 기대하는 게 아니라

단지 네가 목련존자처럼 나를 제도하여 고해의 바다에서

벗어나게 하여주고 위로는 불과(佛果)에 오르기를

바랄 뿐이다.

만일 그렇지 못할 것 같으면 깊이 허물이 있을 것인즉

모름지기 간절하게 이를 체득하여 알아야 할 것이다.

평등한 마음

『현우경(賢愚經)』에는 천민 출신이던 니이티가 출가하여 부처님 제자가 되는 이야기가 있습니다.

세존께서 사위성에 머무실 때였는데 똥치기였던 니이티가 하루는 똥통을 메고 가다 부처님을 뵙고 놀라 급히 숨다가 넘어져서 그만 똥통을 뒤집어쓰게 되었습니다.

그걸 보신 부처님이 니이티에게 말씀하셨습니다.

"너는 왜 나를 피하려고 했느냐? 네가 비록 천민 신분이며 똥물을 뒤집어썼지만 마음은 더없이 깨끗하고 착하구나. 네 마음은 더없이 아름답고 향기롭다.

자신을 천하게 여겨서는 안 된다. 누구에게나 불성광명(佛性光明)이 있다.

출신 성분으로 귀천을 따져서는 안 된다. 나의 가르침은 깨끗한 물이 더러운 것을 씻을 수 있듯이 존비귀천(尊卑貴賤)과 빈부(貧富)를 떠나 평등하고 깨끗이 하는 수행을 가르친다."

부처님이 이렇게 격려하시자 크게 감동한 니이티는 출가해 부처님 제자가 되었습니다.

당시만 해도 카스트 제도가 철저했던 인도 사회에서는 왕족이나 바라문 출신만 출가를 하는 게 관습이었습니다. 그렇기에 니이티의 출가에 대해 곳곳에서 비난했지만 부처님은 전혀 개의치 않으셨습니다.

진흙 속에서 연꽃이 피어나듯이, 어떤 나무도 불에 타듯이 부처님은 사성계급(바라문, 크샤트리아, 바이샤, 수드라) 모두를 평등하게 다 함께 제도하셨습니다. 서열도 출가 순서대로 법랍을 정해 자리에 앉게 하셨습니다.

부처님께서는 늘 "가문을 묻지 말고 행실을 물으라. 신분을 보지 말고 인격을 보라. 출신 성분으로 귀천을 따지지 말라."고 하셨습니다.

그 결과 불교 교단은 참으로 평등하였습니다. 바라문이나 크샤트리아, 왕족, 귀족 출가자들이 많기는 했지만 수드라 출신 니이타나 창녀 우파라반나(연화색 비구니), 살인자 앙굴리마라, 이발사 우팔리 등등이 출가해 깨달음을 얻었습니다.

백천강(百千江)이 동해일미(同海一味)이듯이 사성출가(四姓出家) 동일석씨(同一釋氏)라 하셨습니다. 경전상에 나타난 109명의 이름을 출신 계급별로 나누면 바라문, 왕족, 귀족 등은 41명이며 천민은 8명에 이릅니다.

부처님이 말씀하신 것처럼 가문이나 출신 성분을 묻지 말고 다만 행실을 물어야 합니다. 자신을 믿을 수 있을 때 타인도 믿을 수 있습니다. 신(信) 또는 불신(不信)은 자신의 인격과 의지에 달려있습니다.

미국의 제16대 대통령 에이브러햄 링컨은 백악관에서 자신의 구두를 닦았습니다. 그럴 때마다 비서관이 품위 없는 짓이라며 만류했지만 링컨은 웃으면서 말했습니다.

"신발 닦는 것이 부끄러운 일인가? 그건 자네가 잘못 생각한 거야. 대통령이나 구두닦이나 다 같은 세상일을 하는 서비스맨일 뿐이네.

모두 다 필요한 일이 아닌가. 다만 천한 사람이 있을 뿐이지……."

링컨은 미국 캔터키 주의 한 시골 마을에서 가난한 농부의 아들로 태어났는데 가난하여 정상적인 교육을 받지 못했습니다. 그럼에도 링컨은 주경야독으로 독학했습니다. 강냉이 죽으로 연명하면서 고된 노동과 구두닦이, 남의 집 머슴살이를 하며 어린 시절을 보냈다고 합니다.

그 뒤 변호사가 되었고 주의회 의원 등을 거쳐 나중에는 대통령에 당선되어 남북 전쟁을 승리로 이끌면서 노예해방 운동을 이끌었습니다.

링컨이 대통령에 취임한 뒤 첫 의회에 참석할 때였습니다. 상·하원 의원 중 한 사람이 링컨의 출신을 얕잡아보고 모욕적인 발언을 했습니다.

"당신의 부친은 구두수선공이었고 당신은 정상적인 교육을 받지 못했는데 미합중국 대통령 자격이 있다고 생각합니까?"

국민이 선택한 대통령과 그의 아버지까지 모독하며 대통령은 상류 출신이나 귀족이 당선되는 게 옳다고 주장했습니다.

링컨은 이 말을 듣고 묵묵히 서 있다가 마침내 눈물을 흘렸습니다. 그러고는 말했습니다.

"내가 너무 바쁜 일정 때문에 내 아버지를 잠시 잊고 있었군요. 그분은 매우 훌륭한 구두수선공이셨죠. 나도 어린 시절 구두닦이와 구두 수선을 좀 배운 적이 있었죠. 당신이 그런 말로 내 아버지의 은혜를 일깨워주니 고맙습니다."

그 말을 듣고 난 상·하원 의원들이 숙연해져 다 함께 울었다고 합니다. 이후 누구도 사람들의 직업과 신분의 귀천을 논하지 않았으며 링컨은 더욱 유명해졌습니다.

링컨의 부인은 화를 잘 냈으며 툭하면 빗자루로 링컨을 때렸다고 합니다. 그러면 링컨은 도망을 가면서 말했습니다.

"빗자루는 마당 쓰는 데 써야지 남편 때리는 데 쓰면 어떡합니까? 보좌관들이 보고 있습니다."

이처럼 링컨은 화를 내는 법이 없었고 항상 유머로 응수했다고 합니다.

소문만복래(笑門萬福來)라는 말이 있듯 맑은 마음과 밝은 얼굴, 믿는 마음, 감사의 마음, 아름다운 마음, 선한 마음, 사랑하는 마음으로 천지만물을 대하시기 바랍니다.

짚신 부처와 구정선사

만약 여러분에게 어떤 소원과 목표가 있으면 기도하십시오. 그러면 응답이 있을 것입니다. 또 쉬지 않고 정진하면 반드시 이뤄질 것입니다. 이것이 신해행증(信解行證)입니다.

일체유심조(一切唯心造)이며 일체인연생(一切因緣生)이라고 합니다. 모든 게 마음먹기에 달린 것이며 모든 것이 인연에 의해 생기는 것입니다.

만약 우리가 자유와 행복을 향하면 자유와 행복이 나타나지만 반대로 구속과 불행을 향하면 구속과 억압적인 상황이 옵니다. 마음은 특별한 모습이나 형상을 가진 것은 아니지만 활용에 따라, 생각에 따라 그 사람의 운명과 인생을 바꿔놓는 것입니다.

따라서 사람의 생각과 마음이 모이고 모여 그 사람의 운명을 결정 짓게 합니다. 그래서 마음은 일체를 지배하며 일체의 행동을 만든다고 합니다. 마음은 우주와 천지만물을 지배하는 것입니다. 이것이 여여부동(如如不動)이요, 여여불사(如如佛事)입니다.

항상 현재인 나, 즉 현재의 총합은 영원입니다. 현재인 나, 즉 자존 자가 곧 부처이며 신이며 진리입니다. 긍정의 힘을 믿으면 긍정적인 일이 일어납니다. 자신이 꼭 원하는 것이 있으면 이뤄진다는 것을 확신하십시오. 소망과 꿈을 구체적으로 반복해 원하면 꼭 하나의 세계로 이뤄질 것입니다.

지금이라는 시간은 곧 지나가는 것이니 변화하며 덧없습니다. 시간은 과거, 현재, 미래의 연속입니다. 과거는 변화가 완료된 것이고 현재는 변화가 진행되는 상태이며 미래는 아직 변화하지 않은 것입니다. 과거는 변화가 완료된 채 현재 속에 있으며 미래는 예측 속에 있으면서 현재에 있습니다.

현재는 잡을 수가 없습니다. 움직이는 점(点)이라 할 수 있습니다. 따라서 시작과 끝은 언제나 현재입니다. 다시 말해 과거와 미래가 현재 속에 공존하여 움직입니다. '지금'이 바로 시간이고, 또 시작이면서 끝입니다.

세상의 일이 뜻대로 이뤄지지 않는다면 모두 시간 속에 쌓인 습관과 훈습의 업보 때문입니다.

사찰에서는 예불 때를 비롯해 여러 경우에 '지심귀명례(至心歸命禮)'라는 말을 하는데 '이것은 지극한 마음으로 목숨을 다해 예배드립니다'라는 뜻입니다. 이 말은 불교 신심의 결정판으로 신심이 완성된 것이며 삼보(三寶)를 깊이 받아들여 향상일로(向上一路)의 길로 나가는 성스러운 경지입니다. 또 지극하고 간절하며 특별한 마음, 일심(一心)의 마음, 모든 번뇌가 공(空)한 마음, 순수한 마음입니다.

지극한 신심으로 깨달음을 얻은 이야기는 매우 많습니다.

월정사의 산내 암자인 동관음암에는 신라 말 무염(無染)선사와 그의 제자인 구정(九鼎)선사 이야기가 전하고 있습니다.

신라 말엽 한 청년이 홀어머니를 봉양하려고 소금장사를 하던 중 대관령 중턱에서 잠시 쉬게 되었습니다. 그런데 어떤 노스님이 길가

풀숲에 서서 꼼짝 않고 서 있는 모습을 보게 되었습니다. 그걸 궁금하게 여긴 청년이 여쭸습니다.

"스님 대체 뭘 하고 계십니까?"

"중생들에게 공양을 드리고 있지."

청년은 그게 무슨 뜻인지 몰라 어떤 중생에게 무슨 공양을 드리는지 다시 여쭸습니다.

"내 옷 속에 사는 이와 벼룩들이 내 피를 편히 먹으라고 이렇게 서 있는 거야."

청년은 그 말씀에 크게 감동해 그 자리에서 노스님의 제자가 될 것을 청했습니다. 그 노스님이 무염선사였습니다. 그날 청년은 무염선사의 허락을 겨우 받고는 스승을 따라 동관음암에 도착했습니다.

"저도 스님처럼 열심히 수행하여 도력이 높은 큰스님이 되고자 합니다. 어떻게 하면 되는지요?"

청년이 묻자 무염선사가 되물었습니다.

"내가 시키는 대로만 하면 깨달음을 얻고 큰스님이 될 수 있을 것이다. 그렇게 할 수 있겠느냐?"

"무슨 일이든 시키시는 대로 하겠습니다."

행자가 된 청년은 그날부터 스승의 명을 따라 날마다 물 긷고 나무하고 밥하며 3년이나 스승을 시봉했습니다. 하지만 무염선사는 법에 대해서는 일언반구도 설하지 않았습니다. 그러자 제자가 하루는 용기를 내어 여쭸습니다.

"스님, 무엇이 부처입니까?"

그러자 무염선사가 한마디 했습니다.

"즉심시불(卽心是佛)이다."

일자무식이었던 제자는 '마음이 부처이다'라는 이 말뜻을 알아듣지 못한 채 '아! 짚신이 부처로구나'라고 생각했습니다. 그러고는 '짚신이 어째서 부처인가?'라는 의문을 화두 삼아 날마다 깊은 생각에 빠졌습니다.

그렇게 3년이 지난 어느 날이었습니다. 나무 한 짐을 지고 고개를 내려가던 그는 신고 있던 짚신 끈이 툭 끊어지는 순간 큰 깨달음을 얻게 되었습니다. 깨닫고 보니 스승이 '짚신이 부처'라고 하신 게 아니라 '마음이 부처'라고 말씀하셨다는 걸 알았습니다.

제자는 자신의 깨달음을 인가받기 위해 스승에게 달려가 오도송을 읊었습니다. 하지만 무염선사는 깨달음을 인가하기는커녕 전혀 엉뚱한 지시를 했습니다.

"공양간 부엌에 솥이 잘못 걸렸으니 다시 걸어라."

제자는 고개를 갸우뚱하며 부엌으로 내려가 솥을 고쳐 걸었습니다. 그런 다음 고쳐 걸었다고 말씀드리자 무염선사는 다시 걸 것을 명하기를 아홉 번이나 거듭했고 제자는 묵묵히 그 명을 따랐습니다. 그제야 무염선사가 말했습니다.

"이제 네가 큰 깨달음을 얻은 것을 인가하노라. 앞으로 네 법명은 구정(九鼎)이라 할 것이다."

솥을 아홉 번 고쳐 걸었다는 뜻에서 구정이란 법명을 내린 것입니다.

그 뒤 동관음암의 수행자들은 구정선사를 '짚신 부처'라고 불렀다고 합니다.

일념으로 화두에 전념해 깨달음을 얻게 된 일화입니다.

오계를 지키면 오복을 얻는다

몸이 결리고 아프며 맺힌 사람은 좌선을 통해 몸에 맺힌 것을 풀수 있습니다. 하지만 힘이 없을 때 무리하면 기력을 더 잃게 됩니다.

몸을 풀기 위해선 먼저 호흡을 고르고 마음에 맺힌 것(예를 들어 분함, 미움, 적의 등)을 먼저 풀어야 합니다. 마음에 맺힌 것들을 풀어야 몸도 차츰 풀리게 됩니다. 건강이 나빠지게 되는 것은 마음이 맺힌 데서 시작됩니다.

불교의 오계(五戒)를 지키면 건강과 오복(五福)을 구족하게 됩니다.

- 불살생(不殺生)

  실제 행동은 물론 생각이나 언어로 죽이거나 해치는 행위, 잡는 행위, 미워하고 원망하는 마음을 내면 먼저 그 몸이 단단하게 굳기 시작합니다. 이것이 각종 병인(病因)이 되고 어두운 운이 됩니다. 그리고 자비심이 사라지게 됩니다. 맺힌 마음은 독약보다 해롭습니다. 풀고 용서하며 정리하고 해원해야 합니다.

- 불투도(不偸盜)

  빼앗거나 훔치는 마음을 내면 손발의 힘이 굳어지기 시작하며 너그러움과 후덕한 마음이 사라집니다. 빈천보(貧賤報)의 결과가 생깁니다.

- 불사음(不邪婬)

  음욕심을 일으키면 맑고 깨끗한 기운이 흐려지고 탁해져서 청정심과 순수심을 잃게 됩니다.
- 불망어(不妄語)

  거짓은 번뇌를 일으키고 신의를 잃게 하며 복잡 혼란해져서 그 기운이 몸과 마음에 엉키어 바른 기운을 잃게 됩니다.
- 불음주(不飮酒)

  술에 취하면 몸과 마음이 혼탁해지고 둔해져 균형을 잃게 되어 온갖 욕망, 삼독심이 일어나서 세세생생 지혜의 종자를 잃게 됩니다.

따라서 모든 건강의 첫째는 비움에서 시작됩니다. 비움의 철학은 곧 반야의 공사상입니다. 아(我)·인(人)·중생(衆生)·수자상(壽者相)을 버리라는 말씀을 음미해야 합니다.

세상만사 비워야 얻을 수 있습니다. 건강과 행운도 절제하고 비워야 완전해질 수 있습니다.

실상은 본래 원만하고 완전무결한 것입니다. 따라서 불교 신행을 바로 하면 액운도, 병도 사라집니다. 본래 없는 병이나 재앙을 스스로 만들지 말아야 합니다.

상식적으로 잘 납득할 수 없는 일들이나 원인을 알 수 없으며 잘 낫지도 않는 병, 원인 규명이 잘 안 되는 재난 등은 모두 과거 업식의 결과임을 명심해야 합니다.

선악(善惡) 사이의 마음이나 생각의 파장은 즉각 반사되는 것입니다. 즉, 악의(惡意)는 즉각 나쁜 모습으로 반사됩니다. 미워하면 불쾌해지고 불쾌한 마음이 움직이면 삼독의 화를 일으켜 무엇이든 잘 이뤄지지 않게 됩니다.

분노를 일으키면 혈액순환이 조화를 잃고 아울러 건강이 점진적으로 나빠집니다. 건강만 그런 게 아니라 모든 일이 다 그렇습니다.

세상을 살아가는데 긍정적으로 밝은 면만 보고 살아가는 것을 광명사상(光明思想)의 삶이라 합니다. 불성광명(佛性光明)의 삶에는 질병이나 장애는 없습니다. 행복의 극락이 있을 뿐입니다. 갖가지 문제와 많은 장애들이 자신도 모르는 사이에 불성광명의 신비한 힘이 자꾸만 솟아나서 척척 해결됩니다.

그 어떤 문제도 잘 해결되어가는 것이 원활 현상인데 이는 믿음에서 시작됩니다. 음덕을 쌓고 덕을 베풀면 궂은일들이 사라집니다. 생명과 행복의 원천은 마음에서 시작되는 것이니 마음을 잘 써야 합니다.

십육나한과 오백나한

　칠정례(七頂禮)에는 '지심귀명례(至心歸命禮) 영산당시(靈山當時) 수불부촉(受佛付囑) 십대제자(十大弟子) 십육성(十六聖) 오백성(五百聖)……'이라는 대목이 나옵니다. 여기서 십육성이란 나한전(羅漢殿), 응진전(應眞殿) 등에 모신 십육나한(十六羅漢)을 일컫는 말입니다.

　이 십육나한 신앙은 중국에서는 당나라, 우리나라에선 고려 때부터 시작되었습니다.

　당나라 현장 스님이 서기 645년에 번역한 『법주기(法住記)』라는 불서에 근거해 십육나한 신앙이 전파되었다고 합니다. 『법주기』의 본래 제목은 『대아라한난제밀다라소설법주기(大阿羅漢難提蜜多羅所說法住記)』인데 이 제목에서 알 수 있듯 이 책은 대아라한 지위에 오른 난제밀다라가 부처님 열반하신 지 800여 년이 지난 서기 4세기 무렵에 지은 것입니다.

　석가모니부처님께서 열반에 드시기 전 16명의 대아라한에게 "그대들은 열반에 들지 말고 이 세상에 남아서 불법(佛法)을 널리 펴고 말법(末法) 중생의 복밭이 되라."고 부촉하셨다고 합니다. 그때부터 십육아라한과 그들의 제자들은 이 세상의 모든 법회에 빠짐없이 참석했는데 사람의 눈으로는 볼 수 없고 다만 크게 깨달은 이만이 볼 수 있다고 합니다.

이와 같이 십육나한은 부처님 부촉을 받아 중생들에게 큰 깨달음의 길을 열어주시고 신통력으로 중생들의 소원을 들어주시며 말법 세상 중생들의 복밭이 되어주시는 분들입니다.

십육나한은 생(生)과 사(死)가 둘이 아닌 세계, 시간과 공간을 초월해 언제, 어디서나 우리 곁에 머물러 계십니다. 십육나한은 신통력이 뛰어나지만 그런 능력을 함부로 쓰지는 않습니다. 다음의 빈두로 존자 이야기를 통해 그 이유를 알 수 있습니다.

부처님 당시의 일입니다. 하루는 빈두로와 목련존자가 저잣거리에 나갔다가 수제가란 사람을 만났습니다. 그때 수제가는 전단목으로 만든 바리때를 높은 장대 끝에 매달아 놓고는 내기를 걸었습니다.

"어떤 분이 장대 끝의 저 바리때를 내릴 수 있겠습니까? 다만 사다리를 놓고 올라가서도 안 되고 장대를 넘어뜨려도 안 됩니다. 바리때를 내리는 사람이 있다면 저 바리때를 상으로 드리겠습니다."

많은 사람들이 모여들었습니다. 그들 모두는 전단목 바리때가 보물처럼 귀한 것은 알았지만 도무지 꺼낼 방법이 없었습니다. 그러자 장난기가 발동한 빈두로존자가 옆에 있던 목련존자를 부추겼습니다.

"존자님은 부처님 제자 중에서도 신통력이 가장 뛰어난 분으로 유명하지 않습니까? 이참에 한번 솜씨를 보여주는 게 어떠신지요?"

그러자 목련존자는 고개를 내저었습니다.

"사실 저런 것을 내리는 것은 어렵지 않습니다만 신통력을 함부로 써선 안 되는 것이니 그런 일은 하고 싶지 않군요."

목련존자가 그렇게 말할 줄 알았다는 듯 빈두로존자가 한번더 떠보았습니다.

"하지만 가끔 신통력을 쓰는 것도 전법(傳法)에 도움이 되지 않겠습니까?"

목련존자가 "그렇다면 빈두로존자가 한번 해보시오."하고 답했습니다. 빈두로는 할 수 없다는 듯 신통력을 써서 하늘로 몸을 날려 전단목 바리때를 잡고는 사뿐히 땅 위로 내려왔습니다.

그 모습을 본 사람들이 모두 놀라 입을 다물지 못했습니다.

얼마 후 두 존자들은 부처님이 머무시던 죽림정사로 돌아갔습니다. 빈두로존자는 그날 저잣거리에서 있었던 일과 자신이 신통력으로 전단향 바리때를 얻게 된 사연을 자랑삼아 늘어놓았습니다. 그러자 부처님은 빈두로존자를 칭찬하기는커녕 엄히 타일렀습니다.

"빈두로여, 그대가 사람들 앞에서 신통력을 써서 놀라게 한 것은 불법을 널리 펴는 데 조금도 도움이 되지 않는다. 오히려 불법을 모르는 사람들로하여금 우리 수행자들이 그런 재주나 보여주는 묘기꾼으로 오해하게 만들까 두렵구나. 앞으로는 그런 행동은 삼가도록 하라."

빈두로존자는 곧 부처님께 참회했습니다. 그리고 다시는 그와 같은 행동으로 불법을 오인하지 않도록 하겠다며 다짐했습니다.

그 뒤 빈두로존자는 2천여 년 동안 이 세상에 머물면서 불법을 널리 펴는 일에만 온 힘을 다하게 되었다고 합니다.

예불문에는 이와 같은 십육나한, 즉 십육성과 함께 오백성(五百聖)도 등장합니다. 오백성은 500명의 성인, 500명의 나한이란 뜻입니다. 오백나한의 유래에 대해선 크게 세 가지 설이 있습니다.

1) 『법화경』「오백제자 수기품」에 등장하는 오백제자라고 보는 견

해입니다.

먼 과거세에 오백 명의 아라한이 6만 2천억 부처님께 공양을 드린 뒤 장차 성불하여 '보명불(普明佛)'이라는 이름의 부처로 불리게 될 것이라는 수기(授記)를 함께 받았다고 합니다. 그때 수기를 받은 아라한들을 일컬어 오백나한이라 부르게 되었다는 설입니다.

2) 부처님 열반 직후 제1차 경전결집 때 함께 모인 부처님 제자 500명을 일컫는다는 설입니다.

부처님이 열반하시고 다비를 끝낸 직후 마하가섭을 중심으로 아라한의 지위에 오른 오백 제자들이 칠엽굴에 모여 경전을 결집해나갔습니다. 이때 경(經)은 아난존자가, 율(律)은 우팔리존자가 암송했으며 함께 모인 아라한들이 정정하거나 확인하여 결집이 진행되었습니다. 그들을 오백나한이라고 본다는 설입니다.

3) 중국이나 한국의 사찰에 모셔진 나한들을 가리킨다는 설입니다.

앞에서 말한 『법화경』「수기품」이나 제1차 결집 때의 제자들과는 다른 분야의 성인들을 가리킨다는 설입니다. 중생교화를 위해 승려의 몸으로 변신한 부처님이나 다른 불국토의 불보살을 뜻하기도 합니다. 예를 들면 다음과 같습니다.

- 석가모니부처님 전생과 관련된 인물들
- 문수·보현 등 경전 속에 등장하는 보살들
- 불교의 중요 교리를 의인화한 존자들
- 팔부신장 등 호법선신들

- 부처님 재세시 중요 제자와 거사들
- 서천 28조사와 인도 고승들
- 중국 고승 및 전법승(傳法僧), 역경승(譯經僧)들

이밖에 생각지도 못한 분들이 모습과 이름을 바꾼 현신보살의 일원이 되고 있습니다.

이것은 우리 모두가 불보살님의 응화신(應化身)으로 활동할 수 있다는 것을 뜻하기도 합니다.

불교에서 길을 찾는다

인류의 현실 문제를 해결하기 위해서는 지난날 현자들의 행적을 거울로 삼아야 합니다. 세계의 석학들은 한결같이 그 해답을 불교에서 찾고 있습니다.

예를 들어 독일 출신의 물리학자 아인슈타인 박사는 "오늘날처럼 발전한 과학과 이것을 잘 조화하고 조정할 수 있는 길은 오직 동양의 대승불교뿐이다."라고 하였습니다. 영국의 역사학자 아놀드 토인비는 "모든 인류가 사회에 공영·공존할 수 있는 길은 부처님의 가르침, 대승불교 밖에 없다."고 하였습니다. 헤르만 헷세는 "전 인류가 화합, 합일할 수 있는 사상은 불교뿐이다."라고 하였습니다.

부처님께서는 녹야원에서 다섯 비구들에게 법을 설하신 뒤 다음과 같이 말씀하셨습니다.

"너희 비구들이여! 마땅히 알라, 나는 이미 해탈을 얻었다. 모든 하늘과 모든 사람들에게 들어가라. 그 모든 사람들의 이익과 안락을 위해서 세상 사람들에게 가라. 홀로 갈 것이요, 두 사람이 한곳으로 가지 마라. 또 다시 비구들이여! 너희들은 중생들이 사는 곳으로 가서 그들을 가엾게 여겨 처음도 좋고 중간도 좋고, 끝도 좋으며 그 뜻은 미묘하고 원만한 여래의 가르침을 펼쳐라.

비구들이여! 너희들은 마땅히 청정한 범행을 설하라. 중생 가운데
는 번뇌가 적어 선근(善根)을 가진 사람이 있을 것이다. 그들을 이익되
게 하라. 그들도 바른 진리를 듣지 못하면 악도(惡道)에 떨어지고 말리
라. 하지만 여래의 법을 들으면 곧 깨닫게 될 것이다. 나도 우루벨라
마을로 가서 중생들을 위해 법을 설하리라."

이렇게 전도 선언을 하신 뒤 게송을 읊으셨습니다.

비구들아!
나는 이제 모든 고통으로부터 벗어났다.
이미 자신도 이롭고, 남도 이롭게 할 것이다.
아직도 고통에서 벗어나지 못한 자 있으니
이제 마땅히 그들에게 연민의 정이 들도다.
이러므로 너희 비구들 각자
스스로 그 길을 행하라.
나도 이제 또다시 이 같은 마음으로
저 우루벨라 마을을 향해 그들 곁으로 가리라.

이때의 일을 두고 옛 조사 스님네는 다음과 같은 게송으로 노래했
습니다.

가사정대경진겁(假使頂戴經塵劫)
설령 경전을 머리에 이고 무수한 겁이 지나더라도

신위상좌변삼천(身爲牀座徧三千)
몸을 던져 법상 지어 삼천 대천 세계 뒤덮어도

약불전법도중생(若不傳法度衆生)

만약 부처님 법 전하지 않고 중생 제도 않는다면

필경무능보은자(畢竟無能報恩者)

끝내 결코 부처 은혜 모두 갚지 못한 것이로세.

부처님 정법만이 일체중생을 생사 해탈케 할 수 있기에 조사들은 이렇게 다짐한 것입니다. 연기의 법칙, 인과응보의 도리를 깨닫고 알아야만 그 어떤 세상에서도 행복할 수 있으며 대자유인이 될 수 있습니다.

믿음이 간절하면 꿈은 이뤄진다

우리는 모두 부처님의 무한하신 자비와 위신력 속에서 살고 있습니다. 부처님을 믿고 가르침을 따르면 내 안의 불성광명(佛性光明)을 깨달아 성공과 행복의 삶을 살게 됩니다. 대자대비하신 불보살님이 무한한 가능성을 가진 우리를 도와주시기 때문입니다.

서울 자하문 밖 세검정 개울가에 관음사(觀音寺)라는 절이 있는데 이런 창건 설화가 전하고 있습니다.

옛날 자하문 밖 마을에 윤삼식이란 나무꾼 총각이 홀어머니를 모시고 어렵게 생계를 꾸려가고 있었습니다. 나무를 해 다 장터에 내다 팔아 하루하루 끼니를 이어가던 총각이었습니다.

하루는 윤삼식이 나뭇짐을 실은 지게를 바쳐놓고 쉬던 중 한 바위 앞에서 부인들이 치성을 올리는 것을 보았습니다. 부인들은 바위 앞에 과일이며 떡 등을 올려놓고 정성껏 절을 올리고 있었습니다.

윤삼식이 그때 혼잣말을 했습니다.

"아니, 왜 바위에다 절을 할까? 참 어리석은 여인들이군."

그러자 한 아낙이 우연히 그 말을 듣고는 윤삼식에게 말했습니다.

"총각이 뭘 모르는 모양인데 이 바위는 그냥 바위가 아니라 관세음보살님 모습을 새긴 바위라우. 그래서 여기에 기도를 하면 무슨 소원이든 들어주신다니 총각도 간절한 소원이 있으면 기도를 해보시우."

윤삼식은 그 말을 듣고는 느끼는 바가 있었습니다. 그래서 이튿날부터 나뭇짐을 지고 자하문을 지나 한양을 드나들 때마다 관음 바위 앞에 절하고 혼잣말을 했습니다.

"관세음보살님, 나랑 고누 내기를 해서 내가 이기면 장가 좀 보내주시오."

그러고는 혼자 고누를 두어 자기가 내기에서 이겼습니다.

그러던 어느 날 밤, 윤삼식의 꿈에 어떤 보살이 나타나 말했습니다.

"네가 내기에서 이겼으니 장가갈 방법을 알려주겠다."

"그게 뭔데요?"

"내일 새벽에 자하문 밖에서 기다리고 있으면 맨 처음에 한 처자가 나타날 것이다. 그 여인이 바로 네 배필이 될 것이다."

이윽고 꿈에서 깬 윤삼식은 꿈속의 보살님이 알려준 대로 자하문 밖으로 달려가 문이 열리길 기다렸습니다. 과연 아리따운 여인이 나타났는데 윤삼식은 다짜고짜로 그녀를 데리고 집으로 가 혼례를 올렸습니다.

그렇다면 윤삼식을 만난 그 처녀는 무슨 까닭으로 나무꾼에게 인생을 맡겼을까요? 사실은 그 처녀는 소박을 맞고 친정으로 갔다가 윤삼식과 똑같이, 관세음보살님이 나타나 새벽에 자하문으로 나가면 한 총각이 기다리고 있을 것이니 그 사람을 신랑으로 맞으라는 꿈을 꾸었다고 합니다. 그래서 그날 새벽 부모님이 주신 패물을 가지고 자하문으로 갔다가 윤삼식을 만나 결혼하게 된 것입니다.

불보살님은 이와 같이 우리 중생에게 명훈가피력(冥勳加被力)을 내려주십니다. 마음이 순수하고 믿음이 간절하면 꿈은 이뤄집니다. 언제나 부처님을 생각하고, 믿음이 확실하면 재앙은 사라지고 좋은 일이 있게 됩니다. 천지의 기운이 내 기운 되며, 내 기운이 천지의 기운이 됩니다. 이때 부사의한 위신력과 신통력이 나투는 것입니다.

마음가짐에 따라 운명도 바뀐다

　자신의 운명은 자신의 얼굴(표정) 경영에서 시작됩니다. 또 자신의 얼굴 경영은 자신의 마음 경영에서 비롯됩니다. 따라서 자신의 운명을 결정짓는 것은 자신의 마음입니다.

　인간관계에서 인상은 매우 중요합니다. 그런데 그 인상이라는 것은 평소의 생활 태도에서 비롯됩니다. 그런 생활 태도가 궁극적으로는 마음가짐에서 오는 것이니 생각이나 마음이 자신에 대한 호감도를 결정하는 것입니다. 어떤 사람이 예쁜 짓을 하면 상대는 좋은 인상을 받게 되며 그것은 다시 예쁜 짓을 한 사람의 운명을 좋게 만들어갑니다. 결국 마음 관리가 중요한 것입니다.

　따라서 언제, 어디서나, 누구에게나 호감을 주고 밝게 웃는 모습을 보여주시기 바랍니다. 되도록 좋은 말, 긍정적인 이야기를 하십시오. 언제 보아도 편안하며 신뢰를 주는 인상을 갖게 하십시오. 상대를 즐겁고 이롭게 하십시오. 운명은 스스로 창조하는 것입니다.

　지구에는 오대주 육대양이 있고 사람들에게는 오장 육부가 있습니다. 다시 말해 사람은 우주의 축소판입니다.

　일반적으로 말하는 관상이란 인상, 눈빛, 색깔, 목소리, 신체 전체의 상을 말합니다. 좋은 인상을 만들기 위해선 좋은 마음, 바른 생각을 가져야 합니다. 마음이 일그러지면 얼굴도 일그러집니다. 마음이 밝으면 얼굴도 환히 밝아집니다.

그렇기에 일을 하든 놀이를 하든 즐겁고 긍정적으로 하시기 바랍니다. 음식을 먹을 때나 놀 때, 일할 때, 잠이 들 때 등 언제 어디서나 긍정적이며 좋은 쪽으로 생각하십시오.

매일 감사하고 성공할 일, 성공한 일, 좋은 생각, 좋은 사람을 떠올리고 기도하십시오. 잠자리에서도 좋은 꿈을 그리십시오. 그럼 염력(念力)의 내공이 성공하는 쪽으로 이끌어갑니다. 희망의 꿈, 밝은 꿈, 성공의 꿈을 꾸십시오. 그것이 불공(佛供)이며 예불이고 기도입니다.

이런 이야기가 있습니다.

옛날 어떤 스님이 한 시골 마을을 지나가던 중에 젊은 부부가 자신들의 아들한테 심한 욕설을 퍼붓고 심지어 매질까지 하는 걸 보게 되었습니다. 스님은 한동안 그걸 지켜보다가 매 맞던 아이에게 다가가 공손히 합장하며 예를 올렸습니다.

아이의 부모가 의아하게 여겨 스님에게 물었습니다.

"스님, 어째서 이 못난 놈한테 절을 하십니까?"

"못난 놈이라니요? 소승이 보아하니 이 아이는 장차 아주 크게 될 훌륭한 인재입니다. 가문과 나라의 기둥이 될 아들이니 앞으론 귀하게 잘 키우시길 바랍니다."

스님은 이렇게 말한 뒤 사라졌습니다.

크게 반성한 젊은 부부는 그때부터 스님의 말씀대로 정성을 다해 아들을 돌봐주었고 공부도 잘 시켜주었습니다. 그랬더니 나중엔 정말 큰 인물이 되었다고 합니다. 부부는 뒤늦게 스님의 예언이 떠올라 수소문을 하여 스님을 찾아뵙고 여쭸습니다.

"지난날 스님의 당부대로 저희 아들을 정성껏 키웠더니 정말 나라의 훌륭한 인재가 되었습니다. 스님께선 어떻게 그 아이가 크게 될 인재라는 걸 알아보셨는지요?"

그러자 스님이 대답했습니다.

"그 아이만 그런 게 아니라 누구든 귀하고 정성껏 돌봐주면 나쁜 운명이 좋은 운명으로 바뀌는 것입니다."

반면 이런 이야기도 있습니다.

어떤 점쟁이가 한 시골 여학생을 보며 말했습니다.

"넌 참 예쁘고 착한데 후처가 될 상이라 그게 아쉽구나."

그 뒤 여학생은 학교를 졸업하고 어떤 회사의 사장 비서실에 근무를 하게 되었습니다. 그런데 어쩌다가 그만 처자식이 있는 그 사장과 사랑에 빠지게 되었습니다. 그때 처녀는 지난날 점쟁이가 했던 말이 떠올랐습니다.

'그래, 난 후처가 될 팔자라고 했어. 그 점쟁이 말대로 사장님의 후처가 되는 게 내 운명이니 어쩌겠어?'

이렇게 자포자기를 하게 되었답니다. 학창 시절에 들었던 말 한마디가 그 여인의 운명을 결정한 셈이었습니다. 만약 점쟁이가 "후처가 될 상이다."란 말을 안 했더라면 그 여인은 전혀 다른 인생을 살았을 것입니다.

그렇기에 마음먹기에 따라 운명이 바뀌는 법입니다. 늘 밝은 마음, 긍정적이며 희망을 놓치지 않으면 다른 사람들에게 좋은 인상을 주고 나중엔 좋은 운명으로 바뀌어 자신이 꿈꾸던 인생을 살 수 있습니다.

5

깨침과 자비의 가르침

참선은 스트레스 해소에
가장 효과적인 수련법

고 박희선 박사의 『생활 참선』이란 저서는 참선의 과학적인 연구 성과 중에서 참선할 때에 분비되는 각종 호르몬이 정신과 육체에 미치는 영향에 대해 자세히 기술하고 있습니다. 이 책은 크게 알파파의 성질과 역할, 뇌의 알파 상태와 호르몬 분비의 상관 관계, 뇌분비물(호르몬들)이 정신과 육체에 미치는 영향, 이상의 제 현상과 참선의 관계, 뇌의 알파 상태에서의 뇌 생리학 해설 등으로 구성되어 있습니다.

저자의 연구에 따르면 참선은 가만히 앉아서 100만 달러짜리 보약을 공짜로 받는 것과 같다고 합니다. 참선을 하면 뇌가 알파 상태가 되는데 이럴 때 인간의 육체가 강화되며 마음도 안정되고 매사가 즐거워지는 것입니다. 즉 선정에 들면 무념, 무상 상태가 되며 A10 신경계 호르몬이 왕성하게 분비된다고 합니다. 이와 같은 호르몬들은 스트레스를 해소시키고 자율 신경을 안정 상태로 유도합니다. 이에 따라 마음이 양심의 소리를 들을 수 있는 채널을 열어준다는 것입니다.

불교는 한마디로 양심의 소리에 순응하면서 살아가는 종교입니다. 양심의 소리는 우주의 순리이며 불심(佛心)입니다. 그러나 잠재의식에서 아무리 양심의 소리를 방송하더라도 그 주파수는 현재 의식의 주파수와 동조하지 않습니다. 이것이 참선 수행을 통해 알파 상태를 추구하는 까닭입니다.

참선은 우뇌를 강화시키는데 그 목적을 두고 있습니다. 사람이 건강을 유지하고 기쁨을 느끼고 행복하며 사람다운 생애를 살아가기 위해서는 우뇌가 우세한 상태를 유지해야 하는데 참선을 하면 우뇌를 강화할 수 있는 것입니다.

정신의학자나 뇌생리학자들은 인간의 뇌세포가 퇴화하면 그게 원인이 되어 심신이 노화한다고 합니다. 인간의 뇌세포는 약 180억~250억 개에 이르는데 청소년기에 왕성하다가 25세 이후로는 매일 10만 개씩 세포가 죽어가며 다시 보충히는 게 어렵다고 합니다.

50대~70대 쯤에는 날마다 20만~30만 개의 뇌세포가 죽어갑니다. 그런데 인간이 우뇌적인 생활을 하면 이 뇌세포 파괴 속도가 상당히 더뎌지거나 억지됩니다. 그 결과 노화가 방지되며 건강과 장수를 유지할 수 있는 것입니다.

사람의 우뇌는 주로 사랑과 기쁨을 느끼며 음악, 미술 등을 인지하고 '이미지'로 생각하게 하는 기능을 가지고 있습니다. 직감, 직관과 같은 영감(靈感)에 속하는 분야도 우뇌의 역할입니다. 이상구 박사에 의하면 우뇌가 덜 발달하면 멋이 없고 단조로우며 무미건조할 뿐만 아니라 에이즈 균이 달라붙기 좋은 상태가 된다고 합니다.

한편 뇌세포의 재생에 필요한 호르몬을 '신경제 호르몬(베타엔돌핀 호르몬)'이라고 부릅니다. 사랑, 즐거움, 희망, 긍정적, 낙천적인 감정이 넘쳐흐를 때 베타엔돌핀 호르몬이 생산되고 뇌세포 파괴를 방지하게 됩니다.

미국 스탠퍼드대학교 의학대학 정신과 교수들이 실험한 결과에 따르면 사람들에게 스트레스가 겹치게 되면 뇌로부터 '아드레날린' 호르몬이 분비되며 이로 인해 '코티존' 호르몬이 촉진된다고 합니다. 그리고 코티존 호르몬이 뇌세포를 빠르게 파괴시키는 것을 발견했다고 발표해 뇌생리학계에 큰 충격을 주었습니다.

그런데 참선을 하면 마음이 점점 가라앉고 심층의식에 들어감에 따라 자기도 모르는 사이에 스트레스가 해소될 뿐만 아니라 감사한 마음이 솟아오릅니다. 또한 엔돌핀이 분비되어 암세포를 파괴하는 T-임파구를 강화해줍니다.

결론적으로 참선은 스트레스 해소에 가장 효과적인 수련법이며 더 나아가 암까지 예방할 수 있는 것입니다.

뇌는 인류가 처음 발생할 때부터의 모든 지식과 정보를 저장하고 있습니다. 이 정보의 창고를 서양에서는 '아카식 레코드'라고 부릅니다. 모든 초능력자들은 이 아카식 레코드를 잘 활용하는 사람이라 할 수 있으며 불교에서는 이와 같은 능력을 5신통(숙명통, 누진통, 천안통, 천이통, 신족통)이라고 부릅니다.

우리는 무한한 잠재 능력을 가지고 있지만 평생 동안 극히 일부분만 사용할 뿐입니다. 따라서 이 잠재능력을 개발할 수 있는 가능성이 인류에게 큰 희망을 주고 미래를 밝게 합니다.

이런 점에서도 우리의 심신을 건강하게 유지하고 잠재적인 능력을 개발하기 위한 가장 훌륭한 방법으로 참선 수행을 들 수 있습니다. 불자님들은 매일 조금씩이라도 참선 수행을 하시기 바랍니다.

미르, 하늘을 날다

　용(龍)은 오래전부터 한국을 비롯해 인류 문화의 발상지인 고대 이집트, 바빌로니아, 인도, 중국 등 전 세계적으로 상상되어온 동물입니다. 다만 시대와 지역에 따라 용이 가진 이미지나 역할에는 차이가 있습니다.

　중국 문헌인 『광아廣雅』의 「익조(翼條)」에는 용에 대해 다음처럼 서술하고 있습니다.

　용은 물에서 살며, 그 색깔은 오색(五色)을 마음대로 변화시키는 조화 능력이 있는 신이다. 작아지고자 하면 번데기처럼 작아지고, 커지고자 하면 천하를 덮을 만큼 커질 수 있다. 용이 높이 오르고자 하면 구름 위로 치솟고, 아래로 들어가고자 하면 깊은 샘 속으로 잠길 수도 있는 변화무일(變化無日)하고 상하무시(上下無時)한 신이다.

　그런가 하면 사마천(司馬遷)의 『사기(史記)』에는 수련을 끝낸 황제가 용을 타고 하늘로 올라가는 정경을 상세히 설명하고 있습니다.

　용은 다른 아홉 종의 짐승들과 비슷한 모습을 가진 것으로 전해집니다. 이를테면 머리는 낙타, 뿔은 사슴, 눈은 토끼, 귀는 소, 목덜미는 뱀, 배는 큰 조개, 비늘은 잉어, 발톱은 매, 주먹은 호랑이와 같다는 것입니다. 양수(陽數)인 81장의 비늘이 한 줄로 있고 목 밑에는 한 장의 커다란 비늘을 중심으로 하여 반대 방향으로 나 있는 49장의 비늘이 있다고 합니다. 이를 역린(逆鱗)이라고 부릅니다. 역린은 용의 급소에 해당합니다.

이 역린을 건드리면 용은 엄청난 고통을 느껴 미친 듯이 분노한 나머지 건드린 자를 물어 죽인다고 합니다. 그래서 다른 사람이 건드리지 않았으면 하는 곳을 건드려 화가 나게 만드는 일을 "역린을 건드린다."라고 표현하게 되었습니다. 용의 입가에는 긴 수염이 나 있고 동판을 두들기는 듯한 울음소리를 냅니다. 머리 한가운데에는 척수라고 불리는 살의 융기가 있는데, 이것을 가진 용은 하늘을 자유롭게 날 수 있다고 합니다.

용을 순수한 우리말로 표현하면 '미르'라고 합니다. 불교에서 과거불은 비바시불(毘婆尸佛), 현재불은 석가모니불(釋迦牟尼佛), 미래불은 미륵불(彌勒佛)이라 부르는데 이 미륵불과 미르는 같은 어원을 가지고 있습니다. 그런 까닭에 미르인 용은 미륵불을 상징하는 용어로 사용되기도 합니다.

용은 물을 지배하는 신으로도 잘 알려졌으며 물을 떠나선 잠시도 살 수 없습니다. 과거 농경사회에서는 매년 음력 6월 15일을 유두절이라 하여 논에 물꼬를 대고 용두제, 용신제 등을 올리던 풍습이 있었습니다. 가뭄이 들어 기우제를 지낼 때는 용을 주신(主神)으로 섬겼으며 어촌에서 풍어를 기원할 때는 용왕에게 제사를 지냈습니다.

한편 용은 불법(佛法)을 수호하는 천왕팔부중(天王八部衆)의 하나로 알려집니다. 『천수경』에는 '천룡중성동자호(天龍衆聖同慈護)'라는 구절이 있습니다. "하늘과 용, 모든 성중이 다 함께 사랑과 자비로 나와 내 가족, 내 이웃, 내 겨레, 더 나아가 온 인류를 보호하소서."라는 뜻입니다. 용이 천왕들과 더불어 불법과 불자들을 지켜주는 존재임을 잘 드러내는 대목입니다.

이런 용들 중에는 8대 용왕이 있는데 그 이름과 역할은 다음과 같습니다.

- 난타(難陀) : 용왕들의 우두머리.
- 발난타(跋難陀) : 난타의 동생으로 비를 내려 흉년을 막아줌.
- 사가라(沙竭羅) : 바다의 용왕(해상용왕).
- 화수길(和修吉) : 머리가 아홉 개 달림.
- 덕차가(德叉迦) : 혀가 여러 개 있고, 분노하여 사람이나 동물을 응시하면 그 생명은 죽게 됨.
- 아나바달다(阿那婆達多) : 히말라야산맥 북쪽에 있는 거대한 못에서 살며 맑은 물을 내려보내 세상을 비옥하게 함.
- 마나사(摩那斯) : 몸을 휘감아 바닷물을 막고 때 맞추어 비구름을 모아 비를 내림.
- 우발라(優鉢羅) : 수련(睡蓮)이 자라는 거대한 연못에 살고 있음.

용은 용궁에서 경전을 수호하며 부처님이 탄생하셨을 때는 목욕을 하실 수 있게 룸비니동산에 구룡청정수를 내리기도 했습니다.

우리나라에서도 용은 왕권을 상징하거나 호국을 상징하는 동물로 여겨져 왔습니다. 황룡사 9층탑이나 동해의 대룡(大龍)이 되어 나라를 지키겠다는 유언에 따라 만들어진 문무왕릉이 그런 경우입니다.

용은 왕의 권위와 백성을 수호하는 상징으로 여겨졌고 훌륭한 임금을 용에 비유했습니다. 왕의 얼굴은 용안(龍顏), 왕의 덕은 용덕(龍德), 왕의 지위는 용위(龍位), 왕의 의복은 용포(龍袍)라고 불렀습니다.

한편 '개천에서 용 난다.'는 속담처럼 출신은 미천하지만 매우 훌륭한 인물이 되었을 때를 용에 비유하고 있으며, 입신출세에 연결되는 어려운 관문이나 시험을 등용문(登龍門)이라고 부릅니다.

이처럼 용은 여러 가지 신통력을 갖추어 우리에게 희망의 상징으로 알려지고 있습니다. 그리고 구름과 비, 바람을 자유롭게 일으키는 수신(水神)으로, 불법을 수호하는 신으로, 왕권과 나라를 지키는 호국의 상징으로, 웅비(雄飛)와 비상(飛翔), 지상 최대의 권위를 나타내는 상상의 동물로 그려집니다.

성철 스님이 3천 배를 시킨 까닭은?

『대승기신론』에는 사신오행(四信五行)이란 용어가 있습니다. 사신이란 믿음의 네 가지 대상을 말하며 오행은 믿음을 이루게 하는 다섯 가지 수행을 말합니다. 여기서 믿음의 네 가지 대상은 진여와 불법승 삼부를 가리키며 오행은 보시, 지계, 인욕, 정진, 지관(止觀)을 가리킵니다.

또한 오근오력(五根五力)이란 용어도 있는데 먼저 오근은 번뇌를 누르고 깨달음의 세계로 이끄는 다섯 가지 근원을 말합니다. 오근의 첫 번째는 부처님 가르침을 믿는 신근(信根)이며 이 밖에도 힘써 수행하는 정진근(精進根), 부처님 가르침을 명심하여 마음을 챙기는 염근(念根), 마음을 한곳에 모아 흐트러지지 않게 하는 정근(定根), 부처님 가르침을 꿰뚫어 보는 지혜인 혜근(慧根)을 가리킵니다.

그리고 오력(五力)은 오근이 곧 능력이 되고 힘이 되는 것을 뜻하는 것으로 신력(信力), 진력(進力), 염력(念力), 정력(定力), 혜력(慧力)을 뜻합니다.

오근과 오력의 첫 번째가 모두 믿음[신(信)]에 있음을 알 수 있습니다.

오근 중에서 심근은 신뢰, 깨끗한 믿음인 청정심(淸淨心), 가르침에 대한 확신인 신해(信解), 깨닫는 마음 등을 가리킵니다.

정진근은 믿음을 근거로 한 악습(惡習)과 악심(惡心)을 제거하며 정심(正心)을 증장하고 좋은 마음을 키우는 것을 말합니다.

염근은 정진, 마음챙김을 뜻하는데 이것은 음식에 넣는 소금에 비유할 수 있습니다. 염근은 간화선의 대분심(大忿心)에 해당합니다.

정근은 삼매, 집중을 뜻하며 간화선의 대발심(大發心)에 해당합니다.

혜근은 꿰뚫어 보는 통찰지를 가리키며 간화선의 대의심(大疑心)에 해당합니다.

『화엄경』「현수품(賢首品)」에는 믿음의 불가사의한 공덕을 다음과 같은 게송으로 찬탄하고 있습니다.

신위도원공덕모(信爲道元功德母) 신심은 도의 근원이며 공덕의 어머니라
장양일체제선법(長養一切諸善法) 모든 선법을 길러내며
단제의망출애류(斷除疑網出愛流) 의심의 그물 끊고 애정 벗어나
개시열반무상도(開示涅槃無上道) 열반의 위 없는 도를 열어 보이네.

신위공덕불괴종(信爲道源不壞種) 믿음은 썩지 않는 공덕의 종자
신능생장보리수(信能生長菩提樹) 믿음은 보리수를 생장케 하며
신능증익최승지(信能增益最勝智) 믿음은 수승한 지혜를 증장케 하고
신능시현일체불(信能示現一切佛) 믿음은 온갖 부처를 나타내 보이네.

이런 게송과 같이 신심은 수행의 첫걸음이며 도의 근원입니다.

오래전 화승그룹의 현승훈 회장이 성철(性徹) 종정 스님을 찾아갔으나 당장에 뵐 수가 없었습니다. 스님을 한번 뵈려면 먼저 3천 배를 해

야 만날 수 있다고 했기 때문입니다. 현 회장은 속으로 '도대체 어떤 스님이 저리도 도도하단 말인가'하는 오기가 생겨 결국 3천 배를 마친 뒤 성철 스님을 친견했습니다. 그때 성철 스님은 "고통은 고통으로 이겨야 합니다."라고 말씀하셨습니다.

현 회장은 그 말씀을 굳게 믿고 매일 새벽 108참회로 일과를 시작했습니다. 한때는 500배의 하심(下心) 훈련을 통해 교만을 물리쳤고 마음 수행으로 사업을 일궜다고 합니다. 결과적으로 성철 스님의 말씀은 사업 성공의 디딤돌이 되어 화승그룹이 크게 번창할 수 있는 밑거름이 되었습니다.

처음엔 오기가 생겨 3천 배를 하게 된 것이지만 그 일을 통해 하심을 배우고 부처님 법에 대한 믿음이 굳건해져 결국 사업을 크게 성공시킨 좋은 예라고 할 수 있습니다.

인과에 어둡지 않다

중국 당나라 때의 백장회해(百丈懷海)선사는 남악회양(南嶽懷讓)과 마조도일(馬祖道一)의 조사선 선풍을 계승하고 발전시킨 인물입니다. 백장선사는 특히 백장청규(百丈淸規)로도 잘 알려진 분입니다. 백장선사가 선종의 생활문화와 수행생활의 규범 의례를 정한 것을 백장청규라고 하는데 이를 통해 선종은 크게 발전하였습니다.

백장선사는 불락인과(不落因果)와 불매인과(不昧因果)에 관한 일화를 남긴 것으로도 잘 알려졌습니다. 그 이야기는 이렇습니다.

어느 때 백장선사가 날마다 설법을 했는데 대중들 가운데 있던 어떤 노인이 법문을 듣고는 아무 말 없이 대중들을 따라 돌아가고는 했습니다. 그런데 하루는 설법이 모두 끝난 뒤에도 법당에서 나가지 않기에 백장선사가 그 노인에게 물었습니다.

"거사님은 무슨 사연이 있습니까?"

그러자 노인이 자신의 이야기를 털어놓았습니다.

"이 중생은 과거 가섭부처님 시기에 이 산에 살던 수행자였다오. 하루는 어떤 학인이 "많이 수행한 사람도 인과(因果)에 떨어집니까? 아니면 떨어지지 않습니까?"라고 묻기에 제가 답하길 "인과에 떨어지지 않는다."라고 대답하였더니 그만 여우의 몸을 받게 되었습니다. 오늘 화상께 여쭈오니 한마디로 깨닫게 해주시길 바랍니다."

사연을 듣고 난 백장선사가 고개를 끄덕인 뒤 말했습니다.

"좋소. 그럼 거사님이 물어보십시오."

노인이 진지하게 물었습니다.

"크게 수행한 사람도 인과에 떨어집니까? 떨어지지 않습니까?"

백장선사가 답했습니다.

"인과에 어둡지 않습니다."

그러자 노인은 바로 깨달음을 얻고는 백장선사에게 큰절을 올렸습니다.

"화상 덕택에 저는 이제야 깨닫고 여우의 몸을 면하게 되었습니다. 부디 부탁드리오니 저 뒷산에 제 몸이 있으니 스님의 예로서 화장하여 보내주십시오."

이에 백장선사는 제자들을 불러 노인이 일러준 곳으로 향했습니다. 그때 제자들은 영문도 모른 채 백장선사를 따라 산 뒤쪽 바위 밑까지 따라갔습니다. 그 자리에서 백장선사가 지팡이를 뒤적여 죽은 여우 한 마리를 꺼냈습니다.

"큰스님, 웬 여우인가요?"

제자들이 묻자 백장선사가 답했습니다.

"여우의 몸을 받았던 스님이시니, 스님에 걸맞은 예법으로 장례를 치러드려라."

제자들은 스승의 분부대로 정성을 다해 화장을 치렀습니다.

이 이야기는 '백장불매인과'라고도 불리며 '백장야호(百丈野狐)'라는 화두의 소재이기도 합니다.

이 세상의 모든 사물이나 현상에는 반드시 원인과 결과가 있다는 것이 불교의 기본교리인 인과법입니다. 선한 행위를 하면 선한 결과가 나타나지만 악한 행위를 저지르면 나쁜 결과가 따르는 것입니다.

이 백장선사 일화는 수행자가 어떻게 살아야 하는지를 일깨워줍니다.

말하자면 전생에 스님이었던 노인이 "오랫동안 수행한 사람은 인과법을 벗어날 수 있는가?"란 질문을 받고 "벗어날 수 있다."고 답했다가 오백 생이나 여우의 몸을 받는 벌을 받은 것에 비해 백장선사는 다만 "인과에 어둡지 않다."라고 하여 인과를 두렵게 여겨 열심히 수행하고 인과법을 벗어나 윤회에서 해탈해야 한다는 가르침을 폈던 것입니다.

스님들이 수행에 매진해 깨달음을 얻고자 하는 것도 윤회의 인과법에서 영원한 자유를 얻기 위함입니다.

『발심수행장』에는 이런 구절이 있습니다.

자락능사(自樂能捨) 자신의 즐거움을 능히 버리면
신경여성(信敬如聖) 믿고 공경하기를 성인과 같이 하고
난행능행(難行能行) 어려운 수행을 능히 행하면
존중여불(尊重如佛) 존중하기를 부처님과 같이 한다
홀지백년(忽至百年) 홀연히 백년에 이르거늘
운하불학(云何不學) 어찌하여 배우지 아니하며
일생기하(一生幾何) 일생이 얼마가 되기에
불수방일(不修放逸) 닦지 않고 게으르단 말인가.

싯다르타 태자가 왕궁과 제왕의 자리를 마다하고 세상 모든 것을

떠나 수행의 길을 걸으신 것을 대자대비의 시현이라고 합니다. 즉, 출가를 통해 사난팔고(四難八苦)를 벗어날 길을 보여주신 것입니다.

모든 속박에서 벗어나는 길, 영원한 생명과 자유의 길, 이는 인생의 근본문제를 해결하는 길입니다. 부처님은 이처럼 지혜와 자비의 길을 구현하셨으며 생노병사가 아니라면 여래는 출현하지 않았을 것이라고 합니다.

그렇기에 불자님들은 영원한 진리를 위해 모든 것을 버리고 여래의 상속자가 되어야 합니다. 백장선사가 윤회를 벗어나 인과에 어둡지 않다는 화두를 남긴 것도 이와 같은 뜻으로 보아야 합니다.

공덕을 쌓으려면 복덕부터 지어야

『법화경』「관세음보살보문품」에 이런 말씀이 있습니다.

관음묘지력(觀音妙智力)	관세음보살님의 묘한 지혜의 힘이
능구세간고(能救世間苦)	능히 세간의 고통을 건지시니
구족신통력(具足神通力)	신통력을 구족하고
광수지방편(廣修智方便)	널리 지혜의 방편을 닦아서
시방제국토(十方諸國土)	시방의 모든 국토에
무찰불현신(無刹不現身)	몸을 나타내지 않는 나라가 없이
종종제악취(種種諸惡趣)	갖가지의 모든 악도와
지옥귀축생(地獄鬼畜生)	지옥, 아귀, 축생의
생로병사고(生老病死苦)	생노병사 고통을
이점실영멸(以漸悉令滅)	차츰 모두 멸하게 하시느니라.

이 말씀처럼 관세음보살님은 대자대비로 세상 모든 중생의 고통을 멸하게 하시는 분입니다. 우리에게 어려운 일이 있거나 어떤 간절한 소원이 있을 때 관세음보살님께 기도하면 그런 중생의 모든 소리에 귀 기울였다가 소원을 들어주십니다.

하지만 무턱대고 관세음보살님께 기도한다고 소원이 전부 이뤄지는 것은 아닙니다. 스스로 복덕(福德)과 공덕(功德)부터 지어야 합니다. 그렇기에 복덕은 지어야 오고 공덕은 닦아야 이루어진다는 말이 있습니다. 거꾸로 말하면 짓지 않는 복덕은 오지 않는 것이며 닦지 않은 공덕은 이룰 수가 없습니다.

엄밀한 의미에서 복덕과 공덕에는 차이가 있습니다. 중국 양나라에 도착한 달마대사와 무제가 나눈 문답에서 그 차이를 알 수 있습니다.

"짐은 수많은 사찰을 지었고 불교를 외호(外護)했으며 스님들께 공양을 올렸습니다. 그 공덕이 얼마나 크겠습니까?"

그러자 달마대사가 딱 잘라 대답했습니다.

"없습니다."

이 말을 듣고 난 양무제는 크게 당황했으며 나중엔 달마대사의 목숨까지 위협할 정도였습니다. 그런데 만약 양무제가 처음부터 자신의 공덕이 아니라 복덕이 얼마나 되느냐고 물었다면 달마대사는 어떻게 답변했을까요? 아마 "폐하께선 많은 복덕을 지으셨군요."라고 답했을지 모릅니다. 그만큼 복덕과 공덕의 차이는 크다고 할 수 있습니다.

'지장불여복장(智將不如福將)'이란 말이 있습니다. 아무리 지혜가 많은 장수라도 복이 많은 장수를 이길 수 없다는 뜻입니다. 그만큼 복덕이 많다는 것은 좋은 것입니다.

『명심보감(明心寶鑑)』에는 '치롱고아가부호(癡聾痼啞家富豪) 지혜총명각수빈(智慧聰明却受貧)'이란 대목이 있습니다. 어리석고 귀먹고 병어리인 사람도 집이 부자일 수 있고, 지혜롭고 총명한 사람이 도리어 가난할 수 있다는 뜻입니다. 말하자면 전생에 복덕을 지은 사람은 비록 장애가 있어도 부잣집에 태어나지만 복덕이 없는 사람은 총명하게 태어났더라도 가난한 집에서 태어날 수 있다는 말입니다.

하지만 복력(福力)이 아무리 커도 공덕이 될 수 없습니다. 부잣집에서 태어났다거나 양무제처럼 수많은 절을 지었다고 해서 공덕이 되는 건 아니라는 뜻입니다.

그렇다면 복덕과 공덕은 어떤 차이가 있기에 이런 말이 나온 것일까요? 말하자면 복덕이란 '착한 행동과 선행에 대한 결과로 받는 행복과 이익'을 뜻합니다. 반면 공덕은 좋은 일을 쌓은 공(功)과 불도를 행한 덕(德)이 합친 말로 '출세간의 해탈을 이루는데 밑거름이 되는 마음가짐과 수행'으로 설명됩니다.

한마디로 복덕을 짓는 것도 좋지만 공덕을 짓는 것은 더할 나위 없이 좋은 것입니다. 그래서 부처님께서도 "복이 없음을 두려워하라. 복이 없음은 고통과 괴로움의 근본이니 복 짓기를 게을리하지 말라."고 하셨습니다.

반면 공덕은 세속적인 즐거움이나 행복으로 이끄는 길은 아니나 견성성불(見性成佛)로 이끄는 유일한 길입니다. 이런 공덕을 쌓기 위해서는 믿음을 갖추고 선근(善根)을 기르며 선근의 힘으로 계를 지키고 삼업을 청정하게 해야 합니다. 하지만 이런 공덕을 이루기 위해선 먼저 복덕의 힘이 있어야 하니 복 짓는 일을 게을리해서는 안 되는 것입니다.

화엄의 광명을 연출하는 부처님 오신 날

전통사찰의 주련(柱聯) 중에는 다음과 같은 게송이 새겨진 것을 종 종 보게 됩니다.

불신보변시방중(佛身普遍十方中)
부처님 법신은 시방세계에 두루 충만하시니
삼세여래일체동(三世如來一切同)
과거, 현재, 미래의 부처님이 한 몸이시네
광대원운항부진(廣大願雲恒不盡)
넓고 끝없는 원력 항상하시어 다함이 없고
왕양각해묘난궁(汪洋覺海渺難窮)
깨달음의 바다 신묘해 헤아리기 어려워라.

부처님은 구원실상의 자비광명으로 룸비니 동산에서 천상천하유아 독존(天上天下唯我獨尊)을 선언하셨습니다. 욕계(欲界), 색계(色界), 무 색계(無色界)로 이뤄진 삼계(三界)가 모두 고통에 잠겨 있다고 하시며 이를 구원하시기 위해 팔상성도(八相成道)를 보여주신 것입니다.

팔상성도란 부처님 생애를 여덟 개의 모습〔팔상(八相)〕으로 나눠 설 명한 것으로 도솔천에서 강림하시는 도솔래의상(兜率來儀相), 룸비니

동산에서 탄생하시는 비람강생상(毘藍降生相), 동서남북 사문에서 생로병사의 괴로움을 관찰하시는 사문유관상(四門遊觀相), 깨달음을 위해 출가하시는 유성출가상(踰城出家相), 히말라야 설산을 바라보며 수행하시는 설산수도상(雪山修道相), 보리수 아래에서 깨달아 부처님이 되는 수하항마상(樹下降魔相), 녹야원에서 제자들을 교화하시며 법의 수레바퀴를 굴리시는 녹원전법상(鹿苑轉法相), 사라쌍수 아래에서 열반에 드시는 쌍림열반상(雙林涅槃相) 등 여덟 가지 모습을 가리킵니다.

한마디로 인류 세계의 모든 재앙과 병고를 치유하시기 위해 여래(如來), 다시 말해 이와 같이 오신 것입니다.

부처님 오신 날은, 꽃이 모여 꽃밭을 이루고 별이 모여 은하수를 이루듯이 각자의 소망과 염원을 담은 등불이 모여서 화엄(華嚴)의 광명을 연출하는 날입니다. 집이 모여서 골목을 이루고 골목이 모여서 마을을 이루듯이 만나는 사람마다 부처님이 되고 마주치는 풍광마다 경전이 되는 날입니다. 부모님 마음에도, 자녀들의 가슴에도 서광(瑞光)이 장엄되는 날입니다. 갑과 을이 없는 사회, 모두가 주인이 되는 날입니다.

빈자일등(貧者一燈)이 천 년 만 년 꺼지지 않는 비원의 등불을 밝히니 우리 모두가 부처님처럼 섬김을 받는 날입니다. 서로 위하고 섬기는 불보살(佛菩薩)이 되는 날입니다. 온 법계에 부처님의 대자대비 광명이 두루 충만했음을 깨닫는 날입니다. 모든 이에게 천상천하 유아독존의 불성이 있음을 깨닫고 자타일시성불도(自他一時成佛道)를 서원하는 날입니다.

법계의 모든 이에게 부처님의 대자비와 지혜의 대광명이 두루 충만하길 축원합니다.

깨달음은 번뇌의 사슬에서
벗어나는 대자유의 길

불교에서 말하는 4대 명절은 부처님오신날인 음력 4월 8일(불탄절), 출가를 하신 음력 2월 8일(출가절), 깨달음을 얻으신 음력 12월 8일(성도절), 열반에 드신 음력 2월 15일(열반절)을 가리킵니다. 여기에 음력 7월 15일 우란분절을 포함하면 5대 명절이 됩니다.

이들 기념일은 모두 깊은 의의가 있지만 그 중에서도 고타마 싯다르타로 불렸던 카필라바스투의 왕자가 비로소 붓다(부처)가 되고 오늘날처럼 석가모니 부처님으로 불리게 된 날은 성도절(또는 성도재일(成道齋日))입니다.

흔히 불교를 깨달음의 종교라고 일컫습니다. 부처님이 깨달음을 얻으신 것처럼 이 세상 모든 불자들이 그와 같은 깨달음을 얻게 되는 걸 궁극적인 목적으로 삼은 종교입니다.

대표적인 초기 경전으로 알려진 『수타니파타』에는 부처님이 깨달음을 얻으신 직후의 사자후(獅子吼)가 담겼습니다.

"모든 번뇌는 사라졌다. 번뇌의 흐름도 사라졌다. 이제 더 이상 태어남의 길을 밟지 않으리니, 이것을 번뇌의 마지막이라 말하리라."

이처럼 깨달음이란 번뇌의 사슬에서 벗어난 대자유의 길입니다. 그래서 성도를 일컬어 일체지자(一切智者)요, 승자(勝者)요, 무상정각자(無上正覺者)라고 합니다.

부처님은 출가 후 6년간 모진 고행에 전념했습니다. 그때의 고행이 얼마나 가혹했는지는 지금도 전해지고 있는 부처님 고행상을 통해 짐작할 수 있습니다. 피골이 상접한 부처님은 어느 날 문득, 그렇게 육신을 괴롭히는 고행만이 깨달음의 길이 아니라는 걸 알고는 때마침 수자타 소녀가 공양한 우유죽으로 차츰 피폐해진 심신을 회복하고 온갖 마구니들의 유혹을 물리친 뒤 마침내 큰 깨달음을 얻게 되셨습니다.

이 부처님의 깨달음은 크게 삼법인(三法印)과 사성제(四聖諦), 팔정도(八正道)로 요약할 수 있습니다.

먼저 삼법인이란 불교의 가장 근본적인 교리에 해당하는 세 가지 진리를 가리킵니다.

1) 제행무상인(諸行無常印) : 모든 물질과 마음의 현상은 생멸변화하는 것인데도 사람들은 이것을 불변·상존하는 것처럼 생각하므로, 이 그릇된 견해를 없애 주기 위하여 모든 것이 무상함을 강조하는 것.

2) 제법무아인(諸法無我印) : 만유의 모든 법은 인연으로 생긴 것이라 실로 자아인 실체가 없는 것인데도 사람들은 아(我)에 집착하는 그릇된 견해를 가지므로, 이를 없애 주기 위하여 무아라고 말하는 것.

3) 열반적정인(涅槃寂靜印) : 생사가 윤회하는 고통에서 벗어난 이상의 경지인 열반적정의 진상을 강조하는 것.

사성제는 네 가지 가장 훌륭한 진리라는 뜻으로 고제(苦諦), 집제(集

諦), 멸제(滅諦), 도제(道諦)를 가리킵니다. 여기서 제(諦)란 진리 또는 진실이란 뜻입니다.

1) 고제 : 현실 세계의 참모습을 설명하는 것으로 범부중생의 현실 세계
   는 모두 괴로움이라는 것.
2) 집제 : 현실 세계의 모든 괴로움의 원인을 설명하는 것.
3) 멸제 : 온갖 괴로움을 멸하고 무명과 번뇌를 멸하는 것.
4) 도제 : 이상향인 열반(涅槃)에 이르기 위한 수행방법.

이 도제를 위한 여덟 가지 수행방법이 팔정도(八正道)입니다.

팔정도는 범어 āryāṣṭāṅgamārga를 한자로 옮긴 말인데 팔지성도(八支聖道), 팔정도분(八正道分), 팔현성도(八賢聖道), 팔정성로(八正聖路), 팔정법(八正法), 팔직도(八直道), 팔품도(八品道) 등으로도 불립니다.

불교에서 실천 수행하는 중요한 종목을 여덟 가지로 나눈 것을 팔정도라고 합니다. 욕락과 고행 등 극단을 떠난 중도이며 올바른 깨달음으로 인도하기 위한 가장 합리적이며 올바른 방법입니다.

팔정도는 중정(中正), 중도(中道)의 완전한 수행법이므로 정도(正道), 성인의 도(道)라는 뜻에서 성도(聖道), 여덟 가지로 나눴으므로 지(支) 또는 분(分)이라고 합니다. 팔정도를 청정한 수행 또는 실천이라는 뜻에서 범행(梵行)이라고도 하며 팔정도를 구하는 것을 범행구(梵行求)라고 합니다.

팔정도의 반대말은 팔사(八邪) 또는 팔사행(八邪行)이라고 합니다. 따라서 팔정도가 정견(正見), 정사(正思), 정어(正語), 정업(正業), 정명(正命), 정정진(正精進), 정념(正念), 정정(正定)으로 이뤄진 데 비해 그

반대는 사견(邪見), 사사(邪思), 사어(邪語), 사업(邪業), 사명(邪命), 사정진(邪精進), 사념(邪念), 사정(邪定)입니다.

실천수행이라는 측면에서는 팔정도를 크게 계정혜(戒定慧)의 삼학(三學)으로 나눠보기도 합니다. 다시 말해 정견, 정사유는 혜(慧)에 속하며 정어, 정업, 정명의 세 가지는 계(戒)에 속하고 정정진, 정념, 정정은 정(定)에 속한 것으로 봅니다.

팔정도의 구체적인 내용은 다음과 같습니다.

1) 정견(正見) : 바른 견해. 불교의 바른 세계관, 인생관, 인연과 사성제(四聖諦)에 관한 지혜를 말합니다. 바른 신앙으로 나타나며 일상생활에 바른 계획, 바른 전망의 자세가 정견입니다.

2) 정사유(正思惟) 또는 정사(正思) : 신(身), 어(語)에 의한 행위 전의 바른 결의, 의사. 자기 입장에서 언제나 바르게 생각하는 것을 뜻합니다. 욕망에서 벗어나는 것, 해치지 않는 것, 다시 말해 자비희사(慈悲喜捨)의 마음을 가리킵니다.

3) 정어(正語) : 정사유 뒤에 생기는 바른 언어적 행위. 망어(妄語), 악구(惡口), 양설(兩舌), 기어(綺語)를 하지 않는 진실한 말, 남을 사랑하며 화합, 융화시키는 유익한 말을 가리킵니다.

4) 정업(正業) : 정사유 뒤에 생기는 바른 신체적 행위. 살생(殺生), 투도(偸盜), 사음(邪淫)을 떠나 생명의 애호(愛護), 시여자선(施與慈善), 도덕을 지키는 선행, 다시 말해 바른 삶, 악업을 짓지 않는 선행(善行)을 가리킵니다.

5) 정명(正命) : 바른 생활. 바른 직업에 의해 바르게 생활하는 것이며 일상 생활을 규칙적으로 하는 것을 말합니다. 신구의(身口意) 삼업

(三業)을 바르게 하여, 이치와 진리에 합당한 생활을 하는 것을 가리킵니다.

6) 정진(精進) : 용기를 가지고 바르게 노력하는 것. 종교·윤리·정치·경제·육체적으로나 건강상 모든 면에서 선(善)을 증장시키는 것을 가리키며 불선법(不善法)을 제거하여 행선법(行善法)을 행하는 것을 가리킵니다.

7) 정념(正念) : 바른 의식을 가지고 이상과 목적을 실행하는 마음. 사소한 부주의가 재앙을 낳는 것입니다. 반대말은 실념(失念) 또는 망념(忘念)입니다.

8) 정정(正定) : 올바른 선정(禪定)을 뜻하며 정신 통일, 사선정(四禪定)을 가리킴. 마음을 안정시키며 정신을 집중하는 것, 바른 지혜를 말합니다.

우주의 비밀을 푸는 열쇠

우리가 일반적으로 말하는 종교(宗敎)란 불변의 진리와 보편타당한 가르침이어야 하며 객관적으로 합리성을 갖춰야 합니다. 또 윤리·도덕·사회·철학·과학적 논리체계가 잘 정립되어 있어야 올바른 종교라고 할 수 있습니다.

철학자가 아니라도 누구나 한번은 '인생이란 무엇인가?'라는 생각을 가지게 됩니다. 또 죽음은 무엇이며, 죽고 난 뒤에는 어떻게 되는지 등을 생각하게 됩니다. 한편 인간은 본래 나약한 존재라고 생각해 무한한 능력을 갈망하게 됩니다. 그래서 신이나 어떤 절대적인 존재를 찾게 됩니다. 거기에서 종교가 생겨났고 종교철학이 자리를 잡게 되는 것입니다.

종교나 어떤 절대자를 통해 확고한 마음의 의지처와 안정감을 얻게 되며 자기 삶의 안락이나 영원한 세계를 희구하게 됩니다. 현실 문제를 해결하게 되고 복락(福樂)을 얻으며 인격과 도덕률, 교양을 완성하게 됩니다. 따라서 종교는 영원한 생명의 뿌리이며 진리를 키우는 길입니다.

종교는 크게 두 가지 형태로 구분됩니다. 하나는 신본주의(神本主義) 종교로 인간 밖의 신이 인류를 구원한다고 믿는 종교입니다. 기독교, 회교 등이 그런 경우입니다. 다른 하나는 인본주의(人本主義) 종교로 인간 중심의 종교 체제입니다. 불교, 유교, 도교 등을 예로 들 수 있습니다.

인류는 완전무결하고 영원한 행복을 추구하는 것을 목표로 삼고 있습니다. 그런가 하면 불가능한 일을 가능하게 하는 도전 의식을 가지고 있습니다.

많은 종교들 중에서 불교의 사상과 철학을 한마디로 표현하자면 일심사상(一心思想)이라 할 수 있습니다. 또한 불교는 깨달음의 종교입니다. 붓다(부처)라는 용어는 깨달으신 분이란 뜻이며 부처님이 깨달은 바와 같이 불자들도 깨달음의 길을 걷게 하는 종교가 불교입니다. 모든 사람, 모든 사회, 모두 함께 이미 존재함을 알고 진리를 깨달아 밝은 삶을 열어가게 하는 것이 불교입니다.

물질계(物質界)와 정신계(精神界), 중생계(衆生界), 불계(佛界) 등 우주의 온갖 비밀을 연기(緣起)의 법칙인 업감연기(業感緣起), 진여연기(眞如緣起), 법계연기(法界緣起)로 설명하고 있습니다. 이것이 철학적, 과학적인 이론으로 전개되는 것입니다.

불교 경전은 지구상 모든 종교 서적 중에서 가장 방대하며 다양합니다. 그만큼 가장 방대한 사상체계를 갖추고 있습니다.

우리나라의 팔만대장경을 비롯해 일본의 신수대장경, 중국의 속장경, 티베트대장경, 빨리어대장경 등 수많은 금구언설(金口言說)의 경전과 율(律), 논(論)이 있습니다. 여기에 인류가 추구하는 모든 것을 담고 있으니 우주의 비밀, 인생의 비밀, 생명계의 비밀, 물질계의 비밀 등 모든 것을 있는 그대로, 사실대로 밑바닥까지 세세히 파헤쳐 시간과 공간을 뛰어넘어 교화하고 있습니다.

불교는 시대적으로 근본불교, 소승불교, 구사론(俱舍論), 성실론(成

實論) 등 20여 부파와 대승불교 등으로 구분됩니다. 이와 함께 법상종(法相宗), 삼론종(三論宗), 천태종(天台宗), 화엄종(華嚴宗), 진언종(眞言宗), 선종(禪宗), 정토종(淨土宗) 등 여러 종파로 분립되어 발전해 왔습니다. 특히 용수(龍樹), 무착(無着), 세친(世親) 등에 의해 대승불교 사상과 철학이 꽃피워왔습니다.

사상적으로는 연기사상(緣起思想), 반야사상(般若思想), 공사상(空思想), 중도사상(中道思想) 등이 아함부, 반야부, 법화부, 화엄부, 방등부, 열반부 등의 경전에 각각 담겨있습니다.

일심(一心)은 여래장심(如來藏心)입니다. 불교는 그 어느 종교나 철학보다도 차원 높은 인간의 생명과 인격의 위대함을 논설하고 있습니다. 인격완성, 자아완성, 자각각타(自覺覺他)의 큰 깨달음을 전제로 모든 것을 분석해 설명하고 있는 것입니다.

『대승기신론』은 불교를 일심(一心), 이문(二門), 삼대(三大)로 나누어 설명하고 있습니다. 일심을 심진여문(心眞如門)과 심생멸문(心生滅門)의 이문으로 나누며 이것을 체대(體大), 상대(相大), 용대(用大)의 삼대로 나누는 것입니다.

또한 불교에서는 공사상(空思想), 진여사상(眞如思想), 유식사상(唯識思想), 유심사상(唯心思想) 등 철학적 논리체계와 실천방안으로 삼법인(三法印), 사성제(四聖諦), 팔정도(八正道), 육바라밀(六波羅密)을 제시합니다.

그런가 하면 화엄의 지관설(止觀說)과 성기설(性起說), 『법화경』의 공관(空觀)과 성구설(性具說), 천태본각사상(天台本覺思想)과 장교(藏教), 통교(通教), 별교(別教), 원교(圓教)의 화법사교(化法四教) 등 화엄사상의 일승법계(一乘法界)와 『금강삼매론(金剛三昧論)』의 여래장사상(如來

藏思想) 등 이루 헤아릴 수 없는 철학 체계를 가지고 있습니다.

- 의불지교(依佛之教) → 불보(佛寶) → 교주론(教主論) → 종교적(宗教的) → 이고득락(離苦得樂) → 미(美)의 세계 → 정(情) → 경장(經藏) → 정학(定學) → 신(信)

- 불타즉교(佛陀卽教) → 법보(法寶) → 진리론(眞理論) → 철학적(哲學的) → 전미개오(轉迷開悟) → 진(眞)의 세계 → 지(知) → 논장(論藏) → 혜학(慧學) → 해(解)

- 성불지교(成佛之教) → 승보(僧寶) → 해탈론(解脫論) → 윤리적(倫理的) → 지악수선(止惡修善) → 희(喜)의 세계 → 의(意) → 율장(律藏) → 계학(戒學) → 행(行), 증(證)

- 개인완성(個人完成) → 성취중생(成就衆生) → 상구보리(上求菩提) → 공락목적(共樂目的)

- 불국완성(佛國完成) → 정불국토(淨佛國土) → 하화중생(下化衆生) → 공락목적(共樂目的)

- 불교의 우주관 → 금(金), 목(木), 수(水), 화(火), 토(土)의 물질세계(物質世界) : 사난(四難)과 팔고(八苦)[1]가 끝없이 윤회한다.

- 우주와 인생은 연기(緣起)의 법칙에 따라 생멸이주(生滅離住)한다는 것이 근본 사상이다.

- 업감연기론(業感緣起論) → 업의 의미, 종류, 성질, 과보, 윤회 등

- 진여연기론(眞如緣起論) → 진여(眞如), 연기상(緣起相) 미계(迷界)로의

---

1 팔고(八苦) : 생고(生苦), 노고(老苦), 병고(兵苦), 사고(死苦), 애별리고(愛別離苦), 원증회고(怨憎會苦), 구불득고(求不得苦), 오음성고(五陰盛苦).

과정 등

- 법계연기론(法界緣起論) → 법계 종류, 제법연기(諸法緣起)와의 관계, 무진연기(無盡緣起)의 모습, 무진연기의 원리 등

- 법(法) → 존재의 뜻으로 제법(諸法), 존재의 법칙으로서의 법, 깨달음의 법칙(붓다의 가르침인 교법(教法)), 정각(正覺), 대각(大覺)의 연기

- 근본교리 → 사성제(四聖諦), 삼법인(三法印)[2], 연기와 중도(中道), 팔정도(八正道), 육바라밀(六波羅密) 실천

- 현상계(現象界) → 시간적(時間的) → 유한(有限) → 제행무상인(諸行無常印) → 공간적(空間的) → 무체(無體) → 제법무아인(諸法無我印)

- 본체계(本體界) → 초시간적(超時間的) → 무한(無限) → 열반적정인(涅槃寂靜印) → 초공간적(超空間的) → 광대(廣大) → 열반적정인(涅槃寂靜印)

- 중도사상(中道思想) → 연기설(緣起說)[3] → 12연기 → 제행무상(諸行無常)
  실천적 → 불고(不苦), 불락(不樂) → 팔정도(八正道) → 열반적정(涅槃寂靜)

- 연기(緣起) → 무명(無明), 행(行), 식(識), 명색(名色), 육입(六入), 촉(觸), 수(受), 애(愛), 취(取), 유(有), 생(生), 유(悠), 비(悲), 고뇌(苦惱)

- 불신(佛身)은 장광(長廣)하시고 상호(相好)는 무변(無邊)하시어 일체도탈중생(一切度脫衆生)하느니라.

  ─『법화경』에서

---

2 삼법인(三法印): 제행무상인, 제법무아인, 열반적정인.
3 『잡아함경』 12권에는 '차유고피유(此有故彼有) 차기고피기(此起故彼起) 차무고피무(此無故彼無) 차멸고피멸(此滅故彼滅): 이것이 있음을 말미암아 저것이 있고 이것이 생김을 말미암아 저것이 생긴다. 이것이 없음을 말미암아 저것이 없고, 이것이 멸함으로 말미암아 저것이 멸한다.'라는 대목이 있다.

- 어제병고(於諸病苦)에 위작양의(爲作良醫)하시며 어실도자(於失道者)에 시기정로(示其正路)하시고 어암야중(於暗夜中)에 위작광명(爲作光明)하시며 어빈궁자(於貧窮者) 영득복장(永得伏藏)하시어 여시평등(如是平等) 요익일체중생(饒益一切衆生)하느니라.
   —『화엄경』에서

- 제불여래(諸佛如來)께서는 이대비심(以大悲心)으로 이위체고(以爲體故)로 인어중생(因於衆生)하여 이기대비(而起大悲)하고 인어대비(因於大悲)하시어 생보리심(生菩提心)하시며 인보리심(因菩提心)하시어 성등정각(成等正覺)하시니라.
   —「보현행원품」에서

- 무일물중무진장(無一物無盡藏) 유화유월유누대(有花有月有樓臺) 한 물건도 없는 데서 무진장하니 꽃도 있고 달도 있고 누각과 등대도 있네.
   — 소동파(蘇東坡)의 선시 중에서

불가사의한 부처님 가피력

인간이라는 존재는 광대한 우주 생명의 역사입니다. 다시 말해 우주의 기운과 에너지, 생명 전체의 가치가 인간의 작은 몸에 함축된 것입니다.

물이 흐르듯 시간도 흘러갑니다. 우리 인생도 생사(生死)를 반복하면서 생명의 기가 모이고 흩어지며 흘러갑니다. 따라서 살아있는 사람이든 죽은 영가든 모두 그 마음을 밝혀주고 공덕을 쌓고 복업(福業)을 지어야 합니다.

무슨 일이든 열심히 하지만 잘 풀리지 않고 되는 게 없는 사람을 일컬어 박복(薄福)하다고 말합니다. 전생에 복업을 짓지 않아 박복한 삶을 살게 된 것입니다.

사람이 몹쓸 짓을 하면 지옥에 떨어질 놈, 나쁜 짓 하면 벼락 맞을 놈이라고 욕을 하는데 이것은 모두 전생 경험에서 나온 말이라 할 수 있습니다. 바르게 알고 생각하며 실천하면 행복이 찾아오고 극락으로 갈 수 있습니다. 그러나 인과응보를 믿지 않거나 무시하는 사람은 가장 먼저 지옥에 떨어진다고 합니다.

영가는 살아생전의 습식(習識)으로 활동합니다. 습식이란 업식(業識)과 비슷한 말로 어떤 행동을 계속 반복해서 생기는 습관과 인식을 뜻하는 말입니다. 따라서 살아있는 사람에게 생기는, 약효가 없는 갖가지 질병이나 이유 없는 장애는 모두 영가와 관련된 경우가 많습니다. 천도받지 못한 영가가 이승의 애착과 집착, 원한 등으로 좋은 곳으로 가지 못하고 중음신이 되어 살아있을 때의 의식으로 인간과 사물에 끊임없이 집착하는 것입니다.

영가가 지옥, 아귀, 축생 등의 과보를 받게 되면 그런 고통에서 벗어나려고 인연이 있었던 산 사람에게 질병이나 장애, 꿈 등으로 호소를 합니다. 인간사 모든 재난과 병은 영가와 관련되어 인간의 뇌와 무명 속에 깃들게 된다고 합니다. 그래서 영가천도가 필요한 것이며 만약 업식이 두터운 영가는 반복해서 천도와 설법을 해주어야 합니다.

그리고 돌아가신 부모님이나 인연 있는 이가 꿈에 보이면 무엇인가 호소하려는 것이니 그럴 때는 천도를 해드리거나 광명진언(光明眞言)을 염송하시기 바랍니다.

광명진언
옴 아모가 바이로차나 마하무드라 마니 파드마 즈바라
프라바를타야 훔

이 광명진언을 정성껏 염송하면 부처님의 광명을 얻어 모든 업보와 죄과가 사라진다고 합니다. 광명진언은 부처님의 지혜와 자비로움으로 새롭게 태어나게 해주는 신령한 힘을 가지고 있어, 중생이 죽어 악도에 떨어지더라도 이 진언을 외우면 해탈할 수 있다고 합니다. 광명진언은 그만큼 귀하고 값진 보배와 같은 효험이 큰 진언이라 '여의보주(如意寶珠)'라고도 부릅니다.

광명진언을 염송하면 영가천도뿐만 아니라 가정의 행복, 시험합격,

취업 성취, 영가 장애 해결 등의 효험을 볼 수 있다고 합니다. 광명진 언뿐만 아니라 불보살님의 명호를 일념으로 외워 꿈에도 그리는 일을 성취하는 사례는 매우 많습니다.

한 어머니의 간절한 기도로 죽은 아들이 살아 돌아온 이야기가 있어 소개합니다.

일제강점기, 만해 한용운 스님이 서울 성북동의 '심우장'에 머무실 때였습니다. 하루는 어떤 보살이 찾아와 아들이 살아 돌아올 방법이 있는지를 물었습니다. 그 보살의 아들은 삼대독자로 태어났는데 그만 학도병으로 끌려갔습니다. 그 뒤 날이 갈수록 전쟁이 치열해지자 아들 걱정으로 잠을 이루지 못한 보살이 만해 스님을 찾아갔던 것입니다.

"보살님, 자나 깨나 관세음보살을 외우십시오."

만해 스님이 이렇게 말하자 보살은 그날부터 오직 아들을 살리겠다는 일념으로 관세음보살을 염했습니다.

그런데 얼마 지나지 않아 그 아들이 전사(戰死)했다는 전보가 도착했습니다. 만해 스님의 말을 믿었던 보살은 그만 깊이 절망해 식음을 전폐했습니다. 그러던 어느 날이었습니다.

"어머니, 제가 왔습니다. 어머니……."

문밖에서 아들의 목소리가 들리자 보살은 자신이 환청에 사로잡힌 줄로만 알았습니다.

'내가 곡기를 끊었더니 헛소리가 들리는가?'라고 생각한 보살이 그래도 혹시나 하며 문을 열었더니 낡은 군복을 입은 아들이 서 있는 것입니다.

"네, 네가 정말 재명이냐?"

"그렇습니다, 어머니."

보살은 자기 눈을 의심하지 않을 수 없었습니다. 죽었다는 아들이 살아 돌아오다니 정말 꿈같은 일이 생긴 것입니다.

학도병에 징집되어 중국의 전선(戰線)으로 끌려간 그 아들은 어느 날 보초를 서다가 어머니의 목소리를 들었습니다.

"재명아, 어서 오너라."

어딘가에서 어머니가 자꾸 부르자 아들은 그 목소리가 들리는 곳으로 계속 따라갔습니다. 밤새도록 어머니 목소리가 들리는 곳으로 가다 보니 어느새 날이 밝았습니다. 아들은 그제야 부대를 이탈한 것을 깨닫고 자기 부대가 있는 곳으로 돌아갔으나 밤새 폭격을 당해 부대는 없어지고 부대원 모두 전사한 것을 알게 되었습니다. 그래서 혼자 수천, 수만 리 길을 걸어 고국으로 돌아와 어머니를 뵙게 된 것입니다.

부처님과 관세음보살님의 가피로 목숨을 건진 모자(母子)는 그처럼 큰 불은(佛恩)에 보답하기 위해 살던 집을 '관음암(觀音庵)'이란 절로 바꾸고 불교에 귀의해 열심히 수행 정진했다고 합니다.

이처럼 부처님의 가피력을 얻은 사람은 암행어사가 마패를 지닌 것처럼 마음이 든든하고 계속 공덕을 짓게 됩니다.

부처님 마음과 중생의 마음

나는 내가 속한 이 우주, 만유(萬有), 만법의 주인공입니다. 이것이 부처님께서 우리 중생에게 일러주신 고구정녕한 무진설법(無盡說法)입니다. 그러므로 나의 성공, 나의 행복은 내가 만드는 것입니다. 나는 천상천하에 오직 우뚝한 주인이므로 무엇이든 스스로 창조합니다.

우주는 오직 한마음입니다. 만물은 오직 의식입니다. 마음밖에 한 물건도 없습니다. 일체유심조일 뿐입니다.

사람은 누구나 소명이 있고 책임과 의무가 있습니다. 자신을 아는 것, 자신이 해야 할 일을 아는 것이 소중합니다. 나와 내 가족, 이웃과 사회, 국가와 인류를 위해 살아야 합니다.

나는 성공의 주인, 행복의 주인, 모든 것의 주인입니다. 정의의 사도가 되십시오. 정직하고 성실하십시오. 인격을 도야하십시오. 천지만물이 밝은 태양을 의지하듯이 부처님을 믿고 인과를 믿고 정의와 진리에 의지하십시오.

불교는 생명의 위대함을 강조합니다. 세상에서 가장 소중한 것은 나라는 인간이며 인격이고 나의 생명입니다.

훔치면 도적이고 빼앗으면 강도입니다. 하지만 나누고 베풀면 법왕이요, 진리의 자손입니다.

내 인생, 내 운명, 나의 미래와 가족의 행복은 나 자신에게 있습니다.

신념과 습관이 내 운명을 결정하는 것입니다.

부처님 마음을 쓰면 부처님이고 중생 마음을 쓰면 중생입니다.

불교에서는 사람으로 태어나는 게 어렵고 그 중 부처님 가르침 만나는 게 어려우며 깨달음을 얻는 것은 더욱 어렵다고 했습니다. 따라서 사람이 만물의 영장이라는 것, 생명의 존귀함, 인격의 존귀성을 자각해야 합니다.

일체만법과 만행, 만사가 모두 마음에 있습니다. 행복과 불행의 원천도 모두 마음에 있습니다. 마음을 잘 쓰면 모든 나쁜 일들이 없어집니다. 일체악사(一切惡事) 실개소멸(悉皆消滅).

따라서 잃어버린 자성의 불성광명(佛性光明)으로 살이기시기 비랍니다.

「종송(鍾頌)」에는,

불신장광(佛身長廣) 상호무변(相好無邊)
부처님 몸이 길고 넓으며 상호는 끝 닿는 곳이 없고

금색광명(金色光明) 변조법계(遍照法界)
금빛 광명이 안 계신 곳이 없어 온 우주를 두루 비추니

일체(一切) 도탈중생(度脫衆生)
모든 중생들을 제도하시네.

라는 구절이 있습니다.

복을 지어야 발심하고 발심을 해야 선지식을 만나는 것이며 선지식을 만나야 깨침의 삶을 살 수가 있습니다. 복은 지어야 오는 것이며

공덕은 닦아야 이루어집니다.

　밖으로 화려한 출세나 큰 이익만을 추구하는 사람과 안으로 나 아 닌 다른 이를 위해 헌신하는 사람, 이것이 이기심(利己心)과 이타심(利他心)의 차이입니다. 이타행은 진정한 가치이며 보람이고 더 큰 행복 의 원천이 됩니다. 스스로 만족할 줄 알고 비록 가난해도 내면의 세 계, 정신이 올곧은 사람은 허상을 좇지 않습니다.

그대가 바로 부처님이다

부처님은 깨달음을 얻으신 뒤 그 깨달음의 세계를 중생들에게 알려야 할지, 만약 알린다면 어떤 방법으로 전해야 할지 수십 일 동안 모색하신 뒤 마침내 전법(傳法)을 시작하셨습니다. 처음엔 녹야원에서 고행하던 다섯 수행자들을 찾아가 법을 설하셨고 그 일을 계기로 성립된 불교 교단은 날이 갈수록 규모가 커졌습니다.

부처님 당시엔 여러 교파와 교단이 있었는데 그 중 신흥교단이라 할 수 있는 불교 교단이 급성장하면서 가장 큰 규모를 갖추었습니다. 이와 같은 불교 교단은 몇 가지 특징을 가지고 있습니다.

첫째, 많은 이교도들이 개종하여 부처님께 귀의했다는 점입니다. 불의 신을 섬기던 사화외도(事火外道)인 카샤파 삼형제가 각각 500명, 300명, 200명의 제자들을 거느리고 한꺼번에 부처님 제자가 된 것을 좋은 예로 들 수 있습니다.

각 종교 지도자들은 나름대로 조직체계를 갖추었고 종교적 신념을 갖추고 있었으니 하루아침에 부처님께 귀의한다는 것은 쉬운 일이 아니었습니다. 그럼에도 부처님 설법을 듣고 모두 개종하여 부처님 제자가 되었다는 것은 인류사 최초의 일이었습니다.

둘째, 나이가 많은 당대 최고의 종교지도자들이 귀의했다는 점입니다. 세존보다 훨씬 나이가 많은 가섭존자 등을 예로 들 수 있습니다.

셋째, 카필라 왕국에 있던 석가족 등 왕족과 귀족을 비롯해 부처님과 가까이 있던 재가자들이 거의 모두 불교에 귀의했습니다.

넷째, 부처님을 비롯해 많은 제자들이 불가사의한 능력과 신통력 등을 갖추었다는 점입니다.

선종의 초조인 달마대사는 본래 남천축국 향지왕의 셋째 아들이었습니다. 그 무렵엔 인도 불교가 여러 종파로 나뉜 상태였는데 그 중 무상종(無相宗)이란 종파가 있었고 이 종파를 이끌던 바라제 존자가 달마대사의 설법을 듣고 달마의 제자가 되었습니다.

그런데 당시 향지국의 왕은 달마대사의 조카인 이견왕(異見王)이었습니다. 이견왕은 인과응보의 도리를 믿지 않았을 뿐만 아니라 불법승(佛法僧) 삼보(三寶)를 경멸하고 있었습니다. 이에 따라 달마대사는 바라제 존자를 이견왕에게 보내 교화를 하도록 명했습니다.

다음은 이견왕과 바라제 존자의 문답입니다.

이견왕 : 어떤 것이 부처님입니까?
바라제 : 자성의 성품을 보는 것이 부처님입니다.
이견왕 : 스님은 그 성품을 보았습니까?
바라제 : 나는 불성을 보았습니다.
이견왕 : 그렇다면 불성은 어느 곳에 있습니까?
바라제 : 불성은 작용하는 데 있습니다.

우리 마음이라는 것은 안이비설신의의 육근(六根)이 작용할 때 발동하는 것인데 그 순간 무명과 사욕이 없으면 그대로 불성이 작용한다는 뜻입니다.

한편 육조혜능(六祖惠能)의 증손자뻘 되는 귀종(歸宗) 화상에게 어떤
스님이 여쭸습니다.
"어떤 것이 부처입니까?"
귀종 화상이 답했습니다.
"그대가 바로 부처이다."

이런 문답처럼 우리는 부처님의 성품을 가지고 있습니다. 따라서
부처님의 삶을 살아야 합니다.
연화장세계(蓮華藏世界)라는 말이 있습니다. 연화장세계는 '화장세
계(華藏世界)' 또는 '연화장장엄세계해(蓮華藏莊嚴世界海)'라고도 합니다.
연화장세계에는 비로자나불(毘盧遮那佛)이 있으며 한량없는 공덕(功德)
과 광대장엄(廣大莊嚴)을 갖춘 불국토입니다. 그래서 연화장세계는 불
국정토(佛國淨土)라고도 합니다. 이 세계에는 커다란 연꽃이 있으며 그
가운데 일체의 국토와 사물을 모두 간직하고 있습니다.
연꽃은 불교를 상징하며 불자들은 연꽃을 소중하게 여깁니다. 그것
은 연꽃이 처염상정(處染常淨)을 뜻하는 꽃이기 때문입니다. 다시 말하
면 연꽃은 더럽고 지저분한 곳에서 자라더라도 결코 더러움에 물들지
않고 맑고 향기로운 꽃을 피워내는 꽃입니다.
우리 불자들도 진흙과 같은 사바세계에 몸담고 있지만 결코 물 들
지 않고 깨달음으로 나아가려는 서원을 간직하고 있습니다.

불성은 일체 만물에 깃들어 있다

부처님의 위신력(威神力)은 언제나 우리와 함께 하십니다. 믿음의 기적을 믿는 이에게 부처님의 위신력이 함께 합니다.

부처님께 불공(佛供)과 기도를 드려도 가호가 없다고 낙심하지 마십시오. 다만 선세(先世) 죄업으로 조금 늦어질 뿐입니다. 장애가 많이 나타날 때, 헐뜯고 미워하며 시기하는 이가 많을 때, 성취가 가까워졌음을 알아야 합니다.

이때가 아주 중요합니다. 그 누구도, 그 무엇도 원망하지 마십시오. 기도하고, 용서하며, 참회하십시오. 구름이 걷히듯 밝음이 올 것입니다.

자신을 사랑하십시오. 승리자로 행복의 삶을 누리십시오. 자신의 참다운 존재 가치를 깨달아서 바꿀 수 있는 가능성, 향상될 수 있는 가능성, 점점 더 나은 인격 인간으로 변화하는 자신을 믿으십시오.

그래서 부처님은 『법화경(法華經)』을 통해,

약유문법자(若有聞法者) 무일불성불(無一不成佛)
만약 법을 듣는 이가 있으면 누구든 성불할 수 있으리라.

라고 말씀하셨습니다.

유정(有情)과 무정(無情)에 모두 불성(佛性)이 있는 것이니 자기 자신과 천지 만물을 사랑해야 합니다.

불교에서는 중생을 크게 유정중생, 무정중생, 무색중생(無色衆生)의 셋으로 구분합니다. 유정중생은 사람이나 동물처럼 정이 있는 중생을 말하며, 무정중생은 산, 강, 식물, 돌 등 정이 없는 중생을 가리킵니다. 그리고 무색중생이란 물질은 없고 생각만 있는 중생을 말합니다.

그런데 부처님은 유정뿐만 아니라 무정에게도 불성이 있다고 했으니 얼핏 생각하면 이해가 안 되는 부분이지만 이런 사실은 현대 과학에서 입증되었습니다.

천지 만물은 사랑을 알고 사랑을 먹고 삽니다. 사람과 동물은 물론 나무 한 그루, 풀 한 포기, 심지어 물 한 방울까지도 사랑의 에너지로 성장합니다.

요즘 사람들은 점점 포악해져 기만, 사기가 더해 불신(不信)의 시대에 이르렀다고 합니다. 그리고 갈등과 분열로 심화되고 있습니다. 이것은 정직과 사랑이 메말랐기 때문입니다. 자신의 언어가 곧 불어(佛語), 부처님 말씀이 되고 부처님 말씀이 곧 자신의 언어가 되어야 정직한 삶이라 할 수 있습니다. 부처님은 대자대비의 상징이며, 천지 만물은 모두 사랑으로 성장하기 때문입니다.

어떤 누에 잠업 시험장에서 누에나방 한 마리의 산란 숫자가 평소 622개였는데 사랑의 음악을 들려주니 140개 많은 760개로 늘어났다고 합니다. 또 뽕나무의 키는 29%, 양란 잎 길이는 44%, 해바라기는 29%, 당근은 33%나 각각 생육이 촉진되었다는 연구 결과가 있었습니다.

인도의 식물학자 싱프 교수는 식물도 음악을 좋아할 것이라는 발상을 처음으로 입증했습니다. 새소리, 바람소리, 물소리 등 자연의 소리를 배합해 녹음한 뒤 시들어가는 화초에게 들려주었더니 나중엔 활짝 꽃을 피운 것을 싱프 교수가 과학적으로 밝혀냈습니다.

1968년 미국의 과학자 도로시 레털랙(Dorothy Retallack)은 호박에 클래식 음악을 들려주자 호박 덩굴이 스피커를 감싸며 자라는 반면 시끄러운 록(rock) 음악을 들려주자 호박 덩굴이 스피커를 피해 벽을 넘어 자라는 것을 관찰했습니다.

이런 실험을 통해 레털랙은 식물이 음악을 들을 수 있고 그에 따라 영향을 받으며, 심지어는 음악을 구분할 수 있다고 주장했습니다. 우리나라에서도 비슷한 실험이 있었는데 국악이 외국 음악보다 병충해에 대한 저항력이 탁월했다고 합니다. 음악에도 신토불이(身土不二) 법칙이 적용되고 있다는 걸 보여줍니다.

한편 식물도 동물처럼 가해자와 사랑하는 이를 기억한다는 실험 결과도 있습니다. 1966년, 거짓말 탐지기 전문가인 클리브백스터(Cleve Backster)는 장미꽃을 대상으로 실험을 했습니다. 장미에 +, − 전극을 연결해 미세한 신경세포의 동요(動搖)를 그래프로 나타나도록 했습니다.

그 다음 한 조수에게는 장미를 사랑하는 역할을 맡겼고, 다른 조수에게는 학대하는 역할을 맡겼습니다. 장미 사랑 조수는 매일처럼 물도 주고 잎도 닦아주며 예쁘다, 아름답다, 사랑한다는 말을 하게 했습니다. 장미 학대 조수는 장미 앞에서 담배를 피워 그 연기를 내뿜게 하고 잎사귀를 찢어보기도 했으며 가끔 뜨거운 커피를 부어가며 학대를 했습니다.

그러자 장미 사랑 조수가 나타나면 장미가 매우 평온한 그래프를 보여주는 반면 장미 학대 조수가 나타나면 장미가 놀라고 긴장하듯 그래프가 요동을 쳤다고 합니다.

백스터는 이 실험을 통해 장미와 같은 식물도 감정을 가지고 있으며 자신을 사랑하는지, 아니면 학대하는지를 알고 반응한다는 것을 알게 되었습니다.

백스터는 이 밖에도 난초가 예쁘다는 말을 들으면 더욱 아름답게 자라고, 장미가 볼품없다는 말을 듣게 되면 자학 끝에 시들어 버리며, 떡갈나무는 나무꾼이 다가가면 부들부들 떨고, 홍당무는 토끼가 나타나면 사색이 된다는 사실 등을 실험을 통해 입증했습니다.

식물들도 사고력과 감각, 감정을 가지고 있는 것을 처음으로 밝혀낸 것입니다. 그래서 오늘날에도 그의 연구 결과를 '백스터 효과'로 부르고 있습니다.

이 백스터 효과는 부처님이 말씀하신 유정과 무정에 모두 불성이 있다는 가르침을 과학적으로 입증하는 것입니다.

어떤 사람이 태어나서 한 번도 집 주위를 멀리 벗어난 적이 없는 고양이를 데리고 500킬로미터나 되는 북해까지 갔다가 그만 고양이를 잃어버렸습니다. 그런데 얼마 후 그 고양이가 살던 집으로 찾아와 세상을 깜짝 놀라게 했습니다. 그 고양이의 몸은 비쩍 말랐고 발은 부르텄으며 피투성이가 된 상태로 돌아왔다고 합니다.

우리나라에서도 진돗개가 수백 킬로미터 떨어진 곳으로 강제로 입양되었다가 본래 주인집으로 돌아온 사례가 많이 있습니다. 개나 고양이는 정확한 시간 개념과 공간 지각 능력을 가지고 있는데 태양이나 달, 별, 지구의 자장 등을 이용해 귀소한 것으로 추측된다고 합니다. 짐승이라고 함부로 여겨서는 안 되며 그들 또한 불성을 가졌음을 알고 사랑하고 아껴주어야 하는 이유가 여기에도 있습니다.

이산혜연선사의 발원문에는 "유정들도, 무정들도 일체종지(一切種智) 이루어지이다."라는 대목이 있습니다. 이것은 모든 중생의 성불을 발원하는 말이며 이 사바세계가 그대로 극락세계가 되길 발원하는 말씀입니다.

우리 불자님들은 우주 만물을 사랑하고 불쌍히 여기며, 유정과 무정을 모두 사랑하는 자비심을 길러야 합니다. 그래서 불교를 자비의 종교요, 지혜의 종교라고 일컫는 것입니다.

계를 스승으로 삼아라

부처님과 부처님 가르침, 그 가르침을 전하는 스승인 삼보(三寶)에 귀의하겠다는 의식(儀式)을 삼귀의례(三歸依禮)라고 합니다. 불자님들은 삼귀의례와 함께 삼취정계(三聚淨戒)를 해야 합니다.

『범망경(梵網經)』에는 "불자라면 반드시 삼귀의계와 삼취정계하여 계를 스승으로 삼아라."는 말씀이 있습니다. 여기서 삼취정계란 섭율의계(攝律儀戒), 섭선법계(攝善法戒), 섭중생계(攝衆生戒)를 가리킵니다.

섭율의계는 윤리, 도덕, 법률을 지키는 것을 말하며, 섭선법계는 정(正)과 선법(善法)을 받아 지니는 것, 섭중생계는 모든 중생을 섭수하는 것을 뜻합니다.

천지만물은 생명 덩어리여서 사랑을 알고 사랑을 원합니다. 말하자면 서로 주고받으며 살아간다는 뜻입니다. 풀 한 포기, 나무 한 그루까지 상생 상주하며 살아갑니다.

그래서 만공 스님은 백초시불모(白草是佛母)라고 하셨습니다. 삼라만상의 모든 것들이 부처의 어머니와 같다는 뜻입니다. 다시 말해 이 세상 모두가 불성을 지녔다는 말입니다.

『범망경』에서는 십중대계(十重大戒)를 설하고 있습니다.

십중대계란 열 가지 무거운 계율을 말하는데 그 중 오계(五戒)는 우리에게 잘 알려진 불살생계(不殺生戒), 불투도계(不偸盜戒), 불사음계(不

388

邪淫戒), 불망어계(不妄語戒), 불음주계(不飮酒戒)를 말합니다.

나머지 다섯 가지는 사부대중의 허물을 말하지 말라는 설사중과계(說四衆過戒), 자신을 칭찬하며 남을 비방하지 말라는 자찬훼타계(自讚毀他戒), 자기 것을 아끼려고 남을 비방(욕)하지 말라는 간석가훼계(揀惜加毀戒), 화(성)내지 말고 참회하면 잘 받아주라는 진심불수회계(瞋心不受悔戒), 삼보를 비방하지 말라는 방삼보계(謗三寶戒)를 가리킵니다.

십중대계에 비해서는 가볍지만 불자들이 반드시 지켜야 할 48경계(輕戒)도 있는데 그중 몇 가지를 소개하면 다음과 같습니다.

- 스승과 벗을 공경하라.
- 청법하고 법사에 공양하라.
- 대승경전을 수지하라.
- 살생도구를 두지 말라(병자를 간호하라).
- 남을 비방하지 말라.
- 대승법을 항상 배워라.
- 대중을 잘 화합하라.
- 나쁜 직업을 갖지 말라.
- 큰 원을 세워라.
- 삼보를 훼손하는 일을 하지 말라.

법은 물과 같고 계는 배와 같다는 말이 있습니다. 또 계는 문(門)과 같고 이정표와 같다고 했습니다. 계를 받으면 오복(五福)이 구족하게 되어 하는 일마다 순조롭고 재산과 덕망이 높아져서 언제, 어디서나,

누구에게나 사랑과 존경, 신뢰와 칭찬을 받게 되고 장애 없이 세세생생 천수를 누리며 왕생극락합니다.

나는 진리의 주인공

마음은 곧 법이고 진리입니다. 마음 안에 일체가 있고 지혜와 복덕이 있습니다. 마음 안에 무명(無明)과 생사(生死)가 있습니다. 이처럼 마음은 영원 무구한 생명이기 때문에 삶의 모든 행위는 마음에 인식되어 자신의 운명을 만듭니다. 이를테면 마음을 어떻게 쓰느냐에 따라 복을 짓기도 하고 죄업을 쌓기도 하는 것입니다.

육신은 물질이라 늙고 병들고 죽어갑니다. 하지만 마음은 비물질이라 지혜와 복덕 등 모든 것을 수용하며 허공과 같아서 일체를 품습니다. 천사의 마음으로 살면 천국을 만들고 보살의 마음으로 살면 극락을 만듭니다.

몸은 생사가 있지만 마음은 생사가 없습니다. 따라서 가장 잘사는 일은 좋은 일, 후덕한 일을 하는 것을 가리킵니다. 정법과 선행(善行)이 영원한 생명과 행복을 창조하며 선악의 업보는 비물질로 존재하기 때문입니다.

부처님을 믿고 부처님 가르침대로 살겠다는 것은 곧 세상에서 가장 큰 재벌을 아버지로 두고 사는 것과 같습니다. 재벌이나 거지나 사람이라는 한계를 벗어날 수가 없습니다. 하지만 수행자들은 천하를 소유한 제왕보다 더 행복한 삶을 선택한 것입니다.

우리의 생각, 결심, 마음은 참으로 신묘합니다. 과거, 현재, 미래의 삼세에 막힘이 없으니 이것이 발보리심(發菩提心)입니다.

불성은 곧 나의 마음인 동시에 모든 존재의 완벽함이라 하겠습니다. 모든 것을 창조하기도 하고 파괴하기도 하여 존재의 완벽함이라 하는 것입니다.

불성은 불생불멸(不生不滅)이며 일체지(一切智)를 갖춘 자리입니다. 모든 불행과 모든 행복을 다 갖추고 있는 것입니다.

『화엄경』에는 다음과 같은 게송이 있습니다.

약인욕식불경계(若人欲識佛境界) 만약 사람이 부처님 경계를 알고자 하면
당정기의여허공(當淨其意如虛空) 마땅히 그 뜻을 허공과 같이 맑게 하라.
원리망상급제취(遠離妄想及諸趣) 모든 망상과 집착을 멀리 떠나서
영심소향개무애(令心所向皆無碍) 그 어디에도 마음에 걸림이 없게 하라.

풍송차경신수지(諷誦此經信受持) 이 경을 읽고 외우며 잘 받아 지니면
초발심시변정각(初發心時便正覺) 처음 발심한 그 때 큰 정각을 이루어
안좌여시국토해(安坐如是國土海) 연화장 불국토에 편안히 앉게 되니
시명비로자나불(是名毘盧遮那佛) 이것을 일러 비로자나 부처님이라 하네.

미국의 한 젊은이가 냉동차에 갇혀 얼어 죽은 사건이 있었습니다. 그 젊은이는 죽어가면서 차 안에 메모를 남겼습니다.

첫째 날에는 추워서 견딜 수 없다는 메모를 남겼고, 둘째 날에는 손발이 얼기 시작한다고 했습니다. 그리고 셋째 날에는 온몸이 굳어온다, 이제 점점 죽어간다고 기록했습니다. 그리고 숨을 거둔 것입니다.

하지만 그 냉동차 안에는 음료수를 비롯해 먹을 게 풍부했으며 더

군다나 냉동차의 전원이 꺼져 있었기에 영상 18도 정도를 유지하고 있었습니다. 결코 얼어 죽을 만큼 춥지도 않았고 마음만 먹으면 굶어 죽을 일도 없는 상태였습니다.

그러니까 그 젊은이는 자신이 냉동차에 갇혔다는 생각에 빠져 춥다는 마음을 일으킨 것이며 그것 때문에 얼어 죽게 된 것입니다. 모든 것은 마음에서 시작된다는 교훈을 일깨워주는 이야기라 할 수 있습니다.

한편 이런 일화도 있습니다.

원자핵 기지가 있는 사막으로 파견된 어떤 공군 장교의 부인이 삭막한 현장 생활에 적응하지 못해 친정아버지에게 편지를 보냈습니다. 그곳에서 하루하루 견디기 힘드니 편한 곳으로 빼달라는 편지였습니다.

얼마 후 친정아버지의 답장이 도착했습니다. 무기수 2명이 수감생활을 하는데 한 사람은 화병이 나서 죽은 데 비해 다른 한 사람은 그런 생활을 견디며 글을 쓰기 시작해 유명한 소설가가 되었다는 내용이었습니다.

그 편지를 읽고 난 공군 장교 부인은 곧 마음을 바꿔 현지 생활에 적응하기 시작했습니다. 사막을 관찰한 내용들을 일기와 사진 등으로 자세히 기록했고 현지의 인디언들과 사귀어 그 내용도 글로 기록하면서 결국 유명인사가 되었으며 많은 재산도 축적하게 되었다고 합니다.

이런 예화들처럼 선(善)과 악(惡), 마음, 정신, 생각의 파장은 즉시 반사되는 것입니다. 예를 들어 누군가를 미워하면 자신이 불쾌해지고 불쾌한 마음 때문에 무슨 일이든 잘 안되는 것입니다. 화를 내면 혈액순환이 조화를 잃게 되며 차츰 건강이 나빠지게 됩니다.

모든 물질의 법칙은 마음 법칙의 그림자인 것이니 이런 사실을 명심해야 합니다.

따라서 불자님들은 스스로 이런 선언을 해야 합니다.

나는 정법(正法)의 사자(使者)이다.

나는 진리의 주인이다.

나는 법왕자(法王子)이다.

나는 광명의 창조주이다.

나는 행복과 성공의 주인이다.

한편 나에겐 본래 생사와 병고, 두려움, 역경, 고통, 좌절이 없다는 것을 스스로 각성하시기 바랍니다. 그 대신 나는 항상 몸도, 마음도, 행동도 건강하다. 나는 정법의 계승자이며 진리의 주인공이다. 나는 보살이며 부처님의 응화신이다라는 생각을 하십시오.

법사의 길

『법화경』「법사품」에는 이런 말씀이 있습니다.

입여래실(入如來室)　여래의 방에 들어가고
착여래의(着如來衣)　여래의 옷을 입으며
좌여래좌(坐如來座)　여래의 자리에 앉아
설여래법(說如來法)　여래의 법을 설하라.

부처님께서 법을 설하는 사람들, 다시 말해 법사(法師)의 마음가짐과 자세를 일깨워주는 말씀입니다. 여기서 여래의 방은 대자비심, 여래의 옷은 평등심과 인욕행, 여래의 자리는 제법공각(諸法空覺), 여래의 법은 정법(正法)을 각각 가리킵니다.

한편 『법화경』「범지품(梵志品)」에는 이런 말씀이 있습니다.

출악위범지(出惡爲梵志)　악에서 벗어난 이를 범지(성자)라 하고
입정위사문(入正爲沙門)　바른 길에 들어선 이를 사문이라 하며
기아중예행(棄我衆穢行)　자신이 가진 온갖 더러움 버렸기에
시즉위사가(是則爲捨家)　그를 출가한 이라 일컫느니라.

이 게송은 출가한 사람의 위상과 자세를 가리키고 있습니다. 여기에 언급된 범지(梵志)는 인도의 사성계급 중 첫 번째인 바라문을 가리키는데 청정한 수행(修行)을 하며 범천(梵天)에 태어나기를 지향하는 사람이라는 뜻에서 범지라고 부릅니다.

수행이라는 것은 거룩한 행(行)을 닦는 것을 가리킵니다. 다시 말해 악습(惡習)을 버리고 선습(善習)을 익히는 것, 신구의(身口意) 삼업을 닦는 도행(道行)을 수행이라고 합니다.

수행은 베푸는 시문(施門), 지키는 계문(戒門), 참고 견디는 인문(忍門), 번민과 게으름을 떨치는 도문(道門), 선정을 닦아 나아가는 지관문(止觀門)이 있습니다. 또 시문은 재보시(財布施), 법보시(法布施), 무외시(無畏施)의 세 가지가 있습니다.

『법화경』「안락품」에는 설법하는 자세를 이렇게 설명하고 있습니다.

입으로 설법·연설할 때나 경을 읽을 때 사람과 경의 허물을 말하지 말 것이며, 다른 이(법사 등)를 경멸하지 말라. 타인이 옳고 그릇됨을 말하지 말라. 신통, 지혜의 힘을 이끌어 내어 내 법(法) 가운데 머물게 하라.

중국 전국시대(戰國時代)의 일입니다. 엄희가 스승인 열자(列子)에게 여쭀습니다.

"공부를 하는 목적은 결국 부자가 되기 위한 것이 아닙니까?"

이에 열자가 답했습니다.

"부자가 되어 먹고 살기만 위한 것은 금수와 같은 짓이다. 그저 약육강식의 동물 세계와 다르지 않다."

『불설비유경(佛說譬喻經)』에는 '안수정등(岸樹井藤)'이라는 유명한 설화가 담겨있습니다. 여기서 안수는 강기슭의 나무를, 정등은 우물 안의 등나무를 가리키는 말입니다.

어떤 사람이 들판을 지나가다 무섭게 달려오는 코끼리를 보자 피하려고 허겁지겁 도망치다가 마침 강기슭에 있는 나무를 발견했습니다. 그 나무에는 등나무 줄기가 얽혀 나무 옆 우물로 이어져 있었습니다. 도망치던 사람은 순간 그 등나무 줄기를 잡고 우물 안으로 들어가 코끼리의 공격을 피할 수 있었습니다.

겨우 목숨을 구했다고 여긴 그 사람이 정신을 가다듬고 무심코 우물 안을 내려다보니 그곳엔 여러 독사들이 그 사람이 떨어지길 기다리며 혀를 날름대고 있었습니다. 다시 겁에 질린 그가 이번엔 우물 입구 쪽을 올려다 보니 흰 쥐와 검은 쥐 한 쌍이 그 등나무 줄기를 갉아대고 있는 것입니다. 머잖아 등나무 줄기가 끊어지면 그 사람 자신은 그대로 우물 밑으로 떨어져 죽을 게 분명했습니다.

그 사람이 안절부절못하며 쩔쩔매고 있을 때 입안으로 달콤한 꿀이 떨어지고 있었습니다. 등나무 줄기에 매달린 벌집에서 꿀이 떨어지고 있었던 것입니다. 그 사람은 자신의 목숨이 위태롭다는 것도 잊은 채 달콤한 꿀맛에 취해 눈을 지그시 감았습니다.

이 설화는 우리의 인생을 비유하고 있습니다.

• 광야의 나그네 : 육도윤회(六度輪廻)하는 중생
• 코끼리 : 제행무상

- 우물 속 절벽 : 인간이 사는 세상
- 독사 : 지옥
- 몸 : 지수화풍(地水火風)의 사대(四大)
- 등나무 : 무명수(無明樹), 사람의 생명줄
- 흰 쥐, 검은 쥐 : 낮과 밤, 시간의 흐름
- 꿀 : 오욕락(재물, 색, 음식, 수면, 명예)

이런 이야기처럼 진리를 위해, 의를 위해 희생을 기쁘게 수용하는 것이 보살행이요, 법사의 길입니다.

모든 중생의 자비로운 아버지

기독교에는 삼위일체라는 개념이 있습니다. 여기서 삼위란 성부(聖父), 성령(聖靈), 성자(聖子)를 가리킵니다. 이 가운데 성부는 창조주를 일컬으며 우리말로는 '하나님 아버지' 또는 '아버지 하나님'으로 부릅니다. 그런데 이 말이 본래 불교 경전에서 유래했다는 사실을 아는 분들은 많지 않습니다. 대표적인 불교 경전의 하나인 『법화경』에 그런 비유가 많은데 몇 가지 예를 들면 이렇습니다.

『법화경』「비유품」에는,

여래역부여시(如來亦復如是) 위일체중생지부(爲一切衆生之父)
여래도 그와 같아서 모든 중생의 아버지인지라.

여제인등(汝諸人等) 개시오자(皆是吾子) 아즉시부(我則是父)
너희 모든 사람들은 모두 나의 아들이요, 나는 너희 아버지이다.

등의 말씀이 있습니다.

그런가 하면 『법화경』「신해품」에는,

차실아자(此實我者) 아실기부(我實其父)
이는 나의 아들이요, 낳은 바라.

는 구절이 있습니다. 『법화경』 「방편품」에는

아위중생지부(我爲衆生之父)
내가 중생의 아버지이다.

와 같은 구절이 있습니다.

사실 아버지라는 호칭은 의미에 따라 여러 가지로 사용됩니다. 생물학적으로 나를 낳아주신 분은 생부(生父)라 하며, 길러주신 분은 실부(實父) 또는 양부(養父)라고 합니다. 또 앞에서 말한 성부(聖父)도 있으며, 가톨릭 사제(司祭)는 영신저(靈神的)인 아버지라는 뜻에서 신부(神父)라고 합니다.

불교에서는 부처님을 일컬어 '자비로운 아버지'라는 뜻으로 자부(慈父)라고 부릅니다. 예불문(禮佛文)에는 부처님을 사생자부(四生慈父)라고 표현합니다. '모든 중생의 자비로운 아버지'라는 뜻입니다.

잘 아시다시피 우리는 불교를 일컬어 자비의 종교라고 합니다. 자비란 자(慈)와 비(悲) 두 낱말을 합친 용어로 자는 사랑하는 마음을 가지고 중생에게 즐거움을 주는 것이요, 비는 불쌍히 여겨 중생의 고통을 없애주는 것을 말합니다. 따라서 자비란 사랑과 연민의 뜻을 함께 포함한 것으로, 이기적인 탐욕을 벗어나고 넓은 마음으로 질투심과 분노의 마음을 극복할 때에만 발휘될 수 있습니다.

한편 사생(四生)을 구체적으로 말하면 태(胎)·란(卵)·습(濕)·화(化)의 네 가지 형태로 태어나는 중생들을 일컫습니다. 『금강경』에는,

소유일체(所有一切) 중생지류(衆生之類) 약난생(若卵生) 약태생(若胎生)

약습생(若濕生) 약화생(若化生)
있는바 일체중생의 종류인 난생, 태생, 습생, 화생

이라는 구절이 있습니다.

여기서 태생은 인간이나 짐승 등 모체의 태에서부터 태어나는 것을 말하며, 난생은 새 종류 등 알에서 태어나는 것을 말합니다. 또 습생은 물기가 있는 습한 곳에서 생겨나는 벌레 등을 말하며 화생은 의지하는 곳 없이 변화하면서 태어나는 것을 말합니다.

사생 중에서 제일 큰 중생은 태로 태어나는 중생이며 크기 순서대로 말하면 태·난·습·화라 할 수 있습니다.

부처님께서는 이처럼 모든 중생의 자비로운 아버지이시며 인간은 물론이고 하찮은 미물에게까지도 지극한 사랑을 베푸는 분이십니다.

불교의 첫 번째 계율이 불살생계(不殺生戒)라는 것은 살아있는 모든 생명을 아끼고 존중하라는 부처님 가르침을 잘 말해주고 있습니다. 이처럼 부처님은 인간은 물론 세상의 미생물들에게도 자비로운 아버지이시니 부처님의 자비는 이 세상 어느 곳에도 미치지 않는 곳이 없습니다.

그렇다면 이토록 자비로운 아버지를 모시고 있는 우리는 어떻게 살아야 할까요?

『제법집요경(諸法集要經)』에는 "세존은 중생의 자부이시므로 모든 얽매임에서 벗어나 깨달음을 얻게 하신다."는 말씀이 있습니다.

많은 사람들은 돈 벌기를 그토록 원하면서 부처님 가르침을 따르고 수행하여 해탈하는 것은 간구하지 않습니다. 또 재난 없이 잘 살기를 원하면서 공덕 쌓기를 외면하고 있습니다. 그래서 모든 재앙의 원인을 제거하는 공부를 해야 하는데 우선 법문을 많이 듣고 인과법을 깨닫는 것이야말로 모든 불의의 재앙을 예방하고 무탈하게 잘 사는 길입니다.

가난할 때 행복하지 못한 사람은 부자가 되어도 행복할 수 없습니다. 행복은 감사하는 마음에서 나오기 때문입니다. 따라서 감사하는 마음은 만복을 부르는 영약입니다. 감사할 줄 아는 마음을 연습해보시기 바랍니다.

자신과 가족, 이웃, 친지 등 모든 사람들에게 복을 짓고 공덕을 쌓아 자신의 인생과 인격을 풍요롭게 하시기 바랍니다. 어떤 사람이 부자가 되고 싶다고 하여 부자가 되는 게 아니라 부자가 될 복을 지어야 부자가 된다는 걸 명심해야 합니다.

미움과 원망이 쌓이면 자신의 운이 막힙니다. 용서하고 해원하고 감사한 마음으로 사십시오. 감사하는 마음이 만복을 부릅니다. 사주팔자나 관상, 운명은 심행(心行)에 따라 변하는 것입니다. 따라서 타고난 팔자나 운명도 불법(佛法)으로 개선하고 바꿀 수 있습니다.

사람의 행복과 불행은 바로 여기서 결정되는 것입니다. 누구에게나 똑같이 주어진 기쁨과 슬픔, 희망과 절망, 불만과 만족 중에 어느 것을 마음에 품느냐에 따라서 성공하는 사람, 행복한 사람도 되고 실패하는 사람, 불행한 사람도 되는 것입니다.

모두 맑고 푸른 하늘을 가슴에 품고 살아갑시다. 아름다운 꽃 한 송이를 품어도 좋고 누군가의 맑은 눈동자 하나, 미소 짓는 그리운 얼굴 하나, 따뜻한 말 한마디, 감동의 법문 한 구절을 품고 살면 됩니다. 흔들리지 않는 당당한 삶, 좋은 것, 희망을 품고 살면 행복해집니다.

부처님은 대도사(大導師)이시고, 부처님 가르침은 양약(良藥)이며, 스님은 승우(勝友)라고 했습니다. 부처님께 귀의하면 세세생생 귀인(貴人)으로서 복록(福祿)과 천상락(天上樂)의 길상복(吉祥福)을 얻게 됩니다.

『보살정법경(菩薩正法經)』에는 "부처님의 정법(正法)을 등지면 길이 악도에 떨어진다."고 했습니다. 정법을 호지(護持)하면 가장 거룩한 보(報)를 얻지만 정법을 등지면 모든 악이 그를 따른다는 것입니다.

『증일아함경(增一阿含經)』에는 "부처님 전에 늘 참회하며 삼보에 공양하고 계법을 지키며 대승경전을 읽고 외우며, 널리 유포하여 보시하고 작복하라. 그러면 자신과 조상, 후손에게 길이 복락(福樂)이 구족하리라."는 말씀이 있습니다.

『대승기신론(大乘起信論)』에는 "부처님께서 대비위신력으로 널리 중생을 구하시느니라."라는 말씀이 있습니다.

불자님들 모두 사생의 자부이신 부처님 가르침을 실천하고 각자 깨달음을 얻어 해탈하시기 바랍니다.

삼신과 오분법신

『법화경』「여래수량품」에는,

제불출세(諸佛出世) 난가치우(難可値遇)
모든 부처님이 세상에 나오심을 만나기가 어렵다.

소이자하(所以者何) 제박덕인(諸薄德人) 과무량백천만억겁(過無量百千
萬業劫)
왜냐하면 모든 박덕한 사람이라도 한량없는 백천만겁을 지나서

혹유견불(惑有見佛) 혹불견자(或佛見者)
혹은 부처님을 친견한 자도 있고 혹은 친견하지 못한 자도 있기 때문
이다.

라는 말씀이 있습니다.
　또 『법화경』「약초유품」에는,

아시일체지자(我是一切知者) 일체견자(一切見者)
나는 일체를 아는 자이며, 일체를 보는 자이며

지도자(知道者) 개도자(開道者) 설도자(說道者)

도를 아는 자이며, 도를 여는 자이며, 도를 설하는 자이니라.

는 말씀이 있습니다.

불교에는 삼신(三身)이란 용어가 있습니다. 삼신이란 법신(法身), 보신(報身), 응신(應身)(또는 화신(化身))의 세 가지를 말하는데 부처님이 이 세 가지 몸을 가지고 있다는 교의(敎義)를 삼신 사상이라고 합니다.

역사 속의 부처님이 80세로 입멸하시자 제자들은 자신들의 마음속에 아직도 살아 계신 부처님이 다만 모습을 감추신 것일 뿐 부처님 생명은 영원한 것이며, 영원한 실재라고 여겼습니다. 그래서 부처님을 진리 그 자체인 법신(法身)으로 생각하게 되었습니다.

그런가 하면 이 세상에 태어나 80세로 입멸하신 부처님은 잠시 사람의 모습으로 몸을 화하여서〔화신(化身)〕 중생을 구제하기 위해 응현(應現)한 응신(應身)에 지나지 않는다고 보았습니다. 또 헤아릴 수 없는 과거세로부터 보살 수행을 쌓았던 과보(果報)에 따라 현세에서 부처님이 되었다는 뜻에서 보신(報身)이라 했던 것입니다.

이 삼신 사상 중에서 법신을 다시 정리하자면 진리나 진여(眞如)가 바로 부처님이라고 보는 불타관(佛陀觀)을 뜻합니다.

삼신과 함께 오분법신(五分法身)도 중요합니다. 오분법신이란 부처님이 갖추고 계신 다섯 가지 공덕인 계신(戒身), 정신(定身), 혜신(慧身), 해탈신(解脫身), 해탈지견신(解脫知見身)을 가리킵니다.

이 오분법신을 향에 비유해 절에서 매일 새벽과 저녁 예불(禮佛) 때 올리는 의식을 오분향례(五分香禮)라고 합니다. 여기서 오분향이란 계향(戒香), 정향(定香), 혜향(慧香), 해탈향(解脫香), 해탈지견향(解脫知見香)을 가리킵니다. 오분향례는 단순히 향을 분향하는 것만이 아니라 그 의미를 되새기며 삼보를 예경하고 귀의(歸依)하는 신앙적인 의의가 있습니다.

오분향례는 향의 고귀함을 마음에 심어 향기로운 사람이 되려는 서원이 담긴 의식입니다. 그래서 계(戒)가 실천되면 향기롭고, 정(定)이 이뤄지면 향기롭고, 혜(慧)가 얻어지면 향기롭고 밝은 삶을 살게 됩니다. 해탈(解脫)이 이뤄지면 모든 장애와 고통, 시련에서 벗어나 대자유인이 되는 것이며 해탈지견(解脫知見)을 얻으면 말 그대로 스스로 속박에서 벗어나 자유자재함을 알게 됩니다.

열반의 가르침

　부처님 생애에서 가장 중요한 사건들을 8가지로 나누어 팔상(八相)이라고 합니다. 그중에서도 부처님이 깨달음을 이루신 성도(成道)가 가장 중요한 사건이므로 '팔상성도(八相成道)'라고도 합니다.

　부처님께서는 깨달음을 얻으신 뒤 사르나트의 녹야원으로 가셔서 교진여 등 다섯 비구에게 법을 설하셨습니다. 이때의 일을 초전법륜(初轉法輪)이라고 부르며 당시 부처님은 사성제(四聖諦)에 관한 법문을 하셨습니다. 또한 이 초전법륜을 계기로 불교 교단과 불법승(佛法僧) 삼보라는 개념이 성립했습니다.

　초전법륜 때 부처님께서 설하신 사성제란 불교의 실천적 원리를 가리키는 고제(苦諦), 집제(集諦), 멸제(滅諦), 도제(道諦)의 네 가지 진리를 뜻합니다. 이것은 불교의 핵심적인 교리 중 하나로 쉽게 말하면 집착하지 않으며 착하고 바르고 밝게 살자는 것입니다. 청량한 행복은 영원하며 이것이 상락아정(常樂我淨)의 삶입니다.

　상락아정이란 용어를 좀 더 자세히 살펴보면 이렇습니다.

1) 상(常) : 항상한다, 영원불변한다는 뜻입니다. 즉, 진리의 세계, 생명의 본성은 영원히 존재한다는 것입니다. 누구든 영원히 윤회한다는 뜻에서 상이라고 합니다.

2) 락(樂) : 완벽하고 영원한 행복과 자유, 평화, 자재, 충만 등을 뜻하는 말입니다. 불성광명(佛性光明)의 마음, 다시 말해 부처님 한마음 속에 모든 행복을 다 갖추고 있다는 것입니다. 하지만 마음은 모양이나 자취가 없습니다.

3) 아(我) : 여기서 아(我)란 작은 소아(小我)가 아닌 우주적 대아(大我)를 가리킵니다. 모두가 나와 관련이 있고 나 아닌 게 없습니다. 허망하고 무상한 나가 아니라 생사를 초월한 나입니다. 여기서 신통, 지혜의 나가 있습니다. 우리 모두 그와 같은 모든 것을 갖추고 있음을 알아야 합니다. 신통묘지(神通妙智)한 마음은 형상이 없지만 우주를 머금고 있습니다. 그래서 마음으로 이루지 못할 일은 없습니다. 누구든 마음을 통해 선(善), 악(惡)을 낳고 신(神)도, 불(佛)도 있게 합니다.

4) 정(淨) : 번뇌망상 없는 마음, 언제나 밝고 맑은 깨끗한 마음을 가리킵니다. 불성광명을 깨달은 그 자리가 곧 정(淨)입니다.

부처님의 팔상성도 중에서 마지막은 쌍림열반상(雙林涅槃相)입니다. 부처님은 80세 되시던 해에 중인도 쿠시나가르의 사라쌍수 나무 아래에서 1일 1야에 걸쳐 『대반열반경』을 설하시고 오른쪽으로 누워서 사공정(四空定)과 멸진정(滅盡定)에 들어가셨습니다. 이때가 음력 2월 15일 한밤중이었는데 사라쌍수에 꽃이 피고 흰 학 무리가 모여들었다고 합니다.

당시 많은 부처님 제자들은 인도의 각지로 흩어져 부처님 법을 전하고 있었으며 쿠시나가르에는 아난다를 비롯한 제자들이 부처님의 다비를 준비했습니다. 각지에 있던 제자들이 부처님 열반 소식을 들고 쿠시나가르로 모여들었습니다. 이윽고 부처님을 화장(火葬)하기 위해 관에 불을 붙였지만 붙지 않았습니다. 그러다가 먼 곳에 있던 마하가섭 존자가 찾아와 고하니 부처님은 비로소 관 밖으로 두 발을 내보이시며 응답하셨습니다. 이 일을 '곽시쌍부(槨示雙趺)'라고 부릅니다.

종교나 신분에 따라 사람들의 죽음을 뜻하는 말은 여러 가지가 있습니다. 이를테면 스님들의 죽음은 원적(圓寂), 시적(示寂), 입적(入寂), 좌탈입망(坐脫立亡) 등으로 부릅니다. 일반인들의 죽음은 사망, 돌아가셨다, 운명하셨다 등으로 표현하며 기독교에서는 소천(召天), 승천(昇天)이라고 합니다.

부처님의 열반을 전후하여 부처님 법문과 열반하실 때의 상황을 알려주는 경전은 크게 『열반경(涅槃經)』과 『유교경(遺敎經)』으로 나눌 수 있습니다.

『열반경』은 『대반열반경(大般涅槃經)』을 줄여서 부르는 말로 부처님께서 열반하시기 전 왕사성에서 출발하여 열반의 장소인 '쿠시나가르'에 이르는 도정(道程)과 그 사적(事跡), 설법의 모양과 내용, 그리고 입멸 후의 화장(火葬), 사리(舍利)의 분배 등을 자세히 기록하고 있는 경입니다.

『열반경』은 부처님 입멸 전후의 사적을 정확하게 기록한 가장 중요한 역사적인 자료인데 다시 남방과 북방의 두 가지 『열반경』으로 구분되고 있습니다.

남방의 『열반경』은 주로 역사적인 사실을 기록했는데 『불반니원경』 2권, 『대반열반경』 3권, 『반니원경』 2권, 『장아함경』의 제2분에 해당하는 『유행경』 등이 있습니다.

북방의 『열반경』은 법신(法身)이 상주(常住)한다는 뜻에서 부처님의 열반을 '상락아정(常樂我淨)'이라 기술하고 있습니다. 『방등반니원경』 2권, 『대반니원경』 6권, 『대반열반경』 40권, 『사동자삼매경』 3권, 『대비경』 5권, 『대반열반경후분』 2권, 『대반열반경』 36권 등이 있습니다.

『열반경』은 불신(佛身)의 상주(常住), 열반의 상락아정, 일체중생의 실유불성(悉有佛性)이라는 사상을 밝히고 있습니다.

한편 『유교경』은 부처님께서 이 세상을 떠나시면서 당신의 제자에게 남기신 마지막 말씀, 즉 부처님의 유언을 담고 있는 경전입니다. 그런 뜻에서 본래는 '열반에 임해서 설하신 경'이라는 뜻에서 경의 제목을 『불인반열반경(佛臨般涅槃經)』이라 정했으며 이 밖에도 몇 가지 이름이 더 있습니다. 하지만 그 중 가장 많이 알려진 이름은 『유교경』입니다.

매년 음력 2월 15일은 부처님이 세상을 떠나신 열반절(涅槃節)입니다. 열반은 적멸(寂滅), 입멸(入滅), 해탈(解脫) 등과 같은 용어로 육신이 멸하다, 타오르는 번뇌의 불길을 끄다, 또는 깨침, 보리(菩提), 완성 등을 뜻하는 말입니다.

『열반경』에는 부처님 열반의 네 가지 덕을 앞에서 소개한 '상락아정'으로 표현합니다. 이 말은 부처님의 열반이 즐겁고, 능동적으로 자재(自在)하며, 청정한 것임을 나타내고 있습니다. 그래서 상락아정이라는 네 가지 덕은 '열반사덕(涅槃四德)', '법신사덕(法身四德)' 또는 줄여서 '사덕(四德)'이라고도 하는데 불교 교리의 하나입니다.

상락아정은 말 그대로 영원하여 변하지 않으며, 고통이 없는 안락함, 진실한 자아, 번뇌의 더러움으로부터 벗어난 것을 뜻합니다. 이는 열반에 갖추어진 네 가지 특성을 가리키는데 '나는 항상 맑고 밝아서

410

즐겁다'라는 뜻입니다. 또한 '지금 나는 크게 밝고 밝아서 충만하다', '우리 모두는 본래 밝고 빛나는 존재이다'라는 뜻으로도 새길 수 있습니다.

불교에서는 열반의 덕(德)은 절대 영원하며, 열반적정(涅槃寂靜)이란 앞에서 말한 상락아정의 네 가지 덕을 갖춘 불로(不老), 불사(不死)의 뜻입니다. 그런 뜻에서 석가모니부처님의 추모 법회를 열반회(涅槃會), 열반기(涅槃忌), 상락회(常樂會) 등으로 부릅니다.

부처님이 열반하신 뒤에는 마하가섭이 주도하여 부처님 다비를 성대히 마쳤는데 그때 3섬 3말 3홉의 불사리(佛舍利)가 나왔습니다. 당시 인도 각국의 왕들이 다투어 사리를 모시고자 해서 결국 8등분하여 여덟 나라에 사리를 모신 불탑을 세우게 되었습니다.

부처님 열반에는 여덟 가지 뜻이 있다 하여 열반팔미(涅槃八味)라고 합니다. 그 여덟 가지는 법미(法味), 상주(常住), 적멸(寂滅), 불로(不老), 불사(不死), 청정(淸淨), 허통(虛通), 부동(不動), 쾌락(快樂)을 가리킵니다.

이처럼 부처님께서는 열반을 통해 흔적 없는 흔적을 남기셨습니다. 우주와 법계(法界)가 하나로 계합하였으며 생사일여(生死一如)의 자리를 확인하셨습니다. 또 32상 80종호의 형상은 감추시고 삼라만상으로 나투셨습니다.

부처님이 남기신 정신세계와 이념, 사상, 철학은 계속 남아 상주하고 있습니다. 또 부처님의 행적과 가르침은 항상 우리와 함께 하시니 이것은 평소의 가르침과 같은 제행무상(諸行無常)의 법문입니다.

원효의 생애와 사상

한국불교사는 물론 국제적으로도 명망이 높은 한국의 역대 고승으로는 원효대사(元曉大師), 의상대사(義湘大師), 고려 때의 보조국사(普照國師) 등 여러 스님을 손꼽을 수 있습니다. 여기에서는 원효대사의 생애와 사상을 간략히 살펴보려고 합니다.

오늘날 원효는 한국불교가 낳은 불멸의 성사(聖師)로 추앙받고 있습니다. 원효는 대승불교를 정립한 인도의 용수(龍樹)나 중국불교를 새롭게 열었던 천태지자(天台智者) 대사와 견줄만한 위대한 고승입니다.

원효는 지금의 경북 경산시에 해당하는 압량군(押梁郡)의 남불지촌 율곡 마을에서 태어났습니다. 태어날 때부터 총명하고 기억력이 뛰어났던 원효는 화랑(花郎)으로 활동하다가 청년 시절 어머니가 돌아가시자 삶과 죽음에 대해 깊이 고민하던 중 마침내 황룡사로 출가해 스님이 되었습니다.

원효대사는 의상대사와 함께 당나라 유학길에 올랐다가 도중에 깨달음을 얻고 유학을 포기한 일화로 일반인에게도 유명합니다. 원효는 두 차례나 유학을 가려고 했습니다. 처음엔 34세 되던 서기 650년(신라 진덕여왕 4)에 당나라 고승인 현장법사에게 불법을 배우러 가려 했지만 요동 근처에서 고구려군에게 붙잡힌 데다 첩자로 오인받아 유학에 실패했습니다.

두 번째는 45세 되던 661년(문무왕 1년) 다시 의상과 함께 당나라 유학길에 올랐습니다. 두 번째 유학은 당항성(지금의 경기도 화성)에서 배를 타고 중국으로 갈 계획이었습니다. 두 스님은 당항성 근처에 이르렀으나 날이 저물자 어떤 야트막한 굴속에 들어가 잠이 들었습니다. 원효는 잠결에 목이 말라 손에 잡히는 대로 물을 달게 마시고 다시 깊이 잠들었습니다. 그런데 아침에 깨어나 보니 자신들이 잔 곳이 어떤 무덤 안이었으며 간밤에 달게 마셨던 물은 해골에 담긴 것이라는 걸 알게 되었습니다.

그때 원효대사는 구역질을 하며 간밤에 마셨던 물을 모조리 토해냈습니다. 그러다가 문득 모든 것이 마음먹기에 달렸다는 일체유심조(一切唯心造), 삼계유심(三界唯心)의 원리를 깨달았습니다. 결국 그 일을 계기로 원효는 유학을 포기하고 신라로 돌아가 부처님 법을 전하는 일에 더욱 전념하게 되었으며 의상만 당나라로 유학을 가게 되었습니다.

원효가 당항성에서 해골 물을 마시고 깨달음은 뒤에 지은 오도송(悟道頌)은 이렇습니다.

심생즉종종법생(心生卽種種法生)

마음이 생기니 갖가지 법이 생기고

심멸즉감분불이(心滅卽龕墳不二)

마음이 사라지니 감실과 무덤이 다르지 않네

삼계유심만법유식(三界唯心萬法唯識)

삼계가 오직 마음이요 모든 법은 오직 앎에 있으며

심외무법호용별구(心外無法胡用別求)

마음 밖에 아무것도 없으니 무엇을 따로 구할 것인가.

신라로 돌아온 원효는 분황사(芬皇寺)에 머물며 수많은 논서를 집필했습니다. 지금까지 알려진 원효의 저술은 102부 200여 권에 이르고 있으나 현재는 15부 23권만 전해지고 있습니다.

원효대사의 사상은 크게 일심사상(一心思想), 화쟁사상(和諍思想), 무애사상(無碍思想)의 세 가지로 요약됩니다.

일심사상은 『금강삼매경론』, 『대승기신론소』 등의 저술을 통해 밝혀지고 있습니다. 인간의 마음과 인식을 깊이 통찰해 본래의 깨달음으로 돌아가는 것인 귀일심원(歸一心源)을 궁극의 목표로 설정하고 육바라밀의 실천을 강조하고 있습니다.

화쟁사상은 전체 불교를 하나의 진리에 귀납하고 종합 정리하여 자기 분열이 없는, 보다 높은 입장에서 세운 불교의 사상을 말하며 조화사상이라고 부르기도 합니다. 원효가 쓴 『십문화쟁론(十門和諍論)』 등이 그의 화쟁사상을 보여주는 핵심적인 저술입니다. 원효의 화쟁사상은 훗날 한국불교에 커다란 영향을 주었습니다.

무애사상은 원효의 사생활에서도 잘 나타나고 있습니다. 그는 평소에도 일체무애인(一切無碍人) 일도출생사(一道出生死), 다시 말해 '일체에 걸림이 없는 사람은 단번에 생사를 벗어난다'고 말하며 어디에도 걸림이 없는 자유인의 삶을 살았다고 합니다. 원효는 부처와 중생을 둘로 보지 않았으며, "무릇 중생의 마음은 원융하여 걸림이 없는 것이니, 태연하기가 허공과 같고 잠잠하기가 오히려 바다와 같으므로 평등하여 차별상(差別相)이 없다."라고 하였습니다.

한편 원효대사는 태종무열왕의 둘째 딸인 요석공주와 하룻밤 인연을 맺고 아들 설총(薛聰)을 낳은 것으로 알려졌습니다. 어느 날 원효가 거리로 나가 "누가 자루 없는 도끼를 내게 주겠느냐. 내가 하늘을 받칠 기둥을 깎으리로다."라고 노래하니 그 이야기가 무열왕의 귀에까지 전해졌습니다.

당시 무열왕은 '원효대사가 귀부인을 얻어 슬기로운 아들을 낳고자 하는구나. 나라에 큰 현인이 있으면 이보다 더 좋은 일이 없을 것이다.'라고 생각해 궁리(宮吏)에게 원효대사를 찾아오라는 명을 내렸습니다.

원효는 그날 이미 남산에서 내려와 문천교(蚊川橋)라는 다리 밑으로 일부러 떨어져 옷을 적셨습니다. 마침 그 모습을 본 궁리가 원효를 궁궐로 모셨고 이에 무열왕은 과부가 된 요석공주에게 원효의 옷을 말리고 쉬게 하도록 명을 내려 원효와 공주의 인연을 맺어주었습니다.

그 일로 파계를 하게 된 원효는 스스로를 소성거사(小性居士)라 낮춰 불렀으며 민중들에게 무애가(無碍歌) 등을 불러 부처님 가르침을 대중에게 널리 알렸습니다.

이처럼 원효대사는 민중을 교화한 고승이자 당시 왕실 중심의 귀족화된 불교이론을 민중불교로 바꾸는 데 크게 이바지했습니다. 또 종파주의적인 방향으로 달리던 불교 이론을 고차원적인 입장에서 회통시켰습니다. 원효대사는 686년(신문왕 6) 3월 30일 혈사(穴寺)에서 세수 70세, 법랍 38세로 입적하였으며 고려 때인 1101년(고려 숙종 6)에는 대성화정국사(大聖和靜國師)라는 시호를 받았습니다.

오늘날 원효대사는 불교계 전체 역사를 통틀어 손꼽히는 고승으로 추앙받고 있습니다. 한국은 물론 중국과 일본에서도 원효대사의 사상에 영향을 받은 스님들이 상당히 많았으며 『대승기신론소』는 당대 최고의 대승불교 논문으로 알려졌습니다. 이 저술은 훗날 중앙아시아까지 전해져 10세기 무렵에 만들어진 『대승기신론소』 돈황 판본이 발견되기도 했습니다.

또한 『십문화쟁론』은 당시 유행하던 불교 이론을 묶어 정리한 책으로 크게 주목받고 있습니다. 인도 유식학파의 고승으로 보살이란 칭호까지 받은 진나(陳那)의 문도가 당나라에 와서 『십문화쟁론』을 읽고 춤을 추며 찬탄하고는 인도로 역수입해갔다고 합니다.

원효대사의 또 다른 명저인 『금강삼매경론』은 일본 불교에 큰 영향을 주었습니다. 오우미노 미후네(淡海三船)라는 관료는 779년 신라에서 온 사신 가운데 설중업이 원효의 손자라는 사실을 알고 감격하면서 그에게 시를 지어주기도 했다고 합니다.

효봉 큰스님을 기리며

송광사와 해인사의 조실, 통합종단의 초대 종정을 지내신 효봉(曉峰) 큰스님은 1888년 5월 평안남도 양덕군에서 부친 이병억 씨와 모친 김 씨 사이에서 5남매 중 3남으로 태어났습니다. 그 뒤 평양고보를 졸업하고 일본 와세다 대학에 진학해 법학을 전공하고 귀국한 뒤 10년 동안 평양에서 법관 생활을 했습니다.

그러던 중 한 항일지사에게 사형선고를 내린 뒤 크게 갈등하던 끝에 스스로 판사직을 내려놓고 부인과 세 자녀를 놓아둔 채 정처 없이 길을 떠나게 됩니다. 얼마 후 서울에 도착한 그는 한 엿장수에게 입고 있던 양복을 벗어주고 대신 엿판과 가위, 허름한 엿장수 옷으로 바꿔입고 엿장수가 되어 전국을 떠돌았습니다.

그렇게 3년을 방랑하던 효봉은 문득 출가 수행승이 될 것을 다짐하고 금강산 유점사를 거쳐 신계사 보운암으로 찾아가 당시 큰 도인으로 이름을 떨치던 석두(石頭) 스님을 계사로 출가를 하게 되었습니다.

그가 석두 스님을 만나 나눴던 선문답은 지금도 유명합니다.

"어디에서 왔는가?"

"유점사에서 왔습니다."

"몇 걸음에 왔는가?"

(방을 한 바퀴 돌고) "이렇게 왔습니다."

이렇게 출가한 효봉 스님은 금강산에 토굴을 짓고 스스로 그 안에 갇혀 밤낮없이 수행정진해 마침내 큰 깨달음을 얻게 되었습니다. 그때 지은 오도송(悟道頌)은 다음과 같습니다.

바다 밑 제비집에 사슴이 알을 품고
타는 불 속 거미집엔 고기가 차 달이네
이 집안 소식을 뉘라서 알랴
흰 구름은 서쪽으로 달은 동쪽으로.

효봉 스님은 깨달음을 얻은 뒤 금강산 일대의 여러 사찰에 주석하면서도 자신의 전직을 철저히 감췄습니다. 누가 그의 과거의 일을 물으면 그저 일찍이 부모님을 잃고 오갈 데 없이 엿장수로 떠돌다가 입산했노라 대답했습니다. 그러나 7년 뒤 유점사에서 일본인 동료 판사를 만나 전직이 드러나 더 이상 금강산에 머무는 게 거북하자 1937년 50세 되던 해에 순천 송광사로 내려가 조실로 주석했으며 10년 뒤에는 해인사로 초빙되어 방장으로 주석하게 되었습니다.

그 뒤 통합종단의 초대 종정으로 추대되어 비구와 대처승 사이의 갈등을 해소하고 종단의 화합을 이끌다가 1966년 10월 15일 새벽 밀양 표충사에서 입적하였습니다.

언젠가 이승만 대통령이 스님의 나이를 묻자 "생불생(生不生) 사불사(死不死), 살아도 산 것이 아니요, 죽어도 죽은 것이 아닌데 중에게 생일이 어디 있겠습니까?" 하고 되물었다는 유명한 일화도 남긴 바 있습니다.

내가 말한 모든 법
그것은 모두 군더더기
누가 오늘 일을 묻는가
달이 천강(千江)에 비치리.
— '효봉 큰스님 열반송(涅槃頌)'

효봉 대종사이시여
대지와 허공이 무너지고
진흙 소가 물 위를 가는도다.
— '망월사 춘성 스님' 추모시

올 때는 흰 구름 따라오고
갈 적에는 밝은 달 따라가니
오고 가는 한 주인이
필경에 어디에 있을까.
— '칠보사 석주 스님' 추모시

몸이 실체가 없는 줄 알면 불신(佛身)이요
마음이 허깨비 같은 줄 알면 불심(佛心)이네
몸과 마음의 본성이 공한 줄 알면
이 사람은 부처와 무엇이 다르리오.
— 통도사 월하 스님 추모시

행동하는 모든 것 예불함이요
말하는 모든 것 독경함이네

예불, 독경 없을 때 어떠함인가
누각 위에 매달린 큰 종 일러라.
— 효봉 스님의 제자 '일각 스님'의 추모시

나에게 한 물건이 있어 광대무변하니
능히 허공을 삼키고 만물을 만들기도 하며
넓기로는 극대하고 좁기로는 극소하다
만약 이를 안다면 대심범부(大心凡夫)이리라.
— '효봉 큰스님' 선시

법계의 성품을 살펴보아라
일체가 오직 마음이 짓는 것이다.
법왕의 법을 알고 싶거든
이와 같고 또한 이와 같으리라.
— '효봉 큰스님' 선시

말과 글을 떠나 부처님 없는 곳에
종사의 설법이 붓끝에서 나온다
이 일을 빛과 소리에서 찾으려 하지 말라
구름 밖 봄 산에 이 일이 이뤄졌네.
— 1975년 여름, '경봉 스님'의 추모시

시방 법계가 손바닥 가운데 구슬이요
일체 중생이 본래 청정법신 비로자나로다
따뜻한 날 바람불어 꽃피어 만발하니

한가로이 암자에 앉아 자고새 소리 듣고 있네.
— 1976년 1월 15일 동안거 해제일, '구산 스님'의 추모시

보운암에서 출가하시고
법기 토굴에서 도를 깨치셨네
석두 스님의 의발을 전해받고
보조국사를 항상 본받으셨네
나고 죽는 것이 둘이 아닌데
잠들 때와 깨어있을 때가 어찌 다르랴
방장이니 종정이니 하는 자리가
스님에게 한 터럭의 가치도 안 되네.
— '석정 스님' 추모시

틱낫한 스님의 가르침

베트남 출신의 스님이자 시인이며 평화운동가인 틱낫한(Thich Nhat Hanh : 한자식 법명은 석일행(釋一行)) 스님은 달라이 라마와 함께 생불(生佛)로 꼽히는 지구촌의 '영적 스승'으로 추앙되는 분입니다.

틱낫한은 1926년 베트남 중부에서 출생하여 16세 때인 1942년 출가했습니다. 1961년경 미국으로 건너가 프린스턴 대학과 컬럼비아 대학에서 비교종교학을 공부했으며 이후 베트남 전쟁이 발발하자, 전 세계를 돌며 전쟁을 반대하는 연설과 법회를 열었습니다. 이러한 반전운동과 사이공 측의 탄압에 대한 저항 등 평화운동을 전개하면서 1967년 노벨평화상 후보에 오르기도 했습니다. 그러나 베트남 정권에 의해 귀국이 금지되어 1973년 프랑스로 장기 망명하게 되었습니다.

1976년부터 1977년까지는 해상난민 구제 활동을 펼쳤으며, 1982년에는 프랑스 보르도 근교에 명상공동체인 '플럼 빌리지(plum village)'를 창설하면서 마음의 평화에 이르기 위한 수행을 세계인들에게 본격 전파하기 시작했습니다. 그의 수행 방식은 서구 엘리트 계층으로부터 열렬한 관심과 지지를 받았습니다. 1990년에는 미국에 '그린 마운틴 수행원'을 설립해 명상을 전파해 나가고 있습니다. 틱낫한 스님의 별명은 베트남어로 스승을 뜻하는 태이(Thay)라고 합니다.

틱낫한 스님은 2013년 5월, 세 번째로 한국을 찾아 15일간 오대산

월정사, 중앙승가대학, 부산 범어사, 서울 목동 국제선센터, 서울 잠실 체육관 등에서 법회를 열었습니다. 그때의 대화 중 일부를 소개합니다.

통역 · 대담 : 혜민 스님(미국 햄프셔대 교수), 미산 스님(영국 옥스퍼드 대학)

"부처님은 과거에 지났고 미래는 아직 오지 않았습니다. 우리에게 가능한 삶은 지금 이 순간뿐입니다."

"마음을 챙겨 깨어있는 걸음을 걷는다면 발 딛는 곳마다 정토(淨土)가 됩니다."

문 │ 2,500여 년 전에도, 지금도 누구나 고통을 겪고 있습니다. 부처님은 우리에게 어떤 의미가 있습니까?

답 │ 우리 내면의 자비는 우리의 모든 고통을 치유할 수 있는 근원입니다. 부처님은 우리 내면의 자비를 일으키기 위해 무엇을 보고 듣고 받아들이는지, 자신의 내면을 면밀히 관찰하라고 가르치셨습니다. 하지만 사람들은 내면의 고통에 귀를 기울이지 않습니다. 고통을 직시하면 그 고통에 압도될까 두렵기 때문입니다.

문 │ 고통에 압도되지 않고 직시할 방법이 있습니까?

답 │ 어머니는 아이가 아무리 울고 떼를 써도 아기와 싸우지 않습니다. 보살필 뿐입니다. 고통의 에너지도 그렇게 감싸 안아야 합니다. 그저 고통에서 벗어나거나 가리려고 물질 소비, 향락 같은 외적인 것에 마음을 빼앗기면 치유할 기회를 잃게 됩니다.

문 │ 좀 더 구체적으로 말씀해주십시오.

답 │ 마음챙김(mindfulness, 정념(正念)) 걷기입니다. 걷는 동안 어떤 말도, 생각도 끊고 오직 마음챙김, 기쁨, 행복에만 집중하십시오. 그렇게 걸을 수 있을 때 삶의 모든 경이로움을 만나게 됩니다. 마침내 내가 지금, 여기 이르러 있다고만 말할 수 있게 됩니다. 호흡, 염불, 명상도 모두 그 수단입니다.

부처님은 자신의 내면을 살펴보라고 말씀하셨습니다. 그때나 지금이나 사는 건 고통입니다. 내면을 직시(直視)해야 그 고통이 치유됩니다. 그 구체적인 수행법이 곧 마음챙김 걷기입니다.

문 | 21세기 불교가 가야 할 길은 무엇인가요?

답 | 분노 등 감정적 독소의 해소법을 몰라서 자살, 폭력 등으로 표출하는 게 현대인입니다. 승가(僧伽) 스스로 본보기가 되어 가르쳐야 합니다. 바쁘다는 이유로 피하지 마십시오.

신체와 정신을 충분히 이완시켜 고통을 감싸 안을 수 있는 마음의 힘을 기르고 그 힘으로 행복한 삶을 사는 것보다 더 급한 일이 무엇일까요? 플럼 빌리지에 있는 스님들은 한 달에 몇 번 게으른 날(Lazy day)를 정합니다. 그날은 만나는 사람마다 서로 "충분히 게으르신가요?" 하고 묻습니다. 쉼을 통해 기쁨과 행복을 일으켜 스스로의 자양분을 삼게 하기 위해서입니다.

문 | 요즘 사람들, 특히 젊은이들은 이런 가르침을 따분하게 여깁니다.

답 | 가르치려 들지 마십시오. 먼저 그들의 고통을 경청해야 합니다. 먼저 들어야 그들의 언어로 이야기할 수 있습니다. 고통은 스스로를 돌아보고 상대의 고통에 공감할 수 있을 때 비로소 해결됩니다. 부부, 부모와 자식, 정치가와 국민, 남한과 북한 등 모든 관계가 그렇습니다.

문 ㅣ 젊은이들의 높은 자살률에 대해 우려하는 목소리가 높습니다.

답 ㅣ 한국 사회의 우려를 많이 들었습니다. 안타깝습니다. 화, 두려움 같은 내 안의 부정적 감정에 굴복하기 때문입니다. 우리는 늘 공격적인 대화, TV나 잡지 등을 통해 감정적 독소들이 내재화돼 있다가 어떤 계기를 만나 자살이나 폭력 형태로 뛰쳐나옵니다.

그래서 불교의 역할이 중요합니다. 이런 부정적 감정을 가라앉히는 방법을 가르치는 것이 불교입니다.

문 ㅣ 지금의 불교는 그런 요구에 잘 부응하지 못하고 있는 것 같습니다.

답 ㅣ 세상은 끊임없이 새롭게 변합니다. 불교도 끊임없이 자신을 새롭게 하고 사회와 세상을 좀 더 잘 섬길 수 있는 길을 찾아야 합니다. 개인, 가족, 학교, 사회에 폭력이 만연하고 고통이 가득 찰 때 불교가 대응하고 그 해답을 줄 수 있어야 합니다.

행자를 교육하는 교재도, 외우는 염불도 수백 년 전 것 그대로여서는 불교도 살아남을 수 없습니다.

문 ㅣ 불교가 새로워지려면 스님들의 노력이 무척 중요하겠습니다.

답 ㅣ 출가수행자는 삶 속에서 자애로움이 배어 나올 수 있도록 해야 합니다. 사람들은 스님의 미소와 말하는 방식, 걷는 모습에서 가르침을 얻습니다. 승가의 모습에서 부처님의 가르침이 느껴질 수 있도록 본보기가 되어야 합니다.

한국 불교의 바탕을 이루는 화엄 사상

한국 불교는 곧 화엄불교라고 할 수 있습니다. 아울러 통불교(通佛敎)라고도 합니다. 화엄 사상 속에 모든 경전의 사상이 함축되어 있기 때문입니다.

일상 신앙에서 찾아보면 조석 예불 때 "나무상주시방불(南無常住十方佛) 나무상주시방법(南無常住十方法) 나무상주시방승(南無常住十方僧)"이라고 하는데 이처럼 불, 법, 승이 시방에 상주한다고 여기는 것이 화엄 사상입니다.

또 무진삼보(無盡三寶), 중중무진(重重無盡), 항하사(恒河沙), 법계(法界) 등의 단어나 내용이 모두 화엄 사상을 담고 있습니다.

영가천도 시식 때의 염불과 법문 내용도 화엄 사상이며, 의상대사(義相大師)께서 60권 『화엄경』의 내용을 210자로 읊은 법성게(法性偈)도 당연히 화엄 사상을 담고 있습니다.

법당에 삼존불을 모시는 것도 화엄 사상이며 불상을 점안할 때 "청정법신 비로자나불, 원만보신 노사나불, 천백억화신 석가모니불"이라고 하는데 이것도 화엄 사상입니다.

화엄 사상은 원융무애(圓融無碍) 사상이라고 합니다. 이를테면 큰 것 속에 작은 것이 들어있고 작은 것 속에 큰 것이 다 들어있다는 사상입니다.

법신불(法身佛)인 비로자나부처님을 모신 법당을 대광명전(大光明殿), 대적광전(大寂光殿), 보광전(普光殿) 등으로 부릅니다. 이것도 화엄 사상에 근거를 두고 있습니다.

법당 기둥에 걸려있는 주련(柱聯)도 대부분 화엄 사상을 담고 있습니다. 예를 들어 불신충만어법계(佛身充滿於法界), 보현일체중생전(普現一切衆生前), 수연부감미부주(隨緣赴感靡不周) 등의 구절도 『화엄경』에 담긴 게송들입니다.

그렇다면 이런 화엄불교의 특징은 어떤 것이 있는지 살펴보겠습니다.

초기 불교에서는 석가모니불 한 분을 중심으로 신앙이 이뤄졌습니다. 『법화경』의 경우 '석가여래 부처님이 이미 백천만억 나유타 겁 이전에 성불하셨는데 다만 대비방편(大悲方便)으로 팔상성도(八相成道)를 나투어 보이신 것'이라고 말합니다.

그래서 "나무 영산교주 시아본사 석가모니불, 나무 사바교주 시아본사 석가모니불, 나무 삼계도사 사생자부 시아본사 석가모니불"이라고 하는데 이것은 법화 신앙을 근거로 한 것입니다. 또 정토(淨土) 신앙에서는 "나무 서방정토 극락세계 아미타불"이라고 합니다.

그런데 화엄 신앙에서는 부처님을 "융삼세간십신(融三世間十身) 십신무애(十身無礙) 삼불원융(三佛圓融) 청정법신(淸淨法身) 비로자나불(毗盧遮那佛)"이라고 부릅니다. 어떤 불보살의 형상을 모셔도 모두 청정법신 비로자나불, 원만보신 노사나불, 천백억화신 석가모니불로 귀명, 화현한 것으로 보는 것입니다. 이처럼 한국 불교는 형태로 보면 아주 다양하지만 내용면으로는 모두 화엄 사상입니다.

후불탱화도 법화 신앙과 화엄 신앙으로 표현됩니다. 예를 들어 법화 신앙에서는 대웅세존(『법화경』 용출품) 후불탱화, 즉 '법화경 영산회상설법'도상입니다. 그런데 화엄 신앙 탱화에서는 부처님 십대제자가 없습니다. 부처님의 화현이 곧 신장, 신중입니다. 시방세계에 상주하니까 탑 조성 이야기가 거의 없습니다. 다시 말해 형식은 법화 신앙(대웅전 영산회상, 다보탑, 석가탑)이지만 내용은 화엄 신앙인 경우가 많습니다.

신라 시대의 자장(慈藏), 원효(元曉), 의상(義相) 등도 화엄·법화 신앙과 관련이 있습니다. 자장율사의 문수 사상도 화엄 신앙입니다. 찰나성불 사상이 화엄·문수 신앙입니다. 의상대사기 창건한 것으로 알려진 화엄 10찰은 『화엄경』을 근거로 삼고 있습니다. 또 신라 때의 법해(法海) 스님이 『화엄경』을 설법할 때는 동해에서 기적이 일어났다는 설화가 전하고 있습니다. 구산선문(九山禪門)은 쌍탑 신앙에서 비롯되었으며 고려 때의 대각국사 의천(義天)이 법화 사상으로 천태종을 개창한 것도 사실은 화엄 사상을 근간으로 삼은 것입니다.

이와 같은 화엄 신앙은 '발심(發心) 즉 성불(成佛)'입니다. 즉, 일체중생이 부처님과 똑같다는 것이며 신심이 깊어지면 발심은 저절로 이뤄진다는 것입니다.

고려의 보조국사(普照國師) 지눌 스님이 '심즉시불(心卽是佛)'이란 내용이 경에 있는지를 고심할 때 '한 중생도 여래와 같다', '어떤 중생도 여래의 자비와 지혜 등을 갖추고 있다', '미래는 현재의 나타냄이다. 인(因)과 과(果)가 동시(同時)다'라는 구절을 확인했습니다.

『화엄경』에 나오는 십신(十信), 십주(十住), 십행(十行), 십회향(十廻向), 십지(十地) 등의 용어는 부처가 부처행을 하는 것을 말합니다.

불심(佛心), 중생심(衆生心), 자심(自心)은 일심(一心)입니다. 여기서 일심이란 대승의 유일한 법(法)이며, 여래의 마음이고, 중생의 본성입니다. 이것을 믿으면 발심한 것인데 이를 화엄 사상이라고 합니다.

'나 같은 중생'이란 말은 어리석다거나 나쁜 짓을 한다는 것을 뜻합니다. 그러나 내가 성현이거나 부처라면 중생 짓을 할 수가 없습니다. 현재가 바로 미래이니까 중생이 바로 부처인 것입니다.

우리는 부처 속에 있으며 지혜와 자비의 원력입니다. 미워도 싫어하거나 좋아하는 마음을 내지 않는 게 지혜입니다.

마음공부로 운명을 바꾼다

중국 명나라 때의 학자 원료범(袁了凡)은 『요범사훈(了凡四訓)』이란 저서를 남겼습니다. 원료범은 어려서부터 의학 공부에 뜻을 두었는데 하루는 역학에 밝은 공(孔) 선생을 만나 자신의 인생에 대한 예언을 들었습니다. 당시 공 선생은 이렇게 말했다고 합니다.

"너는 의학 공부를 포기하고 학문을 해서 벼슬을 할 운명이다. 무슨 해에 몇 등으로 합격할 것이고 그 다음엔 몇 등을 하여 공생(貢生)이 되고 그 뒤 모년에는 사천성의 대윤이 된다……."

그런데 신기하게도 공 선생의 예언은 완전히 적중하였고 원료범은 공 선생의 말대로 평범한 관료가 되어 지내게 되었습니다.

그러던 어느 날 운곡(雲谷)선사를 만나 "운명은 자기 스스로 만드는 것이다."라는 가르침을 받았습니다. 이 말에 크게 감동한 그는 자신의 별호를 요범으로 지었다고 합니다. 요범은 말 그대로 평범한 생활을 마치겠다는 뜻입니다.

원료범은 그 뒤 운곡선사의 가르침을 깊이 연구해 『요범사훈』이란 책을 펴낸 것입니다. 이 책은 오늘날에도 중국인들에게 유명한 개운서(改運書)로 알려지고 있으며 한국에서도 번역본이 출판된 바 있습니다.

이 책에 따르면 선행(善行)과 공덕(功德)을 닦으면 타고난 운명을 바꿀 수 있다고 합니다. 따라서 이 책은 세상 사람들에게 겁난(劫難)을 구제할 불이법문(不二法門)이며 금생에 운명을 바꾸고 왕생극락할 수 있는 길잡이라 할 수 있습니다.

근대에는 정토종(淨土宗)의 13대 조사인 인광(印光)대사(1861년~1940년)가 이 책을 인가하고 널리 읽기를 권장했습니다. 인광대사는 이 책을 수백만 부 인쇄하여 보급하면서 불자들에게 공부의 기초로 삼게 하였다고 합니다.

이 책은 크게 네 장(章)으로 구성되었습니다.

1) 입명지학(立命之學) : 운명을 세우는 공부. 인과의 법칙을 다룸.
2) 개과지법(改過之法) : 잘못을 고치는 방법. 인과에 대한 이해를 전개함.
3) 적선지방(積善之方) : 선행을 쌓는 방법. 선행을 통해 공덕을 쌓는 방법에 관한 내용.
4) 겸덕지효(謙德之效) : 겸손하게 덕을 쌓는 효과. 이 책의 결론에 해당함.

성현의 도는 오직 성(誠)과 명(明)입니다. 성은 참되고 성실하다는 뜻으로 진심(眞心)이 본성(本性)입니다. 명은 지혜를 가리키며 인간이 본래 갖추고 있는 불성광명(佛性光明)을 뜻합니다.

불보살과 중생의 차이는 마음 씀씀이에서 찾을 수밖에 없습니다. 즉, 불보살은 참마음, 지혜의 자비심을 쓰는 반면 중생은 망령된 망심(妄心)을 쓰는 차이점입니다. 대승경전에서도 일체 중생은 본래 부처이지만 망령된 생각으로 죄업을 만든다고 했습니다. 그래서 일체 재앙과 불행은 망령된 마음이 변해서 나타난 것이라고 합니다.

예를 들어 『화엄경』에는 "일체중생이 모두 여래의 지혜와 덕상(德

相)을 가지고 있다."는 말씀이 있으며 『금강경』에는 "아상(我相), 인상 (人相), 중생상(衆生相), 수자상(壽者相)이 있으면 보살이 아니다."라는 말씀이 있습니다.

『요범사훈』에 따르며 운명은 자신이 만드는 것이며 복혜도 자신이 구하는 것이라고 했습니다. 나쁜 생각으로 다른 이에게 손해를 끼쳐 자기 이익을 챙긴다면 그 과보는 흉(凶)하여 재앙이 옵니다. 반대로 바른 생각으로 다른 이에게 이익을 주고 사회에 이익을 주면 그 과보 로 복락을 받게 됩니다.

사람의 일생, 길흉화복은 자신의 마음과 생각, 그 행위의 과보입니 다. 그렇기에 운명은 스스로 만드는 것입니다. 따라서 개과천선(改過 遷善), 잘못을 고쳐 선업으로 옮겨가야 합니다.

그런데 불법(佛法)보다 큰 선업, 정업의 공덕은 없습니다. 정법(正 法) 안에 있으면 삼세(三世)를 걱정할 게 없습니다.

불법 문중은 참회로 마음을 맑히고 구하면 반드시 감응이 있습니 다. 따라서 자신을 자주 일깨워야 합니다. 모든 복전(福田)은 자신의 마음을 벗어나지 않기 때문입니다. 진실은 성실한 마음이며 망령된 생각이 없는 것입니다.

『유마경』에는 '직심직행(直心直行)'이라는 말씀이 있습니다. 곧은 마 음이 곧 도량이라는 뜻입니다. 인과는 공명정대합니다. 공덕을 쌓아 야 합니다.

"심포태허(心包太虛) 양주사계(量周沙界)"라고 했습니다. 마음은 허 공을 포용하고 도량은 항하사 세계를 두른다는 뜻입니다. 선업을 닦고 공덕을 쌓아서 잘못을 바로잡아 이끌도록 해야 합니다.

　이른바 사주팔자 등 정해진 운명을 초월하고 싶다면 마음공부부터 해야 합니다. 마음부터 변화를 일으켜야 합니다. 사홍서원(四弘誓願)을 해야 합니다. 그러면 우리 운명이 자연히 180도 바뀔 것입니다. 원(願)과 의(義)로 만들어진 몸과 운명이 됩니다. 이 몸은 복을 짓는 공구일 뿐입니다. 생사를 마치고 삼계를 떠납니다.

　대승경전에는 의보(依報)는 정보(正報)에 따라서 변화한다고 하였습니다. 즉, 사람의 마음에 따라서 변한다는 뜻입니다. 길이길이 언제나 천명(天命)에 부합하면 스스로 많은 복혜를 누릴 것입니다. 천명에 부합한다는 말은 인심(人心)이 천심(天心)과 같다는 뜻입니다. 천심은 살리기를 좋아하고 덕을 가집니다. 천심은 사사로움이 없는 공평한 평등사랑이며 자비심입니다.

믿음과 이해, 실천과 깨달음

불교(佛敎)란 용어를 그대로 풀이하면 '부처님 가르침'이란 뜻입니다. 이 부처님 가르침을 믿고 실천하는 이를 불교도라고 하며 불교적으로는 사부대중(비구, 비구니, 우바새, 우바이)이라고 부릅니다.

그런데 사람에 따라서는 불교를 이해하고 받아들이는 내용과 표현이 달라지고 그 실천 행위도 다릅니다. 그런 까닭에 불교는 북방불교, 남방불교, 소승불교, 대승불교, 근본불교, 민중불교, 선불교 등 수많은 갈래로 나뉘었습니다. 한국의 불교 종단만 해도 100여 개가 넘는다고 합니다.

그럼에도 근본이념과 사상은 하나로 집결되는 것이니 그것은 구원실상이요, 자타일시성불도(自他一時成佛道)입니다. 광대무변하고 무궁무진한 부처님 가르침은 모든 것의 시작이고 종착지입니다.

선근(善根)이 있어야 부처님 정법을 만나고 지어놓은 복이 있어야 발심할 수 있습니다. 짓지 않은 복은 오지 않는 것이며 닦지 않은 공덕은 이뤄지지 않습니다. 복은 지어야 오고 공덕은 닦아야 이뤄집니다.

부처님 설법은 한마디로 정리하면 '인간 생명의 위대함'을 설파하신 것입니다. 그래서 오직 마음뿐, 일심(一心)은 여래장심(如來藏心)이라고 했습니다.

팔만대장경의 모든 말씀이 모두 우리 인간의 마음이 얼마나 위대한 것인지를 일깨우는 내용이라 할 수 있습니다. 깨침의 삶, 인격완성의 길, 견성성불(見性成佛), 자각각타(自覺覺他)의 길을 설파하신 것입니다.

『대승기신론(大乘起信論)』은 진리에 믿음을 내어 이 마음이 곧 대승이라는 것을 바르게 이해하고 잘못이 없게 하려는 취지에서 서술된 논서입니다. 이 저술에서는 일심이 생멸문(生滅門)과 진여문(眞如門)의 두 개의 문〔이문(二門)〕이 되고 이문은 삼대(三大)로 나눠진다고 했습니다.

여기서 일심은 일체법이 오직 마음뿐이라는 사상을 말하며 진여문은 마음의 한 측면으로서 불생불멸인 진여·열반·불성을 말합니다. 생멸문은 마음의 다른 한 측면으로서 생멸 변화하는 만법·오온을 가리킵니다. 또 삼대는 체대(體大), 상대(相大), 용대(用大)를 통틀어 부르는 말입니다. 여기서 체대란 마음의 본체인 진여가 크고 넓어 우주법계를 포괄한다는 것이며 상대는 마음의 형상이 크고 넓다는 뜻으로 여래장의 한량없는 공덕을 포함한다고 합니다. 용대는 마음의 쓰임이 넓어서 일체 세간·출세간의 인과를 발생합니다.

불교는 사상적으로 공사상, 진여사상, 유식사상, 유심사상, 미타사상, 여래장사상으로 체계화되었고 그 실천을 강조한 수행법으로 팔정도, 육바라밀 수행으로 유도하고 있습니다.

한편 불교의 신행체계는 신해행증(信解行證)으로 요약됩니다.

나의 본성이 진여이고 내 자성의 청정함을 믿는 것을 발보리심〔신성취즉발심(信成就則發心)〕이라고 합니다.

부처님 가르침을 담은 경전에 대한 올바른 이해와 실천(팔정도, 육바라밀)을 병행하는 것〔해행발심(解行發心)〕과 이 같은 믿음과 이해, 실천을 거쳐서 진여(眞如)의 원리를 증득하는 것입니다.

　깨침의 눈으로 보면 현상계가 모두 무진법계(無盡法界)임을 알게 됩니다. 참으로 불신(佛身)은 장광(長廣)하시고 상호(相好)는 무변(無邊)하시니 언제, 어디서나 금색광명(金色光明)으로 변조법계(遍照法界)하시어 일체도탈중생(一切度脫衆生)하십니다.

삼계유여급정륜(三界猶如汲井輪)　삼계의 윤회는 우물 속 두레박질 같은
　　　　　　　　　　　　　　　　것이니
백천만겁역미진(百千萬劫歷微塵)　백천만겁 돌고 돌아 끊임이 없네
차신불향금생도(此身不向今生度)　이 몸을 금생에 제도하지 못하면
갱대하생도차신(更待何生度此身)　다시 어느 생에 제도하리요.

깨침과 자비의 가르침

세상에는 매우 어려운 일이 두 가지 있는데 하나는 사람으로 태어나는 일이고, 다른 하나는 부처님 진리와 만나는 일이라고 합니다. 지금까지 확인된 생명체만 140여만 종이며, 추정치까지 따지면 8천여만 종의 생명체가 지구에서 살아가고 있다고 합니다. 그 중 사람의 몸을 받고 태어나는 일이란 참으로 희유한 일입니다. 또 그 수십억 인구 중에서 부처님 가르침을 만날 수 있는 인연 또한 매우 희유한 일이라 할 수 있습니다.

불교(佛敎)라고 할 때 '불(佛)'자에는 깨쳤다〔각(覺)〕는 뜻이 있습니다. 그래서 부처님을 '깨친 사람'이라 하고 불교를 '깨침의 종교〔각교(覺敎)〕'라고 합니다. 불교는 바로 깨침의 길이요, 깨침의 가르침입니다.

이 깨침의 길로서의 불교는 크게 두 가지 뜻이 있습니다. 하나는 '깨침'이야말로 불교의 처음이요 끝이며, 다른 하나는 모든 사람이 깨달음을 얻게 하려는 수행의 종교라는 의미입니다.

불교는 '인간의 종교', '인간 형성의 길', '자기실현의 종교'라고 할 수 있습니다.

'종교'라고 하면 우리는 먼저 신을 연상하게 됩니다. 그래서 신과 인간과의 관계 속에서만 신앙이 가능하다고 생각합니다. 이것은 전형적인 서양종교에 대한 이해입니다.

종교는 문자 그대로 '마루 종(宗)' 자와 '가르칠 교(敎)' 자를 합성한 말이며 '으뜸가는 가르침'을 뜻합니다. 종교는 여러 가지 가르침 중의 하나가 아니라 으뜸가는 가르침입니다. 종교는 삶의 근원, 삶의 본질에 관한 문제를 가르칩니다.

'종교'란 말이 본래 불교에서 나온 용어라는 사실을 아는 사람은 많지 않습니다. 서양에서 종교를 가리키는 릴리전(Religion)이란 용어를 동양에서는 19세기 말엽 '종교'란 말로 번역했는데 그 이전부터 '종교'란 말은 순수한 불교 용어였습니다.

종교란 용어의 기원은 『능가경(楞伽經)』에 있습니다. 『능가경』에는 싯단타(Siddhanta)란 말이 나옵니다. 이 말은 싯다(Siddha)와 안타(anta)의 합성어로 '싯다'는 성취된 것, 완성된 것이란 뜻이고 '안타'는 끝, 극치란 뜻입니다. 이것을 합치면 완성된 것의 끝, 성취된 것의 극치라는 의미가 됩니다.

19세기에 접어들면서 종교학자들은 '종교는 신과 인간의 관계가 아니라 성스럽고 거룩하게 살아가는 삶의 모습'이라고 정의하였습니다. 그리고 '거룩함〔성(聖)〕'의 특성으로 초월성, 절대성, 궁극성의 세 가지를 들었습니다.

문제는 '릴리전'이 '종교'란 말로 번역된 후에는 불교 본래의 뜻은 사라지고 서양적인 의미로 쓰이게 되었다는 것입니다. 이것은 의미의 '역전 현상'이라고 할 수 있습니다.

불교에서는 처음부터 신의 문제를 전혀 거론하지 않습니다. 인간의 문제는 인간 스스로 해결할 수 있다고 보기 때문입니다. 부처님께서는 열반에 드시기 직전 슬퍼하는 제자들에게 간곡히 당부하셨습니다.

"너희들은 자기 자신을 등불로 삼고 자신을 의지할 것이며 법(진리)을 등불로 삼고 법에 의지하라. 그 밖의 다른 것에 의지해서는 안 된다."

이 말씀은 나중에 '자등명(自燈明) 법등명(法燈明)'이라는 한자로 번역되었습니다.

『화엄경(華嚴經)』에는 '마음과 부처와 중생은 다 똑같아서 어떤 차별도 없다.'라는 말씀이 있습니다. 마음이 부처요, 중생이 그대로 부처라는 것입니다. 인간의 능력과 가능성을 이만큼 높이 평가하는 가르침은 다른 어느 사상이나 어떤 종교에서도 찾아볼 수 없습니다.

우리 마음에 삼독의 구름이 덮여 있어도 마음의 본래 성품에는 추호의 손상도 없습니다. 따라서 탐진치(貪瞋痴)의 구름이 사라지면 본래의 밝음이 제 모습을 드러냅니다.

문제는 마음의 구름을 제거하는 노력이요, 본래의 광명을 회복하는 일이라고 하겠습니다. 거기에는 스스로의 정진, 즉 노력이 필요합니다. 각자의 마음이기 때문에 각자가 닦을 수밖에 없습니다. 그렇기에 불교는 인간의 가능성을 스스로 실현해 가는 인간 형성의 길이요, 자기실현의 종교입니다.

서양 종교에서 인간의 문제는 인간이 스스로 해결할 수 없는 구조로 되어 있습니다. 이를 해결하는 데에는 절대적인 신이 요청됩니다. 서양 종교의 관점에서 인간은 신이 창조한 것이기에 신 없이는 인간이 존재할 수 없습니다. 신은 창조주이고 인간은 신의 지음을 받은 피조물입니다. 그래서 종교는 신과 인간의 관계로 이해되는 것입니다.

이러한 서양 종교에서 인간은 피조물일 뿐만 아니라 더 나아가서는 신의 뜻을 거역한 죄인으로 이해됩니다. 지음을 받은 존재, 죄인으로서의 인간은 창조주인 신에게 의존하고 또 자신의 죄를 회개해 가야만 합니다. 이것이 신과 인간의 관계에서 인간이 해야 할 일입니다.

불교적 관점에서 인간은 피조물이나 죄인이 아니라 어엿한 부처의 성품을 갖춘 존재요, 스스로의 문제를 스스로 해결할 수 있는 능력을 가진 가능성의 존재입니다. 따라서 불교의 실천은 그 본래의 능력을 실현하는 즉 부처의 성품을 깨닫고 실현해 가는 과정이라고 할 수 있습니다.

가끔 '불교는 인생 철학이지 종교가 아니다.'라고 말하는 사람을 봅니다. 여기에는 '신을 거론치 않는 종교는 종교가 아니다.'라는 편견과 무지가 담겨 있습니다. 신과 인간의 관계만이 종교라고 하는 종교의 정의는 서구 중심의 종교관으로서 이미 오래전에 종교학에서 폐기되었다는 것을 알아야 합니다.

불교는 '깨침'과 '자비'의 종교입니다. 깨침은 우리가 가장 인간다운 삶을 살 수 있고 진정한 자비의 삶을 살기 위해 필요합니다. 따라서 불교에서 깨침과 자비란 분리할 수 없는 개념이며 깨침과 자비야말로 불교를 받치는 두 기둥입니다.

달라이 라마는 "불교에서 가장 중요한 것을 한마디로 표현한다면 어떤 것이겠습니까?"라는 질문을 받고는 조금도 망설이지 않고 "그것은 지혜와 자비입니다."라고 대답하셨습니다.

부처님께서는 존재의 참다운 모습을 깨치셨습니다. 불교의 깨침은 이 세상에 존재하는 모든 것이 참으로 어떻게 있는지를 여실하게 아는 것입니다. 그런데 여기서 '안다'는 말은 지적인 앎이 아니라 깊은 종교적 체험으로서의 깨침을 가리킵니다.

부처님 가르침에 의하면 깨친 눈에 비친 존재의 실상은 '하나'인 모습을 가지고 있다고 합니다. 그 '하나'인 모습을 근본불교에서는 연기(緣起)라고 했으며 대승불교에서는 공(空), 일심(一心) 등으로 표현하기도 했습니다. 즉 나와 남, 나와 우주가 '하나'인 바탕이고 '하나'인 생명이라는 것입니다.

인간만을 위해서 다른 생명을 함부로 해치고 자연을 파괴하는 것은 모든 존재를 '하나'가 아니라 둘로 나누어 보는 삶의 필연적인 결과입니다.

그런데 '깨침'은 확연히 다릅니다. '나'라는 벽이 깨지는 것입니다. 그 벽이 깨지면 어떻게 되겠습니까? 나뉘었던 것이 통하고 분리되어 대립하던 나와 남이 하나가 됩니다. 따라서 나와 이웃이 하나가 되고 나와 우주가 하나 되는 그런 세계가 바로 깨침의 세계입니다.

그 '하나'라는 말을 불교에서는 '불이(不二)'라고 합니다. 그런 하나인 세계를 가리켜,

천지여아동근(天地與我同根) 만물여아동체(萬物與我同體)
하늘과 땅은 나와 더불어 한 뿌리요, 만물 또한 나와 더불어 한 몸이다.

라고 했습니다. 이것이야말로 그 깨친 '하나인 세계'를 드러내는 말씀이며 불교의 기본 바탕입니다.

불교에서 '자비'라고 할 때는 항상 그 앞에 동체(同體), 즉 '한 몸'이라는 수식어가 붙습니다. 즉, 진정한 의미의 자비는 동체자비(同體慈悲)입니다.

동고동락(同苦同樂)이라는 말이 있습니다. 참으로 한 몸이 되어서 문자 그대로 즐거움과 괴로움을 함께 느낄 수 있는 것이 진정한 의미의 자비입니다.

불교는 깨침을 향한 쉼 없는 노력과 함께 일체의 생명을 이롭게 하고 살리려는 동체자비의 실천을 이상으로 하는 종교입니다.

유마 거사는 "중생이 아프니 내가 아프다."라고 말했습니다. 이것은 나와 중생을 하나로 보았기 때문에 가능한 것입니다. 그 아픔을 없애는 행이 바로 자비행입니다.

'이웃을 내 몸처럼 사랑하라.'는 것도 나와 다른 사람이 하나, 한 몸이라야 가능합니다. 이런 삶이 가장 인간다운 삶입니다. 이러한 삶을 위해서 깨침이 필요한 것입니다.

불교에서는 생각하고, 말하고, 행동하는 세 가지 행위를 삼업(三業)이라고 합니다. 여기서 주목할 것은 겉으로 나타난 말이나 행동뿐만 아니라, 품고 있는 생각까지도 행위로 간주하는 것입니다.

이러한 삼업, 즉 우리가 한 생각 일으키고 말하고 행동하는 것이 전 우주에 영향을 미치게 되고, 그 영향이 되풀이되어 쌓이면 성격과 습성이 되며 나아가 자기의 미래를 결정합니다.

『전유경(箭喩經)』에는 독화살의 비유가 있습니다.

어떤 사람이 독화살을 맞았다면 그 화살을 누가 쏘았고, 어떤 방향에서 날아왔으며, 독의 성분이 무엇인지 따지는 일보다 응급 처치를 하여 일단 생명을 살리는 일이 더 급하다는 비유의 말씀입니다.

부처님은 이런 비유를 드시면서 당신이 가르치는 것도 형이상학적인 공론(空論)이 아니라, 현재 처한 고(苦)의 현실을 알고 이를 극복하는 일이라고 하셨습니다. 이 말씀처럼 공리공론(空理空論)이나 다른 어떤 세계의 문제가 아니라 우리가 현재 살아가고 있는 사람의 문제를 하나하나 해결해가는 생생한 가르침이 바로 불교입니다.

불교의 핵심은 '깨침'입니다. 깨침을 연기(緣起)라고 하든지 공(空)이라고 하든지, 마음[심(心)]이라고 하든지 그것은 불이(不二), 즉 하나인 바탕입니다. 그것이 바로 불교의 평등관이 성립되는 기초입니다. 일체의 모든 존재가 분리될 수 없는 '하나'인 것은 본질적으로 평등하기 때문입니다.

불교의 평등관을 몇 가지로 나누어 보면 첫째는 인간과 부처님과의 평등이요, 둘째는 인간과 다른 생명 및 자연과의 평등이요, 셋째는 인간과 인간과의 평등입니다.

서양의 종교에서는 인간과 신이 평등할 수 없습니다. 신과 인간 사이에는 건널 수 없는 강이 존재합니다.

인간과 다른 생명 및 자연과의 평등, 즉 인간과 자연은 '더불어'있는 존재이며 분리할 수 없는 '하나'입니다. 불교는 인간과 다른 생명이 평등하다고 봅니다. 즉, 인간을 수많은 생명 가운데 하나로 보는 것입니다.

불교가 인간만이 아니라 모든 생명[일체중생(一切衆生)]을 살리고 제도하려는 것도 이 때문입니다. 일체의 모든 중생을 제도한다는 이상은 불교가 가진 하나의 특성입니다.

인간과 인간의 평등, 즉 인종과 계급과 빈부를 떠나 모든 사람은 평등합니다. 그것은 모두가 부처의 성품을 갖춘 거룩한 존재이기 때문입니다.

부처님의 평등사상은 "사람의 귀천이란 인종이나 가문에 의해서 결정되는 것이 아니라, 그 사람이 하는 행위에 달려 있을 뿐이다."라는 말씀에서도 분명히 드러납니다.

　불교는 인간과 부처, 인간과 자연, 인간과 모든 생명, 인간과 인간이 본질적으로 다르지 않다고 보는 평등의 종교입니다. 그것은 하나인 사상을 기초로 모든 존재와 생명이 하나로 통해 있다는 세계관 위에 서 있기 때문입니다.

　연기의 진리는 내가 지은 것도, 다른 사람이 지은 것도 아닙니다. 여래(如來)가 이 세상에 나오든 나오지 않든 진리는 항상(恒常)한 것입니다. 여래는 다만 이 진리를 깨쳐서 중생들에게 설할 뿐입니다. 종교는 목적이 아니고 수단이며, 절대적인 것이 아니라 상대적인 것입니다.

　칼 야스퍼스는 "종교라는 이름으로 다른 종교를 탄압하고 폭력이나 종교재판, 종교전쟁 등을 일으키지 않은 유일한 종교는 불교뿐이다."라고 말했습니다. 이 말처럼 불교는 이교도를 탄압하는 종교재판과 종교전쟁을 일으키지 않은 유일한 세계종교라는 소중한 전통을 오늘날까지 지켜 오고 있습니다.

　이런 종교적 관용은 '본질적인 관용'이라고 하는데 이런 관용이 일시적이거나 형편에 따라 나타나는 것이 아니라 불교의 본질로부터 나온 것이기 때문입니다. 이런 전통은 부처님이 열반하신 뒤 불교를 세계적인 종교로 우뚝 서게 한 아쇼카 대왕에게 이어졌으며 모든 종교와 신앙을 존중하는 전통으로 계승되었습니다. 커다란 돌기둥에 새겨진 아쇼카 대왕의 칙령에는 다음과 같은 글이 있습니다.

　다른 사람의 신앙은 존경되어야 한다.
　다른 사람의 신앙을 존경함으로써 스스로 자기의 신앙을 높이는 것이며 동시에 다른 이의 신앙에도 봉사할 수 있다.

만약 그와 같이 실천하지 않는다면 스스로 자신의 신앙을 해칠 뿐만 아니라 다른 이의 신앙도 해친다.

만약 신앙의 이름으로, 또는 자신의 신앙을 영광되게 하기 위해서 자신의 신앙을 높이고 다른 이의 신앙을 비하한다면 그는 거꾸로 자신의 신앙을 먼저 해치는 것이기 때문이다.

타인의 신앙을 존중하는 것이 나의 신앙을 존중하는 것이며, 반대로 타인의 신앙을 해치는 것은 곧 자기의 신앙을 해친다는 말입니다. 이것은 바로 불교의 열린 태도를 보여주는 것으로서 종교간의 상호이해나 바람직스러운 만남을 위해서도 꼭 음미해 볼 소중한 말씀입니다.

행복한 인생은 참선과 명상에서 시작된다

근래에는 우리나라뿐만 아니라 전세계적으로 명상의 열풍이 불고 있습니다. 명상을 통해 의료·교육·산업·군사 분야에 이르기까지 획기적인 성과를 낸다는 것을 증명하는 논문들이 1년에 1천여 편 이상 발표되고 있습니다.

이런 현상은 현대 사회에서 명상혁명이 전개되고 있다는 것을 말해주며 마음챙김이 곧 치료가 되는 것을 증명하고 있습니다. 명상·알아차리기에 집중해 몸과 마음을 치료할 방법이 각광을 받고 있다는 것입니다.

부처님 열반 이후 불교 수행의 흐름은 크게 네 가지로 분류됩니다.

첫째, 불교의 원음에 가까운 초기 불교로 미얀마 등에서 주로 수행되는 위빠사나입니다.

둘째, 한국, 중국, 일본 등에서 발달한, 선(禪)을 중심으로 하는 선불교입니다.

셋째, 티벳불교, 밀교, 진언 등이며

넷째, 서양에서 유행하는 실용불교, 활용불교 등입니다.

이처럼 서로 다른 수행의 흐름 속에서도 공통성이 있는데 그것은 현재 우리 인류가 직면하고 있는 인간의 문제를 해결하는 게 선결 과제라는 점입니다. 다시 말하면 실용적인 불교가 필요하다는 뜻입니다.

고통과 괴로움, 두려움을 치유하고 행복한 마음을 챙겨야 합니다. 그러기 위해선 자비심(慈悲心)이 우선되어야 합니다.

달라이라마는 이렇게 말했습니다.

"불교뿐만 아니라 모든 면에서 자비와 지혜가 필요합니다. 인간은 태어날 때부터 자비광명(自悲光明)으로 온 것입니다. 자비를 개발하는 것이 지성입니다."

우리는 부처님 마음을 자비심이라고 합니다. 자(慈)는 사랑하는 마음, 주는 마음이고 비(悲)는 괴로움을 없애주는 마음입니다. 남이 싫어하는 것은 하지 않고 남의 즐거움 속에서 자신의 기쁨을 발견하는 게 성자(聖者)의 마음이고 각자(覺者)의 경지이며 참선의 경지입니다.

자비심의 반대말은 분노심, 적개심입니다. 분노심이나 적개심은 나 자신과 상대를 상하게 할 뿐입니다. 이 같은 분노와 욕망, 적개심을 조절하려면 알아차림이 선결되어야 합니다. 무엇이든 바로 알아야 조절할 수 있고 고칠 수 있기 때문입니다. 자기자신을 통제하고 조절하기 위해선 자비심이 제일입니다. 자비심은 곧 자리이타(自利利他)를 뜻하는 말입니다.

염불, 참선, 독경, 예참, 진언, 다라니 등 무슨 수행을 하든 신심(信心)으로 마음을 집중해야 합니다. 내 마음을 챙기고 내 생각을 바로 하기 위해선 지(止)와 관(觀)을 함께 수행하여 자비심을 길러야 합니다.

여기서 지(止)란 외부 대상에 대해 감각기관을 다스려 마음이 동요되지 않고 고요하게 하는 것을 가리킵니다. 이 용어는 범어 사마타(samatha)를 옮긴 것으로 선정(禪定)을 뜻하기도 합니다.

또한 성찰한다, 알아차림, 깨어 있음, 감정상태를 고요히 하는 것 등을 뜻하는 위빠사나를 한자로 옮겨 '관(觀)'이라고 합니다.

지식과 기술이 중요한 것이 아니라 생각과 마음이 중요하며 마음을 어떻게 먹고 어떻게 쓰는가가 중요합니다. 그래서 현대 사회는 신본주의(神本主義)가 아니라 심본주의(心本主義)라고 하며 그런 까닭에 불교 명상에 관한 논문이 한 해에 1천여 편씩 나오는 것입니다.

과학자들은 뇌의 우반부가 득세하면 번뇌와 불평, 불만, 불안이 고조되며 좌반부가 득세하면 긍정적이고 낙천적이 된다고 합니다. 불심(佛心)은 곧 마음이 안정되고 행복한 마음을 가리킵니다. 따라서 참선과 명상으로 감정을 조절하며 알아차림으로 분노의 우뇌를 막고 극복해야 합니다.

부처님 가르침 실천하여
모든 소원 이루소서

전통사찰의 법당 대웅전, 불이문, 해탈문 등의 기둥에 세워진 주련
(柱聯)에는,

신광불매(神光不昧)
신령스러운 빛이 어둠 없이

만고휘유(萬古輝猷)
만고에 빛나고 있으니

입차문래(入此門來)
이 문에 들어올 때에는

막존지해(莫存知解)
알음알이를 두지 말라.

는 문구가 새겨진 것을 쉽게 볼 수 있습니다.

이 말씀은 모든 사람에게 본래 갖추어져 있는 신광(神光)이 지금 이

순간에도 빛나고 있으니, 여기 이 문으로 들어선 뒤에는, 즉 불법(佛法)을 만나고서는 알음알이로 사물을 분별하거나 구분하지 말라는 뜻입니다.

사람마다 본래 갖추어 있는 본성에는 일체의 모든 것을 머금고 있습니다. 여기에서 묘용자재(妙用自在)의 힘이 나옵니다.

운명을 지배하는 마음의 법칙은 법신(法身), 불성(佛性)에 맡겨두십시오. 법신과 하나 되면 나쁜 일이 일어날 리가 없습니다. 난관과 어려움, 시련은 잘 되기 위한 일시적 전조일 뿐입니다. 즉, 과거의 잘못이나 업장이 녹아나는 과정일 뿐입니다. 무한한 불성의 가능성이 있기에 반드시 스스로 해결케 됩니다. 나쁜 일이 지나가면 좋은 일뿐이라는 말의 힘을 믿고 계속 노력하면 반드시 좋은 일이 실현됩니다. 자신의 이익을 위해 남의 이익을 빼앗지 말아야 합니다. 인과가 있기 때문입니다.

몇 해 전, 한국인 어머니(김영희)를 둔 미식축구 대표선수 하인스 워드가 큰 주목을 받은 바 있습니다. 하인스 워드는 미식축구 하나로 MVP가 되어 부와 명예를 일시에 얻었으며 전 미국이 하인스 워드 모자(母子) 얘기로 들끓었습니다.

워드의 어머니는 한국의 가난한 시골에서 태어나 초등학교만 겨우 졸업한 뒤 어려서부터 생활전선에서 일하지 않으면 안 되는 처지였습니다. 그러던 중 30여 년 전 미군 부대 주변에서 일하다가 흑인 병사와 결혼하여 아들과 함께 미국으로 건너갔습니다. 하지만 결혼 3년 만에 남편과 이혼하고, 낯선 이국에서 아는 사람 하나 없이 어린 아들과 살았습니다. 영어도 모르던 김영희 씨가 맨손으로 아이를 키우며 살기엔 정말 어려웠습니다. 그럼에도 하루 16시간의 중노동을 하면서 오직 아들을 위해 살았다고 합니다.

김영희 씨는 아들에게 "항상 겸손해라. 언제나 양보하는 마음을 가져라. 바른 생각을 가지고 아무리 어려워도 희망을 잃지 마라. 대접받기보다는 먼저 대접하여라. 항상 밝게 웃어라. 무엇이든 얻고 싶으면 스스로 구하라."라고 가르쳤습니다.

그리고 워드가 어렸을 때부터 한국말을 가르쳤고 형편상 김치를 많이 먹였으며, 오직 아들을 위해 죽도록 일만 했습니다. 하지만 철없던 하인스 워드는 학교에 찾아온 한국인 어머니가 창피해 숨었다고 합니다.

그러던 어느 날 어머니가 홀로 흐느껴 우는 것을 보게 된 워드는 어머니를 창피하게 여긴 것을 크게 후회했습니다. 그때부터 어머니를 기쁘게 하기 위해 공부도 열심히 했으며 모든 일에 솔선수범했다고 합니다.

어머니를 자랑스럽게 생각했으며 어머니의 가르침을 실천하기 위해 최선을 다했습니다. 결국 미식축구로 크게 성공한 워드는 어머니 이름의 장학재단을 만들게 되었습니다.

이처럼 세상에는 불우한 환경을 딛고 원하는 바를 이룬 사례가 수없이 많습니다. 최고 명주인 코냑도 척박한 땅의 시큼털털한 포도로 만든 것이라 합니다. 중국의 돈황(敦煌)은 사람이 살기에 가장 열악한 최악의 환경, 사막 위에서 이루어진 불교 미술의 보고이며, 인도의 아잔타 석굴도 최악의 불교 박해 속에 이룩된 인류의 걸작으로 불교문화의 정수를 이루고 있습니다.

『천수경』의 첫머리에 나오는 정구업진언(淨口業眞言)은 "수리 수리 마하수리 수수리 사바하"라고 합니다. 이 진언을 굳이 옮긴다면 "길상한 존자(尊者)시여, 길상한 존자시여, 지극히 크신 길상한 존자시여. 원만성취하소서."라는 뜻입니다. 쉽게 말해 "좋은 일이 많을 것이니 원만성취하겠다."라는 자기 주문으로 생각하면 됩니다.

이런 진언을 통해 좋은 일이 생긴다는 자기 암시를 한다면 결국 원하던 일이 이뤄집니다.

『천수경』에는,

소원종심실원만(所願從心悉圓滿)
마음 따라 모든 소원을 다 이뤄 모두가 충만하고 원만하여지이다.

라는 말씀이 있습니다.

불자님들도 불성의 무한한 힘을 믿고 모든 소원을 다 이루시고 행복하시기 바랍니다.

저
자
약
력

― 학력

1968. 2. 25. 동국대학교 불교대학 졸업 (학사)

1968. 3. 3. 경남대학교 종교학 (학사편입)

1974. 2. 23. 부산대학교 행정대학원 (수료)

1977. 2. 25. 동국대학교 대학원 석사 「불전상의 호국사상」

1980. 2. 25. 동국대학교 교육대학원 (수료)

1993. 2. 26. 원광대학교 대학원 철학박사 「임진왜란과 불교의승군 연구」

1994. 10. 20. 스리랑카 국립 파리어 불교대학 명예 철학박사 학위 수여

2015. 4. 20. 미얀마 양곤 불교대학 명예 철학박사 학위 수여

― 주요경력

1969. 7. 12. 군종 장교로 육군 중위 임관 (월남전 참전)

1985. 9. 1. 제1군사령부 군종참모 (육군 대령 진급)

1987. 5. 17. 국방부 군종실장 (육, 해, 공군)

1989. 5. 17. 육군 군종차감

1991. 5. 6. 육군 제22대 군종감

1997.9 ~ 2003.12 충남대학교, 원광대학교 겸임 교수 역임

　　　　　　　전북대학교, 대전대학교, 경찰대학 강사 역임

1993. 10. 1. 군사문제연구소 국방정신교육 연구위원(비상근)
　　　　　　　현재 사단법인 대한생활불교회 이사장 겸 선문화불교대학장,
　　　　　　　한국종교사학회 부회장, 국제선무학회 부회장, 대한생활불교
　　　　　　　회 산하 55개 분원 사찰과 스님, 법사, 포교사 200여 명 양성
　　　　　　　배출하여 전국 각지에서 활동중
2017. 5. 25. 국제불교 창립

― 창건사찰

6군단 불이사(不二寺) 창건 – 청담 큰스님 친필 휘호 간판

부산 군수사 금련사(金蓮寺) 창건 – 박정희 대통령 친필 휘호

월남 불광사(佛光寺) 창건 – 군 예산

김해(공병학교) 삼무사(三武寺) 창건

포천(28사) 광명사(光明寺) 창건

연기 도솔사 창건 – 부모가 살던 집을 절로 창건함

계룡대 호국사 창건 – 군 예산

자운대 호국사 창건 – 군 예산

대전 대한생활불교회관 청우사(聽雨寺) 창건

충남 논산 계룡산 불이선원(不二禪院) 창건

― 학술활동

1994. 9. 1. 한국종교사학회 부회장

1988. 7. 20. 세계불교도우의회(W.F.B) 한국본부이사

1990. 5. 10. (현재) 국제선무학회 창립이사 및 부회장

2001. 10. 10. (현재) 세계종교선도 연합기구 대전충청권 지회장

― 논문 및 저서

논문 : 「불전상의 호국사상」

「임진왜란과 의승군」

「불전상에 나타난 전쟁관」

「고려 승군에 관한 소고」

「조선승군사 연구의 의의와 과제」

「혜능의 선사상과 단경의 역사적 의미」

「대승보살계단의 사상적 의미」

저서 : 『육군법요집』, 『국군법요집』 편찬 발간

『군인정신의 샘』, 『자아발견』 〈국방부 정신교재용〉

『금강경강의』, 『천수경강의』

『불교의 철학사상 – 원효 대승기신론소』

― 포상

1968. 2. 20. 경남대학교 총장 표창

1969. 12. 20. 대한불교조계종 종정 표창

1971. 8. 9. 주월 사령관 표창

1972. 10. 1. 육군참모총장 표창

1973. 10. 1. 조계종 총무원장 표창

1983. 10. 1. 국방부장관 표창

1986. 12. 23. 육군 제1군사령관 표창

1987. 5. 23. 육군 제1군사령관 표창

1988. 10. 1. 국가보훈 삼일훈장, 국가유공자위촉 (국일명 제9호)

1990. 4. 12. 속리산 법주사 제1회 미륵대상 표창

1997. 6. 1. 대통령 김영삼 명으로 국가유공자증서 재발행

(국가보훈처장 박상범) 제 20-5221호

나라 사랑, 부처님 사랑

초판 1쇄 인쇄일 2022년 1월 25일
초판 1쇄 발행일 2022년 1월 28일
지은이 김덕수
펴낸이 김형균
펴낸곳 동쪽나라
등록 1988년 6월 20일 등록 제2-599호
주소 서울시 강동구 고덕동 62길 55 3003호
전화 02) 441-4384

값 16,000원
ISBN 978-89-8441-283-5 03220